50 FICHES

POUR COMPRENDRE LES DÉBATS ÉCONOMIQUES ACTUELS

Bréal

1, rue de Rome - 93561 ROSNY Cedex

CLASSES PRÉPARATOIRES
AUX GRANDES ÉCOLES COMMERCIALES
1er CYCLE UNIVERSITAIRE

50 FICHES POUR COMPRENDRE LES DÉBATS ÉCONOMIQUES ACTUELS

Sous la coordination de
Marc MONTOUSSÉ

par

Dominique CHAMBLAY
Agrégé de sciences sociales
Professeur de sciences économiques et sociales
au lycée Louis Bascan de Rambouillet

Marc MONTOUSSÉ
Agrégé de sciences sociales
Professeur en classes préparatoires économiques et commerciales
au lycée Paul Claudel de Laon
Intervenant à l'ESC Reims

Gilles RENOUARD
Agrégé de sciences sociales
Professeur de sciences économiques et sociales
au lycée Vaugelas de Chambery

Bréal

1, rue de Rome - 93561 ROSNY Cedex

Dépôt légal : juillet 1999
ISBN 2 84291 396 5

ISBN : 2 84291 687 5

AVANT-PROPOS

Cet ouvrage présente 50 débats économiques sous la forme de fiches synthétiques claires et structurées, comprenant 2, 4 ou 6 pages.

Chacune d'elles se compose d'un plan détaillé parfois illustré par des tableaux, des graphiques et des schémas.

Afin de constituer un auxiliaire utile au travail des étudiants, celles-ci sont classées suivant les grands axes de l'analyse économique.

L'objectif des auteurs n'est pas la réalisation d'un manuel, ni la compilation de connaissances, mais l'éclairage du lecteur sur les questions qui alimentent les principaux débats économiques actuels.

À ce titre cet ouvrage s'adresse à un large public. Les élèves de classes préparatoires aux hautes études commerciales et aux Instituts d'études politiques sont les premiers concernés ; mais il est aussi destiné aux étudiants, de premier cycle universitaire d'économie, d'IUT, de STS et plus largement à tous ceux qui souhaitent approfondir leur réflexion sur les grands enjeux de l'économie contemporaine.

SOMMAIRE

PARTIE III – ÉCONOMIE MONÉTAIRE ET FINANCIÈRE

PARTIE IV – TRAVAIL, EMPLOI ET CHÔMAGE

PARTIE V – SOCIÉTÉ DE CRISE ET SOCIÉTÉ EN CRISE

TABLE DES GRAPHIQUES ET DES TABLEAUX

■ *Les documents recensés dans cette table sont accompagnés du numéro de la fiche dans laquelle ils apparaissent.*

TABLE DES TEXTES

■ *Les textes recensés dans cette table sont accompagnés du numéro de la fiche dans laquelle ils apparaissent.*

PARTIE I

ÉCONOMIE DE CRISE, ÉCONOMIE EN CRISE

FICHE 1 L'ÉCONOMIE DE CRISE

→ 1973-1999 : crise ou simple contraste après une croissance exceptionnelle ?

Paul A. Samuelson écrivait que « la croissance des années 60 fut une sorte de miracle économique ; la véritable question n'est pas de savoir pourquoi les choses vont si mal aujourd'hui, mais comment elles ont pu aller si bien à cette époque ». La période actuelle ne serait donc pas vraiment une période de crise mais contrasterait simplement avec la forte croissance de la période précédente.

1 La croissance des années 60 peut être qualifiée de miracle économique

A Une croissance exceptionnelle conduisant à un développement rapide

- La croissance des années 60 fut beaucoup plus forte que celle de toutes les autres périodes de l'histoire économique.
  Entre 1950 et 1974, le taux de croissance annuel moyen des pays de l'OCDE était de 4,2 % (5,5 % pour la France).
  De tels taux de croissance n'avaient jamais été égalés : jusqu'en 1913, et malgré les deux révolutions industrielles, le taux de croissance annuel de la France n'a jamais dépassé les 2,5 % sur moyenne période (1,8 % en moyenne entre 1890 et 1913, période de croissance harmonieuse). Entre les deux guerres et jusqu'en 1930, le taux de croissance français fut l'un des plus élevés des pays industrialisés, sans pour autant dépasser 3 %.
- Cette forte croissance a conduit à un **développement très rapide** caractérisé par :
  - de fortes **hausses du pouvoir d'achat** et une marginalisation de la pauvreté ;
  - la **consommation de masse** et l'apparition d'une société de loisirs ;
  - le développement de la **protection sociale** et plus largement de l'**État-providence** ;
  - l'**amélioration de la qualité de vie** de la population : éducation, santé, assurances contre les risques…

B Un grand nombre de conditions ont favorisé cette croissance, mais elles ne sont plus réunies depuis 1973

- La conjonction d'un grand nombre de **facteurs favorables** a rendu cette croissance possible :
  - la croissance démographique (*baby boom*) ;
  - le développement du crédit ;
  - les interventions de l'État ;
  - les fortes croissances de la consommation et de l'investissement ;

– la concentration des entreprises et la production de masse ;
– l'internationalisation des échanges…

- **Depuis 1973, un retournement de conjoncture s'est produit**. Les conditions de la croissance ne sont plus toutes réunies et l'économie semble en crise. Mais les déséquilibres sont d'une amplitude moins forte que ceux des crises précédentes ; ils sont, en revanche, plus durables. Ainsi, il est parfois considéré que nous ne traversons pas une crise économique, mais que nous vivons un nouveau mode de fonctionnement économique qui résulte de la mondialisation : une croissance ralentie qui contraste avec la croissance des Trente glorieuses mais pas avec celle des autres périodes de l'histoire économique.

2 La période de 1973 à 1999 est effectivement une période de crise et de déséquilibres

A Depuis 1973, les taux de croissance ne sont pas particulièrement faibles…

- **C'est une récession par rapport à la période précédente.**

  L'activité économique a connu un net ralentissement en 1973, et depuis, la récession perdure mais avec de très fortes fluctuations qui donnent un caractère cyclique à l'économie :
  – importantes fluctuations conjoncturelles de la croissance de 1973 à 1980 ;
  – accentuation de la crise durant la première moitié des années 80 ;
  – reprise économique durant la deuxième moitié des années 80 ;
  – nouvelle récession dans les années 90 ;
  – reprise économique éventuelle à la fin des années 90.

- **Il ne s'agit pas d'une dépression.**

  La croissance depuis 1973 est beaucoup moins élevée qu'au cours des Trente glorieuses, mais elle est relativement forte comparée à celle des autres périodes de l'histoire. Ainsi, en France, entre 1974 et 1997, le taux de croissance annuel moyen dépasse 2 %.

B … mais l'économie connaît toutefois une crise de grande ampleur

- **Des déséquilibres monétaires et financiers importants.**
  - **Des tensions inflationnistes** (surtout jusqu'au milieu des années 80) ont nécessité la mise en place de politiques restrictives.
  - De nombreux agents économiques se sont **surendettés** (profitant du faible coût du crédit dans une économie d'endettement).
  - Le **développement du marché financier** a provoqué certains dysfonctionnements (détournement de l'investissement productif, risques de crises boursières, OPA, gonflement de la « bulle spéculative »...).

- **Des déséquilibres sociaux.**

  En raison des grands problèmes sociaux qu'elle induit, la période actuelle ne peut être qualifiée autrement que par le terme de « crise ». Il s'agit essentiellement du chômage et de la précarisation de l'emploi qui conduisent à un développement de la pauvreté.

La croissance des années 60 était exceptionnelle ; il n'en demeure pas moins vrai que la période actuelle est une période de crise et de déséquilibres économiques majeurs.

FICHE 2

LE RETOUR À LA CROISSANCE

→ Un retour à une croissance forte est-il envisageable et souhaitable ?

La reprise de la croissance dans la seconde moitié des années 80, qui s'était pourtant accompagnée d'un accroissement de l'investissement et d'une régression du taux de chômage, fut de courte durée. Au début des années 90, aux États-Unis et en Europe, une nouvelle récession s'est déclenchée. Après deux années de stagnation en 1991 et 1992, le taux de croissance du PIB français est tombé à – 1,3 % en 1993. Remonté en 1994 à 2,6 %, il se réduit à nouveau jusqu'à 1,3 % en 1996. Si la faible hausse des prix (1,2 % en France en 1997) semble montrer que l'inflation est définitivement maîtrisée, la situation de l'emploi ne s'améliore pas notablement.

On peut donc se demander si une reprise économique est le signe d'un retour durable de la croissance comme celle qui semble s'être amorcée en 1997 (taux de croissance du PIB français de 2,2 %), et si ce retour est souhaitable.

1 LE RETOUR À LA CROISSANCE EST INCERTAIN

LES TRENTE GLORIEUSES
VUES PAR FERNAND BRAUDEL

[Selon F. Braudel] « le miracle des miracles (les Trente Glorieuses de J. Fourastié) n'a été dû qu'à un concours de circonstances ou d'inventions qui ont permis à chaque moment propice ou crucial un déplafonnement du "possible" ». Ce qui ne veut pas dire, conclut-il avec un sadisme raisonnable, qu'un plafond, un jour, ne se reconstituera pas.

Lire Braudel, ouvrage collectif, La Découverte.

La croissance des Trente glorieuses fut exceptionnelle et ne constituerait donc pas un objectif envisageable actuellement pour l'économie. Ainsi la croissance risque de se maintenir durablement à un niveau nettement inférieur.

A Les facteurs de la croissance fordiste ne sont plus réunis

- **La croissance des Trente glorieuses, nommée « croissance fordiste » par les théoriciens de l'École de la régulation (Robert Boyer et Michel Aglietta par exemple), reposait sur des gains de productivité élevés**, grâce au progrès technologique et à l'organisation scientifique du travail. La forte augmentation de la productivité permettait aux entreprises d'augmenter les salaires, tout en réalisant des profits croissants qui favorisaient l'investissement. La forte augmentation de la demande que cela induisait, a maintenu l'économie dans le cercle vertueux de la croissance.

  De nombreuses innovations, dans le domaine des biens d'équipement des ménages notamment, ont suscité de nouveaux besoins. L'augmentation du niveau de vie a pu les satisfaire en grande partie, ce qui a aussi contribué à la croissance économique.

- **Avec la crise, les gains de productivité se sont ralentis.**

  Le partage de la valeur ajoutée est devenu plus délicat : les augmentations de salaires se sont réalisées aux dépens des profits et donc de l'investissement. Elles ont été inflationnistes et se sont finalement fortement réduites. La croissance de la demande s'étant ralentie, la croissance économique n'a pu se maintenir à un niveau aussi élevé.

  De plus, les taux d'équipement des ménages en biens durables étant très élevés, **la demande de biens d'équipement s'est saturée** et se réduit désormais à une demande de renouvellement.

  Les innovations dans ce domaine sont devenues moins décisives : l'impact du lave-vaisselle ou du four à micro-ondes sur la consommation n'a pas été aussi important que celui du lave-linge, du réfrigérateur ou du téléviseur. Les innovations se produisent essentiellement dans les méthodes de production (robotique par exemple) et permettent de réduire les coûts unitaires sans pour autant offrir de plus grands débouchés.

B On peut donc douter du retour à la croissance

- **La conception optimiste des cycles économiques affirme que le retour à une croissance forte est inéluctable**. Sous l'effet d'un rattrapage de la consommation et de l'investissement trop longtemps contenus, après la récession la croissance du PIB reviendrait à son taux antérieur, ce qui ferait cesser les anticipations pessimistes et permettrait de renouer avec le cercle vertueux de la croissance. Ainsi l'autorégulation du marché assurerait le rétablissement à terme d'une plus forte croissance.
- **Une vision plus pessimiste consisterait au contraire à prétendre que désormais la croissance économique ne peut être que lente**. Le rythme de croissance pourtant ralenti des décennies 70 et 80 pourrait même ne pas se poursuivre (le taux de croissance annuel moyen du PIB français de 1970 à 1990 était de 2,8 %).

  L'échec des politiques économiques traditionnelles, qu'elles soient libérales ou keynésiennes, résulterait de l'impossibilité de renouer avec une croissance durable dans les économies développées.

C Mais une croissance modérée et durable reste possible

- Il faut pourtant spécifier qu'avec des taux de croissance modérés, les pays développés ne peuvent obtenir un accroissement de leur production comparable à celui qu'ils obtenaient durant les Trente glorieuses. Il ne faudrait donc pas que les taux de croissance exceptionnels des Trente glorieuses (de presque 6 % par an) soient une référence ou un objectif. Dans cette perspective, la crise économique se caractériserait par un retour à **une croissance normale, c'est-à-dire modérée**.

  Après la récession du début des années 90, on ne peut pas espérer que la croissance française redevienne forte; le taux de croissance du PIB pourrait être dans les années à venir de l'ordre du taux de croissance moyen des années 70 et 80.
- **Les politiques économiques ne pourraient donc agir que pour éviter les risques de déflation et de dépression**, c'est-à-dire de baisse cumulée des prix, de la production et du niveau d'emploi. L'activité industrielle a connu à plusieurs reprises une réduction de son activité au cours des années 90. Pour **s'adapter à une demande récessive** ou parfois dépressive, les entreprises ont tendance à freiner ou à réduire la production, les stocks, la masse salariale, et l'investissement; ce qui compromet le retour à une croissance, même modérée.

  Le retour à la croissance à l'image de celle des Trente glorieuses ne serait pas envisageable, en revanche une croissance modérée et éventuellement durable est possible.

2 Un retour à la croissance est parfois contesté

L'intérêt du retour à la croissance ne fait pas l'unanimité. En effet, la croissance est souvent accusée d'être incapable de résorber le chômage et même d'être nuisible. Pourtant un autre mode de croissance resterait envisageable.

A La croissance ne serait plus susceptible de résorber le chômage

- L'expérience des Trente glorieuses a fait croire, à tort, que l'emploi bénéficiait systématiquement de la croissance. Dans les conditions actuelles, **un taux de croissance au moins égal à 3 % serait indispensable pour éviter que les gains de productivité par tête ne se traduisent par une destruction d'emplois**; un taux aussi élevé est difficilement prévisible pour plusieurs années consécutives. Une reprise modérée de la croissance ne diminuerait pas significativement le taux de chômage en dessous des 10,2 % atteints en 1998.
- Les entreprises poursuivent leur politique de réduction d'effectifs même lorsque la croissance redémarre car cela fait partie de leur nouveau mode de gestion. Alors que des bénéfices parfois substantiels sont réalisés, des **plans de compression d'effectifs** sont pratiqués. La **logique productiviste** que poursuivent les entreprises, accrédite la thèse selon laquelle la croissance de l'activité peut jouer contre l'emploi, notamment dans l'industrie. Les **licenciements** deviennent un moyen de réaliser les gains de productivité indispensables à la compétitivité. Le discours libéral selon lequel les gains de productivité favorisent les profits, donc l'investissement et l'emploi, semble parfois dépassé.

B La production aurait atteint un niveau à ne pas dépasser

- **La croissance sauvage nuit à l'environnement**. La croissance industrielle est une grande consommatrice d'énergie et de matières premières non renouvelables, de plus elle est polluante. Par souci de rentabilité, les entreprises ne supportent pas toujours le prix de la dégradation qu'elles causent à l'environnement, la collectivité doit prendre en charge les **coûts externes** induits par l'activité économique. Le retour à ce type de croissance ne serait donc pas souhaitable.
- La croissance des Trente glorieuses a fait reculer la **pauvreté**, en revanche la crise l'a favorisée. On pourrait donc croire que le retour à la croissance est indispensable pour faire disparaître la pauvreté. Mais celui-ci ne mettrait pas obligatoirement en cause le **partage inégal des richesses** qui est un facteur de pauvreté essentiel dans les pays développés. Pour procéder à un partage équitable, le niveau de production déjà atteint peut suffire. Cela nécessiterait l'adoption d'une nouvelle orientation politique et idéologique à laquelle les sociétés industrielles et libérales ne semblent pas prêtes.
- La croissance économique est souvent accusée d'être une quête sans fin de la consommation. La crise économique a mis sous silence le **rejet de la société de consommation** qui avait déclenché les événements de mai 1968. Le retour à la croissance provoquerait la détérioration de la qualité de vie des ménages et des actifs.

C Mais une autre croissance serait envisageable

- Il semblerait indispensable aujourd'hui de **soumettre la croissance à une exigence de retour au plein-emploi**. La croissance ne crée pas naturellement les emplois nécessaires et les politiques économiques traditionnelles ont montré leur inefficacité à lutter contre le chômage. Ainsi la **réduction du temps de travail** qui fait l'objet d'une loi votée en France en 1998, peut être un moyen pour lutter contre le chômage. Dans un contexte de croissance lente, une diminution drastique du temps de travail pourrait créer des emplois, car elle ne pourrait pas être compensée par les gains de productivité. Se pose alors le problème du recours éventuel à la **compensation salariale** :

- dans une logique libérale, la réduction du temps de travail doit donner lieu à des réductions salariales pour ne pas alourdir les coûts, ce qui dans une logique keynésienne met en péril la demande, donc la croissance et l'emploi ;
- selon la conception keynésienne, la compensation salariale doit maintenir la croissance et renforcer la création d'emplois, ce qui est susceptible, selon les libéraux, de déclencher à nouveau la spirale inflationniste.

Produit intérieur brut (en volume)

Pourcentage de variation par rapport à la période précédente

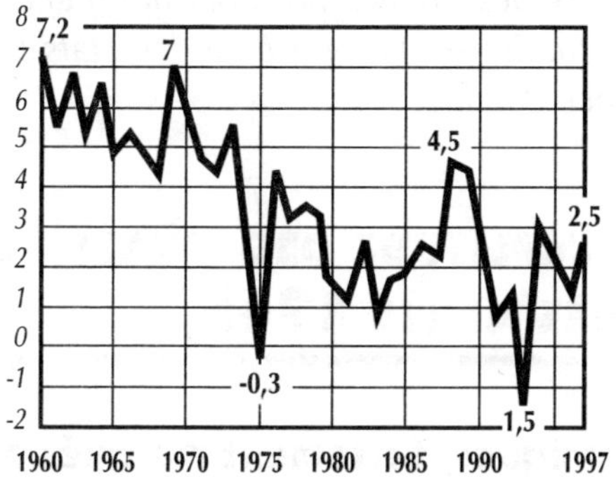

1981 : 1,2
1982 : 2,5
1983 : 0,8
1984 : 1,5
1985 : 1,8
1986 :2,4
1987 : 2,2
1988 : 4,5
1989 : 4,3
1990 : 2,5
1991 : 0,8
1992 : 1,2
1993 : 1,5
1994 : 2,9
1995 : 2,2
1996 : 1,5
1997 : 2,5 (estimation)

- La structure de l'appareil productif s'est modifiée ; une **tertiairisation** se poursuit. Ainsi la part du tertiaire dans la valeur ajoutée totale s'accroît massivement, alors que celle de l'agriculture et du secondaire décline. Les gains de productivité dans le tertiaire sont globalement plus faibles que ceux des autres secteurs. Cela induit automatiquement une plus faible croissance de la productivité de l'ensemble des branches, puisque la structure du PIB dépend plus du secteur tertiaire qu'auparavant.

  Le tertiaire crée plus facilement des emplois car la croissance de sa production reste globalement supérieure à celle de sa productivité. Cette création d'emplois peut être amplifiée en développant encore la **production de services aux entreprises, mais aussi aux ménages**. Les besoins en services non satisfaits sont immenses. Les emplois ainsi créés ne nécessitent pas de qualifications particulières (services de proximité comme l'assistance des personnes âgées, ou diverses aides à domicile), ils sont donc accessibles aux actifs peu qualifiés et permettent de lutter contre le chômage. De plus, la croissance du tertiaire cause peu de nuisances à l'environnement et préserve les ressources naturelles, tout en ayant une très forte utilité sociale.

Alors que le rythme de croissance semble s'être irrémédiablement ralenti dans les pays développés, des taux de croissance records dans certains pays émergents sont enregistrés. Inscrite dans une logique productiviste, l'économie libérale ne se satisfait pas du niveau de production atteint. Elle exige une augmentation continue du PIB. Il conviendrait de se demander si l'avenir des sociétés industrielles n'est pas plutôt dans une redéfinition du partage et de l'utilisation des richesses. Ainsi, le taux de croissance ne serait plus l'indicateur suffisant pour qualifier la situation économique.

FICHE 3 LES CYCLES

→ L'économie est-elle cyclique ?

L'intérêt des économistes pour les cycles est lui-mêmes cyclique. Fortement marqué avant 1945, il décline au cours des Trente glorieuses à une époque où les keynésiens se faisaient fort de lisser les mouvements de l'économie. Ce thème réapparaît avec force au cours des années 80 alors que l'économie devient plus concurrentielle. Il reste d'actualité en Europe mais les États-Unis affirment avoir inventé une nouvelle croissance durable.

1 Alors que l'amplitude des cycles économiques s'était atténuée après 1945,...

A Des cycles économiques, fortement marqués avant 1945,...

Les fluctuations économiques au cours du XIXe siècle ont permis de mettre en évidence plusieurs cycles économiques.

- D'une périodicité de 8 à 10 ans, le **cycle majeur**, appelé aussi **cycle des affaires** ou encore cycle de Juglar du nom de l'économiste qui l'a étudié, est caractéristique d'une économie régulée par le marché. Au cours de la phase montante du cycle les entreprises investissent massivement, ce qui, compte tenu du temps de mise en œuvre des nouvelles capacités de production, conduit à une situation de surproduction et de surinvestissement. Suit alors une récession qui permet aux entreprises de résorber les capacités de production excédentaires jusqu'à ce que de nouvelles opportunités d'investissement apparaissent.
- Ces cycles majeurs se superposent à des fluctuations plus longues, dont la périodicité est d'une cinquantaine d'années, et que l'on appelle « **cycles de Kondratiev** ». J. A. Schumpeter attribue ces mouvements à la diffusion de « **grappes d'innovations** » qui soutiennent la croissance pendant près de 25 ans jusqu'à ce que leurs effets bénéfiques s'épuisent.

B ... s'étaient estompés depuis

- Fortement marqués avant 1945, les cycles majeurs se sont estompés au cours des Trente glorieuses. Ainsi, de 1960 à 1973, la croissance du PIB était relativement stable autour de 5,3 % et ne variait guère de plus de 1,5 ou 2 points. Le premier choc pétrolier n'a pas marqué la fin de cette régularité et, si l'on fait exception de l'année 1975, la croissance économique, bien que ralentie, est restée régulière jusqu'en 1979.
- **Plusieurs phénomènes ont favorisé la régularité des performances économiques :**
  - la **diffusion du taylorisme** dans les entreprises avait permis, grâce à des gains de productivité élevés, d'augmenter durablement à la fois les salaires et les profits ;

– l'**institutionnalisation des relations** entre les syndicats, le patronat et l'État avait, en réduisant considérablement le rôle des mécanismes de marché dans la détermination des salaires, autorisé une croissance forte et régulière des salaires ;
– la **protection sociale**, du fait de la socialisation des revenus, avait rendu la consommation moins dépendante des éventuelles fluctuations économiques ;
– enfin, l'État a joué un rôle de régulateur de l'économie en mettant en œuvre des **politiques contra-cycliques**.

2 … LES ANNÉES 80 SONT FORTEMENT MARQUÉES PAR LES FLUCTUATIONS ÉCONOMIQUES

A La concurrence favorise les cycles

- De 1978 à 1993, **l'économie française a connu successivement une récession (1978-1983), une reprise (1984-1989), et une nouvelle récession (1990-1993)**. Un même phénomène est observable dans tous les pays développés à ce détail près que le cycle des pays de l'Europe continentale est déphasé par rapport à celui des pays anglo-saxons. Les États-Unis, le Canada ou le Royaume-Uni ont atteint le point creux de leur cycle en 1991 avec deux années d'avance sur la France ou l'Allemagne, et ont, depuis, retrouvé une période de croissance.
- **La déréglementation partielle du marché du travail a accentué l'ampleur de ces fluctuations**. La désindexation des salaires sur les prix et la plus grande liberté accordée en matière de licenciements permettent aux entreprises de comprimer leurs coûts en période de ralentissement économique mais contribuent à pénaliser la demande. Les ralentissements économiques sont donc aujourd'hui plus marqués qu'au cours des Trente glorieuses.

B Les politiques économiques peuvent perturber les cycles

- C'est ce qui s'est passé en France au cours des années 90. **La reprise entamée en 1994 a été stoppée par une politique de rigueur** visant à satisfaire les critères de convergences prévus par le traité de Maastricht. Le déficit budgétaire n'a été ramené dans les limites de 3 % du PIB qu'au prix de fortes augmentations d'impôts. La croissance économique a été durablement freinée et la reprise n'a été sensible qu'en 1998.
- À l'inverse, les États-Unis ont réussi à repousser l'échéance du retournement économique grâce à un réglage judicieux de leurs politiques monétaire et budgétaire. La forte baisse des taux d'intérêt dès 1991 a amorcé la reprise de la croissance qui a permis, ensuite, de réduire le déficit budgétaire. Une fois la croissance assurée, la Banque centrale a remonté prudemment ses taux afin de prévenir l'inflation. Au total, **le pays a connu, au cours des années 90, une période exceptionnellement longue de croissance économique**.

Une substitution partielle d'une régulation de l'économie par le marché à une régulation par l'État explique donc le retour des cycles économiques. Les exemples américains et français montrent, toutefois, que l'État peut toujours agir sur les cycles pour supprimer les récessions ou les phases d'expansion.

FICHE 4

L'UTILISATION DES REVENUS

→ Faut-il épargner ou consommer pour favoriser la croissance économique ?

Les ménages utilisent leur revenu disponible pour consommer et épargner, en fonction de propensions (parts de la consommation et de l'épargne dans le revenu) qui peuvent varier. Le débat porte alors sur l'utilisation du revenu national la plus favorable au maintien d'équilibres ou au règlement de déséquilibres macro-économiques.

1 SELON UNE LOGIQUE LIBÉRALE, L'ÉPARGNE EST LE MOTEUR DE LA CROISSANCE

Dans la mesure où l'épargne peut financer les investissements qui sont considérés comme moteur de la croissance par les économistes libéraux, il importe de la privilégier.

A Épargner semble indispensable pour atteindre les équilibres macro-économiques...

- Tous les agents économiques (ménages, entreprises, administrations publiques) réalisent une **épargne brute** (épargne nette à laquelle s'ajoute les amortissements) que l'on obtient en ôtant les différentes dépenses du revenu disponible brut. L'épargne brute des ménages est la partie de leur revenu qu'ils n'ont pas consommée. Les ménages utilisent leur épargne notamment pour investir (achat de logements). Les ménages ont, dans leur ensemble, des capacités de financement, alors que les administrations publiques et les entreprises ont généralement des besoins de financement car leurs investissements excèdent leur épargne brute.

ÉPARGNE BRUTE EN % DU PIB

	1974	1979	1985	1990	1997
États-Unis	19,8	20,9	17,2	15,2	16,5[2]
Japon	36,4	31,5	31,7	33,6	31,1
Allemagne	24,7	22,8	22,0	24,9	20,7
France	26,7	24,6	18,9	21,5	20,0
Royaume-Uni	15,0	19,0	17,6	14,4	14,6[2]
Italie	26,0	26,3	21,5	19,5	20,4
Canada	26,0	22,7	19,9	17,0	18,4
OCDE	25,1	23,5	21,2	20,9	20,3[1]

1 : 1995. 2 : 1996.

D'après *Perspectives économiques de l'OCDE*, juin 1992 et décembre 1998.

- Selon les économistes libéraux, toute l'épargne est investie. Les entreprises ont un **besoin de financement**, elles doivent pouvoir financer partiellement leurs investissements en utilisant les **capacités de financement des ménages**, c'est-à-dire leur épargne. En accroissant les capacités de production et en suscitant les gains de productivité nécessaires, ce qui renforce notamment la compétitivité extérieure, les investissements sont le moteur de la croissance et de l'emploi.

  Selon la théorie libérale, l'épargne n'est jamais préjudiciable à l'économie car, même si elle ampute la consommation, elle ne réduit pas la demande globale qui comprend l'investissement (demande de biens d'équipement).
- Dans le premier temps de la crise, jusqu'à la fin des années 80, les ménages ont eu tendance à accroître leur consommation plus rapidement que n'augmentait leur revenu disponible. Ils ont donc désépargné, ce qui est, pour les économistes libéraux, la manifestation d'une **surconsommation**. En France, l'épargne nette ne représentait plus que 7,9 % du PIB en moyenne entre 1980 et 1990, alors qu'elle atteignait 18 % du PIB entre 1968 et 1973.
- Une trop forte augmentation de la consommation, alors que les anticipations des entreprises étaient pessimistes, a causé une **inflation par la demande**.

  La **faiblesse des taux d'intérêt réels** dans le contexte d'inflation a encouragé les agents économiques à recourir au crédit. La création monétaire s'est ainsi amplifiée et a représenté, selon les **économistes monétaristes**, un autre facteur d'inflation dans la mesure où l'augmentation de la masse monétaire a été plus forte que la croissance économique. Des politiques monétaires expansionnistes ont facilité l'accès au crédit pour tenter de relancer la demande, cela ne s'est traduit que par un regain d'inflation.

B ... il serait donc indispensable de favoriser l'épargne

- Dans une perspective libérale, il est nécessaire d'inciter les ménages à épargner.
  - Il faut développer les formes de placements financiers qui peuvent offrir des rémunérations attractives, des avantages fiscaux, et faciliter l'accès du grand public au marché financier. Ainsi, **un processus de désintermédiation bancaire a été déclenché dans les années 80**, afin de mettre directement en contact les épargnants et les entreprises. Ces dernières ont alors la possibilité de trouver en dehors de leur autofinancement, et sans pour autant recourir à l'emprunt bancaire, une épargne finançant l'investissement.
  - De plus, dans la perspective d'un « **capitalisme populaire** », on incite la population à devenir partie prenante du sort des entreprises, ce qui renforce la **cohésion sociale**.
  - Enfin, pour favoriser l'épargne privée, **l'État doit par son désengagement réduire les taux de prélèvements obligatoires**, qui selon la thèse des économistes de l'offre découragent les efforts productifs en provoquant un effet d'éviction.
- D'après les économistes libéraux, **il faut favoriser l'épargne en la rémunérant convenablement grâce à des taux d'intérêt attractifs**. La hausse des taux d'intérêt au cours des années 80 a renchéri le coût du crédit et permis d'amorcer la désinflation en limitant la création monétaire. En outre le ralentissement de la consommation au profit d'un surcroît d'épargne a réduit les risques d'inflation par la demande, et a limité les importations ce qui concourt à équilibrer les comptes extérieurs.

  Pour les économistes libéraux, l'assainissement de l'économie ne peut être réalisé que si l'inflation est maîtrisée, ce qui nécessite des sacrifices en terme de consommation à court ou moyen terme, mais est favorable à la reprise à plus long terme.

2 SELON UNE LOGIQUE KEYNÉSIENNE, LA CONSOMMATION EST LE MOTEUR DE LA CROISSANCE

Dans une logique keynésienne, il faut faire porter les efforts sur la demande effective et tout particulièrement sur la consommation qui est le débouché principal et immédiat de la production.

A La priorité accordée à l'épargne a pu accentuer la crise...

- L'augmentation soutenue de la consommation accusée de tous les maux par les libéraux, a pourtant stimulé la croissance économique jusque dans les années 80. **La diminution du taux d'épargne a permis, selon une analyse keynésienne, d'amortir les effets de la crise en soutenant la demande et donc la croissance**. La protection sociale, grâce à l'État-providence, a évité que les ménages ne constituent une épargne de précaution trop importante.

- La **politique de rigueur salariale** et les **politiques monétaires restrictives des années 80** ont favorisé la **désinflation** tout en redressant le taux de marge des entreprises. Elles ont favorisé l'**augmentation du taux d'épargne des ménages** à partir de 1988, jusqu'à parvenir à 14,6 % en 1997. Pourtant au début des années 90, l'Europe à la suite des États-Unis connaît une vive récession. En effet, il ne suffit pas aux entreprises de disposer de l'épargne des ménages, elles attendent le signal du redémarrage de la demande, dont la consommation est la composante principale.

- Globalement, la consommation s'est ralentie, et celle de certains produits a même diminué. Le climat d'incertitude en matière d'emploi et de pouvoir d'achat incite les ménages à accroître leur **épargne de précaution**, et leurs **anticipations déflationnistes** les encouragent à différer certains de leurs achats. La spirale récessionniste ainsi enclenchée nuit à l'emploi.

  L'investissement ne mobilise pas obligatoirement l'ensemble de l'épargne. Selon les keynésiens, **la préférence pour la liquidité accroît les encaisses de transaction de précaution et de spéculation** ; une partie du revenu national échappe à la demande, une épargne financière gonfle et favorise la récession. De plus **la sous-utilisation des capacités de production n'incite pas les entreprises investir** en dépit de l'épargne disponible. Dans ces circonstances, l'épargne pénalise la consommation et donc la demande, sans déboucher obligatoirement sur des dépenses d'investissement.

B ... il serait donc indispensable de favoriser la consommation

- La désinflation ne suffit pas à soutenir la demande, il est nécessaire d'augmenter les revenus, notamment les salaires. **Une politique de relance accompagnée d'une redistribution doit assurer l'augmentation des bas revenus** dont la propension à consommer est la plus forte.

- La politique de relance peut produire un **effet d'annonce** destiné à rétablir la confiance des entreprises, sans laquelle le rendement escompté d'investissements éventuels est insuffisant. Il est aussi nécessaire de maintenir les taux d'intérêts à un niveau suffisamment faible pour décourager la spéculation, inciter à consommer plutôt qu'à épargner, et encourager éventuellement le crédit qui peut accroître la demande.

  Selon la logique keynésienne, combattre l'inflation n'est pas prioritaire. Il importe plutôt de relancer l'activité pour combattre le sous-emploi en favorisant l'accroissement de la demande et donc celui de la consommation, même si cela peut être inflationniste. Une baisse de l'épargne serait donc indispensable pour accroître la consommation donc la demande.

3 Consommation et épargne sont indispensables à la croissance

Il semble que les échecs des politiques libérales et keynésiennes permettent de formuler une thèse plus nuancée : l'équilibre économique nécessite une épargne et une consommation suffisantes. Il est indispensable que la consommation des ménages soit dynamique quitte à modérer leur épargne. C'est à cette condition que l'investissement des entreprises peut redémarrer, leur évitant un taux d'épargne anormalement élevé. Cela doit s'accompagner d'une lutte contre l'endettement de l'État grâce à sa volonté d'inciter les administrations publiques à épargner.

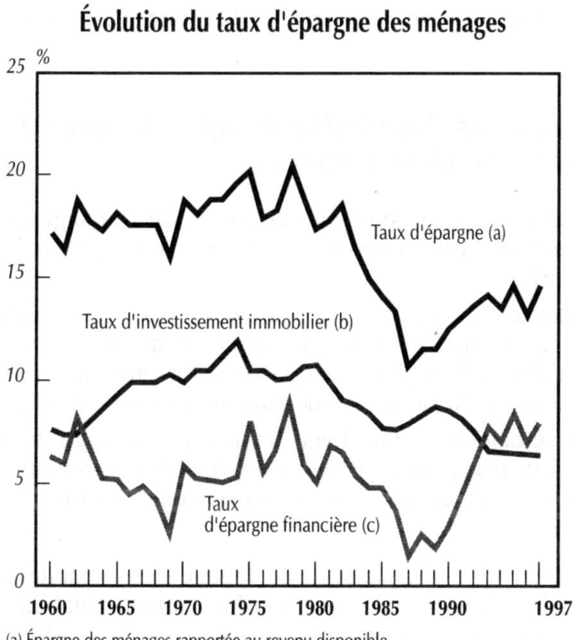

(a) Épargne des ménages rapportée au revenu disponible.
(b) FBCF des ménages non entrepreneurs individuels rapportée au revenu disponible.
(c) Capacité de financement des ménages rapportée au revenu disponible.

A Les équilibres macro-économiques ne peuvent être établis que si la consommation et l'épargne sont soutenues

- Le redressement du taux de marge des entreprises et l'augmentation du taux d'épargne n'ayant pas suffi à enrayer la récession, **la demande doit croître à nouveau** pour inciter les entreprises à adopter des anticipations optimistes.
  - **Seule la reprise de l'activité économique est susceptible d'accroître les revenus** et donc la consommation mais aussi l'épargne, ce qui entretient finalement la croissance. La croissance économique assure l'augmentation conjointe de la consommation et de l'épargne ; dans ce cas l'insuffisance de

l'épargne déplorée dans les années 80 apparaît plus comme une conséquence de la crise que comme une cause. En effet, si l'épargne est fonction du revenu national, elle n'est pas à elle seule un déterminant de la croissance.

- **Il faut pouvoir desserrer la rigueur salariale** et améliorer suffisamment la redistribution des revenus, sans trop alourdir le coût du travail pour ne pas nuire aux profits des entreprises, et surtout éviter un dérapage inflationniste. Il est donc nécessaire de veiller à ce que l'augmentation des revenus soit modérée, mais suffisante pour produire un **effet d'annonce** restaurant l'optimisme des ménages et les encourageant à consommer plus.

◗ Les entreprises ne pourront répondre durablement à une demande croissante que si elles investissent.

- Elles peuvent alors avoir besoin de l'épargne des ménages, dès lors que **le passage d'une économie d'endettement** (financement de l'économie par le crédit) **à une économie de marché financier** (financement de l'économie par l'épargne) **semble irréversible**.
- Par ailleurs **il faut que l'effort d'épargne qui a déjà été accompli se poursuive**. Il importe donc de rémunérer suffisamment l'épargne et de l'orienter vers l'investissement productif, ce qui ne manquerait pas de se produire si le taux de rentabilité du capital était suffisant.

B Les épargnes des différents agents économiques doivent être différenciées

◗ Quand les revenus stagnent, **la baisse de l'épargne est le seul moyen pour augmenter la consommation**, élément principal de la demande adressée aux entreprises.

- Dans ces conditions, l'erreur serait de persister à vouloir augmenter l'épargne, car cela affaiblirait la croissance. À défaut d'être assurée par une hausse sensible de l'emploi et des salaires, l'augmentation de la consommation devra être favorisée par une modération de l'épargne des ménages.
- La volonté de réduire l'endettement des ménages a encouragé l'augmentation de leur taux d'épargne et a comprimé leur consommation. Une baisse de leur épargne et un accroissement de leur endettement favoriserait donc la croissance.

◗ Les entreprises françaises ont dégagé des capacités de financement exceptionnelles depuis 1993, signe à la fois de leur rentabilité élevée et de la faiblesse de leurs investissements.

- Pourtant **l'activité normale des entreprises devrait les amener non pas à épargner, mais à investir**. Une situation économique saine se caractérise par le fait que le financement des investissements des entreprises ne peut être entièrement satisfait par leur seule épargne.
- L'épargne des entreprises est aujourd'hui tellement importante que sa baisse est indispensable. Elle permettrait, en augmentant l'emploi et les salaires, de **favoriser la consommation** dont la quasi-stagnation pénalise l'activité économique : en France, le taux d'accroissement annuel moyen en volume de la consommation des ménages est légèrement supérieur à 1 % depuis le début des années 90; en 1997 l'accroissement en volume de 0,7 % est l'un des plus faibles depuis trente ans.

◗ Si en période de récession il est légitime de laisser les déficits des administrations publiques se creuser, leur diminution doit être une priorité quand l'économie redémarre.

SOLDE DES COMPTES PUBLICS EN % DU PIB[a]

	1961-1973	1974-1980	1981-1990	1990-1995	1997
États-Unis	- 0,4	- 1,3	- 2,8	- 3,0	0,0
Japon	0,9	- 3,5	- 0,7	0,0	- 3,1
Allemagne	0,4	- 2,9	- 2,0	- 3,0	- 2,7
France	0,7	- 0,9	- 2,3	- 4,2	- 3,5
Royaume-Uni	- 0,1	- 3,9	- 1,9	- 5,1	- 1,9
Italie	- 3,7	- 9,7	- 11,2	- 9,7	- 2,7
Canada	- 0,1	- 2,1	- 4,9	- 6,2	0,9

a. Un signe négatif indique un besoin de financement ; un signe positif indique une capacité de financement.
D'après *Ramsès 99* - Dunod.

Dans une perspective libérale, l'augmentation des besoins de financement des administrations publiques évince partiellement ceux des entreprises privées. En effet, les épargnants préfèrent souvent mettre leurs capacités de financement à la disposition de l'État plutôt que des entreprises, celui-ci offrant généralement de meilleures garanties.

- Il est donc nécessaire de **stabiliser en priorité la dette publique** dont le remboursement déséquilibre le budget.
- Il est ensuite indispensable de **réduire le déficit budgétaire** car son maintien à un niveau élevé interdit son utilisation ultérieure comme mesure d'une politique de relance, en cas de nouvelle récession notamment.
- La **rigueur budgétaire** des administrations publiques doit être pratiquée afin de réduire la ponction que le déficit opère sur l'épargne nationale. Elle rassurerait les milieux financiers et leurs anticipations à la baisse sur les taux d'intérêt et sur l'inflation amplifieraient ces deux réductions. Finalement, pour des raisons psychologiques (les anticipations optimistes) mais aussi réelles (la baisse des taux), la croissance serait renforcée.

L'arbitrage entre consommation et épargne habituellement débattu ne semble plus d'actualité. La consommation et l'épargne ne sont pas à opposer car elles sont complémentaires. Par ailleurs il est indispensable de différencier les origines de l'épargne en fonction des différentes catégories d'agents économiques, car l'épargne n'est globalement ni bonne ni mauvaise, tout dépend d'où elle provient et comment elle est utilisée. Des propensions à consommer et à épargner adaptées doivent être enfin définies, sans que la progression de l'une ou de l'autre ne mette en péril la croissance ou la stabilité des prix.

FICHE 5 L'UTILISATION DES GAINS DE PRODUCTIVITÉ

→ Comment partager les gains de productivité ?

La productivité est la production par unité de facteur de production (travail ou capital) ; l'indicateur de productivité le plus couramment utilisé est la productivité du travail (production par personne employée).

Les gains de productivité sont utilisés de différentes façons : ils permettent de baisser les coûts de production et donc d'augmenter les profits et de baisser les prix, mais aussi d'augmenter les salaires ou de baisser la durée du temps de travail.

Durant les Trente glorieuses, les gains de productivité étaient très élevés (en France, plus de 5 % en moyenne annuelle) et leur partage ne posait pas de problème majeur. Depuis le début des années 70, le partage des gains de productivité est, en revanche, l'objet d'un important débat.

1 JUSQU'AUX ANNÉES 80, LE PARTAGE DES GAINS DE PRODUCTIVITÉ A SURTOUT PROFITÉ AUX SALARIÉS

Si durant les Trente glorieuses le partage des gains de productivité ne posait pas de problème majeur, à partir du début des années 70, le ralentissement de la productivité rend nécessaires certains arbitrages qui s'opèrent, dans un premier temps, au profit des salaires.

A Le compromis fordiste des Trente glorieuses

- Les théoriciens de l'**École de la régulation** (**Michel Aglietta**, **Robert Boyer**...) désignent l'expansion considérable des Trente glorieuses par le terme de « **croissance fordiste** ». Le travail à la chaîne, la production de masse, la concentration des entreprises ainsi qu'un progrès technique important furent à la base de gains de productivité élevés dont le partage ne posait pas de problème majeur. Si, durant cette période, les conflits sociaux furent nombreux, il était généralement possible de satisfaire les revendications des salariés.
- **Les gains de productivité ont ainsi largement servi à augmenter les salaires**, ce qui eut des effets positifs sur la demande et sur la croissance. Mais ces gains de productivité furent assez élevés pour permettre également des hausses sensibles du profit et donc de l'investissement ainsi qu'une faible réduction du temps de travail.

  En revanche, **les gains de productivité n'ont été que peu utilisés pour diminuer les prix**. En effet un grand nombre de secteurs étaient alors abrités de la concurrence internationale par des mesures protectionnistes, et de la concurrence nationale par l'existence de monopoles et de prix administrés.

B Durant les années 70, les gains de productivité ont essentiellement favorisé les salaires...

- Dès la fin des années 60, en raison des **limites de l'organisation traditionnelle du travail** et d'une tendance au **surinvestissement**, la productivité s'est ralentie et des **difficultés d'arbitrage pour le partage des gains de productivité** sont apparues.
- Le ralentissement de la productivité a essentiellement nui au profit tandis que les salaires ont absorbé une part croissante des gains de productivité pour deux raisons principales :
  - Les politiques économiques de l'époque était fortement teintées de **keynésianisme** ; selon celles-ci, il importait, pour ne pas sombrer dans la spirale récessionniste et pour relancer la croissance, de favoriser la demande par le biais des hausses de salaire.
  - Les **syndicats**, qui étaient encore puissants, ont continué à exiger des hausses de pouvoir d'achat pour les salariés malgré la crise.

  De ce fait, quoique moins forte que durant les Trente glorieuses, la hausse des salaires perdura et absorba la majeure partie des gains de productivité. En France, ce phénomène a eu pour effet de faire passer la part des salaires et charges sociales dans la valeur ajoutée : de 62,5 % en 1974 à 69 % en 1983.

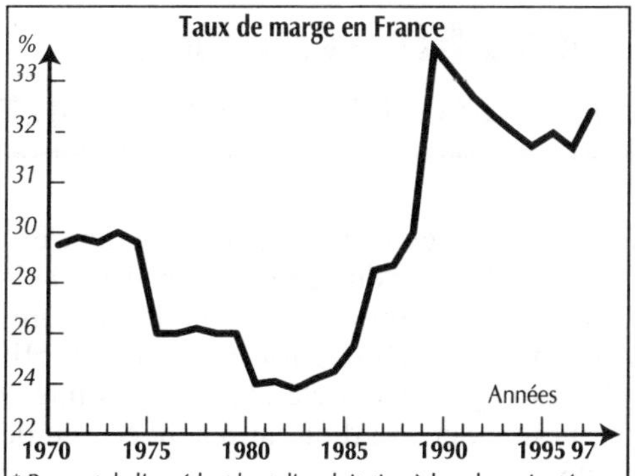

* Rapport de l'excédent brut d'exploitation à la valeur ajoutée (sociétés du secteur privé).

C ... mais, selon les libéraux, ce choix est préjudiciable à l'investissement et aux équilibres économiques

- Si la priorité accordée aux salaires est conforme à la pensée keynésienne, elle s'oppose aux principes libéraux. Selon les partisans de la **théorie de l'offre** ou ***Supply side economics*** (**G. Gilder**, **A. Laffer**...), pour permettre la croissance, il est nécessaire de **favoriser le profit et l'investissement et non le salaire et la demande**.

  Durant les années 70, le **taux de marge** des entreprises (part du profit dans la valeur ajoutée) a fortement baissé passant, en France, de 30 % en 1973 à 24 % en 1981.

  Cette baisse du profit eut de graves répercussions :
  - pour pallier la réduction de leurs disponibilités financières permettant de s'autofinancer, certaines entreprises recoururent massivement au **crédit** et se surendettèrent ;
  - en outre, l'incertitude de la conjoncture économique jointe à la baisse des profits entraîna un **ralentissement durable de l'investissement**.

- Cette situation ne fut pas seulement préjudiciable aux entreprises mais constitua plus généralement un facteur d'**accentuation des déséquilibres économiques**.

En limitant les profits et les investissements, la hausse des salaires fut perçue comme un facteur de récession car, selon les libéraux, seul l'investissement est le moteur de l'économie.

De plus, cette politique se révéla **inflationniste** car :

– La demande a eu tendance à dépasser l'offre ; la hausse des salaires a en effet favorisé la **croissance de la demande alors que l'offre était restreinte** par le manque d'investissement.

– **Les entreprises ont eu massivement recours au crédit**, ce qui a accentué la **création monétaire**.

À la fin des années 70, la situation économique des pays industrialisés était mauvaise. Les politiques économiques d'inspiration keynésienne ne leur avaient pas permis de sortir de la crise ; elles semblaient au contraire avoir accentué l'inflation et limité l'investissement privé. Aussi les gouvernements adoptèrent des politiques économiques fondées sur les principes des libéraux et ceux des économistes de l'offre. Le partage des gains de productivité s'en trouva bientôt modifié au détriment des ménages.

2 Depuis le début des années 80, les gains de productivité profitent surtout aux entreprises

De nouvelles politiques économiques inspirées des principes libéraux et des économistes de l'offre sont mises en place à partir du début des années 80 (1983 en France). Elles visent à utiliser les gains de productivité pour accroître les profits et l'investissement, tout en baissant l'inflation afin de rétablir la compétitivité extérieure. Certains de ces objectifs ont été atteints sans que pour autant les pays industrialisés ne sortent de la crise ; d'où un renouveau du débat sur le partage des gains de productivité.

A Les politiques économiques qui modifient le partage des gains de productivité en faveur du profit et de la compétitivité...

- Les politiques économiques mises en place depuis le début des années 80 ont permis d'**augmenter la part du profit dans la valeur ajoutée**. Les profits ont bénéficié des gains de productivité grâce à la modération des salaires et des impôts. Cela a profité à l'**amélioration de l'autofinancement** et à la **reprise de l'investissement**.
- **Ces politiques d'inspiration libérale ont aussi permis de faire baisser l'inflation afin d'assainir l'économie et de restaurer la compétitivité extérieure**.

Pour relancer durablement l'investissement, il était nécessaire que les entreprises aient des perspectives de vente suffisantes. Or, puisque la modération des salaires restreignait la demande intérieure, il devint essentiel de se tourner vers la demande extérieure, ce qui motiva la politique de désinflation compétitive.

Afin que les entreprises fassent les efforts requis pour augmenter leur productivité et leur compétitivité, une politique de restauration des conditions concurrentielles, de déréglementation et de libéralisation des échanges fut menée.

B ... ont eu des résultats inégaux...

- **Ces politiques ont permis d'augmenter le taux de marge** puisque celui-ci dépasse à nouveau les 30 % à partir de 1988 en France.

  L'**autofinancement** a aussi fortement progressé : le taux d'autofinancement français qui était de 57 % en 1982 devient supérieur à 90 % à partir de 1986.

  Dans un premier temps l'**investissement** a augmenté, mais, en raison d'un manque de débouchés, il a de nouveau diminué à partir du début des années 90. De plus, la hausse de l'investissement a surtout bénéficié aux investissements de rationalisation (investissements dont l'objectif est d'augmenter la productivité) et non aux investissements de capacité (investissements dont l'objectif est d'augmenter la production) qui sont davantage source de croissance.
- En raison de la volonté d'augmenter les exportations mais aussi parce que la crise a exacerbé la concurrence internationale, **les entreprises se sont livrées à une course à la compétitivité** exigeant des efforts importants au niveau des prix et absorbant une part non négligeable des gains de productivité.

  Cette recherche de compétitivité a eu des effets positifs puisqu'elle a accru les débouchés extérieurs des entreprises françaises et qu'elle a ainsi participé au **redressement de la balance commerciale**. Mais ces débouchés extérieurs furent insuffisants pour relancer d'une façon efficace la croissance. Cette course à la compétitivité semble avoir eu des coûts importants. Au nom de cette compétitivité et de la rationalisation de la production, **les entreprises ont tendance à multiplier les licenciements afin de diminuer les coûts de production**.

C ... ce qui renouvelle le débat

- Le nouveau partage des gains de productivité ne semble pas avoir tenu ses promesses, il n'a pas été source de croissance et il s'est réalisé au détriment des salaires. **H. Schmidt** pensait que « **les profits d'aujourd'hui sont les investissements de demain et les investissements de demain créent les emplois d'après-demain** », mais ce cercle vertueux n'a pas fonctionné.

  Pour investir et produire les entreprises ont besoin de vendre. La croissance par la hausse des exportations n'est pas une réelle solution ; lorsque les marchés nationaux ne se développent pas, toute hausse des exportations se réalise au détriment d'un autre pays. Au lieu de la **coopération internationale** nécessaire, chaque économie se livre à une compétition acharnée en vue d'exporter son chômage.
- La priorité accordée aux salaires durant les années 70 s'était heurtée aux problèmes financiers des entreprises, mais la préférence pour les profits des années 80 et 90 s'est heurtée à l'insuffisance de la demande.

  Le débat sur l'utilisation des gains de productivité reste donc ouvert. La solution qui semble la plus rationnelle pourrait être d'**opter, comme durant les Trente glorieuses, pour un compromis entre les salaires, les profits et les prix** ; ainsi les gains de productivité pourraient éventuellement être à nouveau facteur de croissance.

  Mais cette solution n'est pas la panacée : **tant que les gains de productivité resteront faibles, le « gâteau » à partager demeurera insuffisant**.

Le débat sur le partage des gains de productivité rejoint le débat plus général sur les moteurs de la croissance. En période de croissance l'expansion s'auto-entretient, mais en période de crise il est nécessaire de savoir qu'elles sont les variables économiques à infléchir pour relancer la machine. Quoi qu'il en soit, les gains de productivité sont indispensables pour sortir du tunnel de la récession.

FICHE 6

LES SECTEURS D'ACTIVITÉ

→ Les pays capitalistes développés sont-ils en voie de désindustrialisation ?

La croissance de la production industrielle fut à la base de la forte croissance économique de la période appelée « les Trente glorieuses » par Jean Fourastié. Depuis la crise, au contraire, la croissance industrielle se ralentit et le secteur secondaire perd des emplois. De ce fait, on considère parfois que les pays capitalistes développés connaissent un déclin industriel, une désindustrialisation.

1 La part de l'industrie diminue au profit de celle du secteur tertiaire

S'il est parfois considéré que les pays industrialisés sont en voie de désindustrialisation, c'est en raison de la diminution de la part relative de la production industrielle dans leur production totale mais surtout en raison de la diminution en valeur absolue, dans la plupart des pays industrialisés, de l'emploi industriel.

A La part relative de l'industrie dans la production totale (PIB) tend à diminuer

- La part relative de l'industrie a tendance à diminuer alors que celle des services a, au contraire, tendance à augmenter (**tertiairisation**). Ce phénomène est dû à des modifications de structures :
  - **La consommation des ménages se tourne de plus en plus vers les services**. Selon la loi d'Engel, la structure de la consommation des ménages est fortement dépendante de leurs revenus : à partir d'un certain seuil, l'augmentation du revenu profite essentiellement à la consommation de services et donc au secteur tertiaire. La baisse de la part relative de la consommation de produits industriels conduit donc à un ralentissement des débouchés de l'industrie.
  - Depuis la fin des années 60, la **demande de biens durables** a tendance à se saturer ; les **taux d'équipement** en biens traditionnels (automobile par exemple) sont souvent proches de 100 % et peu de nouveaux biens durables arrivent sur le marché. **Les industries de biens d'équipement des ménages se trouvent donc confrontées à une restriction de leurs débouchés**.
  - Les entreprises font de plus en plus appel à des entreprises extérieures pour la réalisation de certaines activités de service comme l'entretien ou le gardiennage ; cette **externalisation** ne conduit pas à une tertiairisation réelle de la production mais à une modification dans sa comptabilisation. Le développement des PME qui sous-traitent des services aux autres entreprises participe bien évidemment au mouvement de tertiairisation de l'économie.

Population active occupée par grands secteurs (1806-1996)							
Date	**Effectifs, en milliers**				**% dans la population active[1]**		
	Agriculture	Industrie et bâtiment	Tertiaire	**Total**	Agriculture	Industrie et bâtiment	Tertiaire
1806..	8 379	2 623	1 869	**12 871**	65,1	20,4	14,5
1851..	9 306	4 350	3 007	**16 663**	55,9	26,1	18,0
1872..	8 686	4 932	3 745	**17 363**	50,0	28,4	21,6
1896..	8 219	6 067	5 034	**19 320**	42,5	31,4	26,1
1911..	7 732	6 524	5 631	**19 887**	38,9	32,8	28,3
1936..	6 028	5 952	6 347	**18 327**	32,9	32,5	34,6
1949..	5 698	6 373	7 184	**19 255**	29,6	33,1	37,3
1974..	3 160	7 589	9 517	**20 266**	15,6	37,4	47,0
1990..	1 357	6 467	14 290	**22 114**	6,1	29,3	64,6
1996..	1 109	5 990	15 308	**22 186**	5	27	69

1. Population active jusqu'en 1900, population active occupée depuis.

- La baisse de la part relative de l'industrie est accentuée par la **crise économique**.
  - La crise provoque un **ralentissement du pouvoir d'achat** des ménages ce qui freine la croissance de la consommation, dont celle de produits industriels.
  - **La crise exacerbe la concurrence** et incite les entreprises, qui doivent rester compétitives, à développer leur fonction commerciale et à accroître leur productivité. De ce fait l'investissement immatériel ou investissement de service (publicité, mercatique, formation, logiciels et achat de brevets et de licences) prend de plus en plus d'importance par rapport à l'investissement physique ou investissement matériel.
  - L'effort de compétitivité par la réduction des coûts de production incite de plus en plus d'entreprises industrielles à se **délocaliser** dans des pays à bas coût de main-d'œuvre.

  Les économies des pays développés ont donc tendance à se tertiairiser, la part de l'industrie dans la production décroît au profit de celle des services.

B L'emploi industriel tend à diminuer

- **L'industrie a tendance à se déverser dans le secteur tertiaire**.

  Dans sa **théorie du « déversement », Alfred Sauvy** explique que le progrès technique de certains secteurs d'activité profite à d'autres secteurs. L'emploi du secteur primaire s'était déjà en partie déversé dans le secteur secondaire, et depuis les années 60, l'emploi du secteur secondaire se déverse à son tour dans le secteur tertiaire.

  Ainsi, l'évolution de l'emploi d'un secteur dépend du rapport entre la variation de sa production et celle de sa productivité, or :
  - la croissance de la production industrielle est faible alors que l'industrie est le secteur qui connaît, grâce à un **progrès technique** important, les gains de productivité les plus élevés ;
  - la croissance de la production de services (pour les raisons évoquées précédemment) est plus forte que la croissance de la productivité du secteur tertiaire. En effet les gains de productivité du secteur tertiaire sont relativement faibles car la production de service est rarement une production de masse et parce que de nombreux services de proximité ne profitent que marginalement du progrès technique.

  Il est donc logique que le secteur secondaire perde des emplois tandis que le secteur tertiaire en gagne.

- **Les industries de main-d'œuvre sont en crise**.

  Les industries de main-d'œuvre sont celles qui licencient le plus :

– Elles sont les plus touchées par la crise, car elles sont **concurrencées par les Pays nouvellement industrialisés (PNI)** dans lesquels les coûts de la main-d'œuvre sont faibles. Ainsi des branches entières de l'industrie (textile, sidérurgie, chantiers navals, automobile) licencient massivement.

– Le secteur tertiaire est, quant à lui, relativement protégé de la concurrence internationale car, malgré la création de l'Union Européenne et l'extension des règles de l'OMC (Organisation mondiale du commerce) aux services, **le commerce international des invisibles (services) est encore peu développé**.

La part relative de la production industrielle et l'emploi industriel diminuent, mais cela ne signifie pas pour autant que les pays capitalistes développés sont en voie de désindustrialisation.

2 Les pays capitalistes développés ne sont pas en voie de désindustrialisation

La diminution de l'emploi agricole signifiait davantage une modernisation qu'une crise de ce secteur ; de la même façon, la baisse relative de l'industrie ne signifie pas une désindustrialisation mais plutôt une reconversion industrielle.

A L'industrie ne subit pas une désindustrialisation, mais une reconversion

L'industrie ne subit pas une désindustrialisation.

La production industrielle croît toujours ; elle représente encore une part importante de la production nationale (de 35 à 50 % dans tous les grands pays industriels).

Le propre d'une « **société hyper-industrielle** », selon **C. Stoffaës**, est de voir baisser la part de la production industrielle.

Seule l'industrie demeure le secteur moteur de la croissance :

– en raison de ses consommations intermédiaires, l'industrie a plus d'effets d'entraînement sur le reste de l'économie que le tertiaire ;

– comme l'indique **W. Baumol**, une croissance due à un développement important du tertiaire peut être déséquilibrée ; ce secteur connaît de faibles gains de productivité ce qui peut mener, par un effet de structure, au ralentissement global de la productivité.

L'industrie connaît une reconversion.

– L'industrie est encore un secteur de pointe qui connaît des gains de productivité largement supérieurs à ceux observés dans le secteur tertiaire. L'économie ne subit pas une désindustrialisation mais une **reconversion industrielle dans des produits à haute intensité capitalistique** qui nécessitent donc moins d'emplois.

– La reconversion industrielle se traduit par l'abandon d'anciennes branches à faible valeur ajoutée utilisant une main-d'œuvre nombreuse et par la spécialisation dans de **nouvelles branches très capitalistiques à forte valeur ajoutée** comme l'aérospatiale, le nucléaire ou la robotique.

B Tertiairisation ne signifie pas désindustrialisation car les secteurs secondaire et tertiaire sont complémentaires

Le secteur tertiaire est tributaire de la croissance du secteur secondaire.

L'extension des services aux entreprises qui participe au développement du secteur tertiaire n'est possible que grâce à :

– la demande accrue du secteur secondaire en services dans le cadre de la réalisation d'**investissement immatériel** ;
– l'**externalisation** de certaines activités qu'assuraient elles-mêmes, jusqu'alors, les entreprises industrielles.

Le développement industriel est donc une condition *sine qua non* à la tertiairisation de l'économie

L'extension de la **consommation de services des ménages** est tributaire des augmentations de leur pouvoir d'achat et donc de leur rémunération. Or ces dernières ont été, et sont encore en grande partie, le fruit de l'activité du secteur secondaire dans lequel sont réalisés des gains de productivité supérieurs à ceux du tertiaire.

- **Le secteur tertiaire est un facteur de développement du secteur secondaire**.
  – La croissance du secteur tertiaire offre des débouchés à l'industrie quand il s'équipe en machines (informatique par exemple). D'autre part, certaines activités tertiaires comme le commerce jouent un rôle d'**amplificateur de la croissance industrielle**.
  – L'industrie se développe aussi grâce à ses **investissements immatériels**, non seulement dans la fonction commerciale mais aussi dans la formation du personnel ; les produits industriels incorporent de plus en plus de technicité, ce qui nécessite des **dépenses de formation, de publicité, de recherche et développement**, ainsi que des **achats de logiciels, de brevets et de licences**.

La baisse de la part relative de l'industrie et la diminution de l'emploi industriel ne signifient donc pas nécessairement un déclin industriel ou une désindustrialisation. Ce phénomène est plutôt la conséquence logique du développement économique ; la tertiairisation n'est pas la conséquence d'une crise industrielle mais celle d'une certaine maturité industrielle. Pour comprendre l'évolution de la production industrielle, il est nécessaire de différencier les modifications structurelles dues au développement économique de ce qui relève de la crise économique traversée par les pays capitalistes industrialisés.

JEAN FOURASTIÉ
ET LES SECTEURS D'ACTIVITÉ

Les professions tertiaires sont celles de l'artisanat, du commerce, de l'enseignement, de l'administration, de la justice, des cultes ; les professions secondaires sont celles de l'industrie et des transports ; les professions primaires sont celles de l'agriculture.

Ce qui est important, c'est que ce classement des marchandises et des services selon l'intensité du progrès technique dans la professions qui les produit, coïncide très souvent avec un autre classement important : celui qui consiste à ranger les produits selon l'intensité et la capacité des besoins des consommateurs.

Les produits primaires sont en effet les plus nécessaires à l'humanité, puisque ce sont les aliments ; mais en même temps qu'ils sont les plus nécessaires, ils sont aussi ceux dont nous nous saturons le plus vite, parce que nous n'avons qu'un seul estomac.

Les produits secondaires (textiles, objets manufacturés) viennent en général en second (d'où leur nom) dans l'urgence des besoins ; par contre, la saturation est plus lointaine, car l'homme n'est pas ici obligé d'assimiler pour utiliser.

Les produits et services tertiaires sont si peu indispensables que l'on a eu longtemps tendance à les considérer comme superflus et abusifs, de sorte que le producteur de tertiaire est considéré dans certaines théories économiques comme n'étant pas réellement productif. Cependant, le tertiaire est ou bien agréable au consommateur (théâtre, spectacle, art, tourisme, services commerciaux) – ou bien même indispensable à la vie en société et à la production même de primaire et de secondaire (enseignement, recherche scientifique, administration, etc.). Ces produits et services tertiaires, quoique leur urgence soit effectivement faible chez les consommateurs pauvres, sont ainsi au contraire demandés en quantité sans cesse croissante par les populations dont le niveau de vie est élevé.

Jean Fourastié, *Pourquoi nous travaillons*,
Que sais-je ?, PUF.

FICHE 7

L'IMMIGRATION

→ Quelles sont les incidences économiques et sociales de l'immigration et du travail clandestin?

Le recensement de 1990 évalue à environ 3,6 millions le nombre d'étrangers, soit une proportion stable de 6,3 % de la population en France. Ces données ne rendent cependant pas compte du fait que tout immigré n'est pas étranger et que tout étranger n'est pas immigré, le débat sur l'immigration peut donc être faussé comme ce fut le cas lors des discussions à propos de la réforme du code de la nationalité en 1993 ou à propos de la régularisation des « sans papiers » notamment depuis 1996.

Alors que depuis les années 70 les politiques économiques tant libérales que keynésiennes semblent avoir échoué, certains hommes politiques tentent d'imputer la responsabilité même partielle de la crise à l'immigration, notamment clandestine.

1 L'IMMIGRATION A PU SE RÉVÉLER NÉCESSAIRE À L'ÉCONOMIE

L'immigration a eu essentiellement lieu à la demande des pays industrialisés.

A Jusqu'à la crise, l'immigration pallie le manque d'actifs

- Les **grandes vagues d'immigration** au cours du XXe siècle, dont celle des années 60, s'expliquent en partie par la pauvreté des pays d'origine.

  Toutefois, pour l'essentiel l'immigration a été réalisée afin de **pallier le manque de main-d'œuvre dans les pays d'accueil**.
- La croissance économique des Trente glorieuses, une pénurie de main-d'œuvre, ainsi qu'un niveau de formation et de qualification plus élevé ont rendu les actifs français plus exigeants en matière d'emploi et de renumération.

  Les immigrés ont occupé des emplois laissés vacants, dans le bâtiment et le génie civil ou dans l'industrie par exemple. Cette **main-d'œuvre peu ou pas qualifiée** et faiblement syndiquée est souvent docile et son coût est relativement faible. Ainsi lors de l'enquête emploi de mars 1995, 46,3 % des actifs immigrés occupés sont ouvriers et 24,2 % sont employés, alors que seuls 10,5 % sont professions intermédiaires et 9,3 % sont cadres et professions intellectuelles supérieures.

B L'immigration a donc une utilité économique

- **Les actifs étrangers satisfont toujours les besoins de main-d'œuvre peu qualifiée**, pour des emplois le plus souvent précaires dans le secteur secondaire et de plus en plus dans le secteur tertiaire.

- **La population active immigrée s'est tertiairisée**. En 1995, 2,9 % des actifs immigrés occupés travaillent dans le secteur primaire, 36,2 % dans le secteur secondaire et 60,9 % dans le secteur tertiaire. Cela relativise l'importance des parts des actifs immigrés occupés dans ces trois secteurs qui sont respectivement de 4,2 %, 24,1 % et 6,2 % à la même date.
- Après une **immigration économique**, la France a progressivement connu une **immigration familiale** par l'arrivée des familles d'actifs étrangers.

  Le taux de fécondité des femmes étrangères (supérieur à celui des femmes françaises) a soutenu la fécondité de la population. Ainsi en 1990, alors que les ménages comportent en moyenne 2,6 personnes, les ménages immigrés en comptent 3,1.

  L'immigration familiale a par ailleurs soutenu la demande en raison d'une **propension à consommer forte**, comme c'est le cas pour l'ensemble des ménages de condition sociale modeste.
- Les cotisations versées par les travailleurs immigrés participent au **financement de la protection sociale**. La présence de certaines barrières socio-culturelles ne permettent pas aux immigrés d'accéder facilement à l'appareil médical. N'ayant pas cotisé suffisamment longtemps, certains repartent dans leur pays d'origine sans avoir obtenu un taux plein de retraite.

C L'intégration sur fond de crise économique

- Un amalgame est souvent fait entre population étrangère et immigrée.

  Puisque ne sont considérées comme immigrées que les personnes étrangères ou françaises par acquisition nées hors de la France métropolitaine, tout immigré n'est pas étranger et tout étranger n'est pas immigré. Les statistiques ne retiennent généralement que le critère de nationalité, elles n'appréhendent donc pas l'ensemble de la population immigrée et sa descendance.

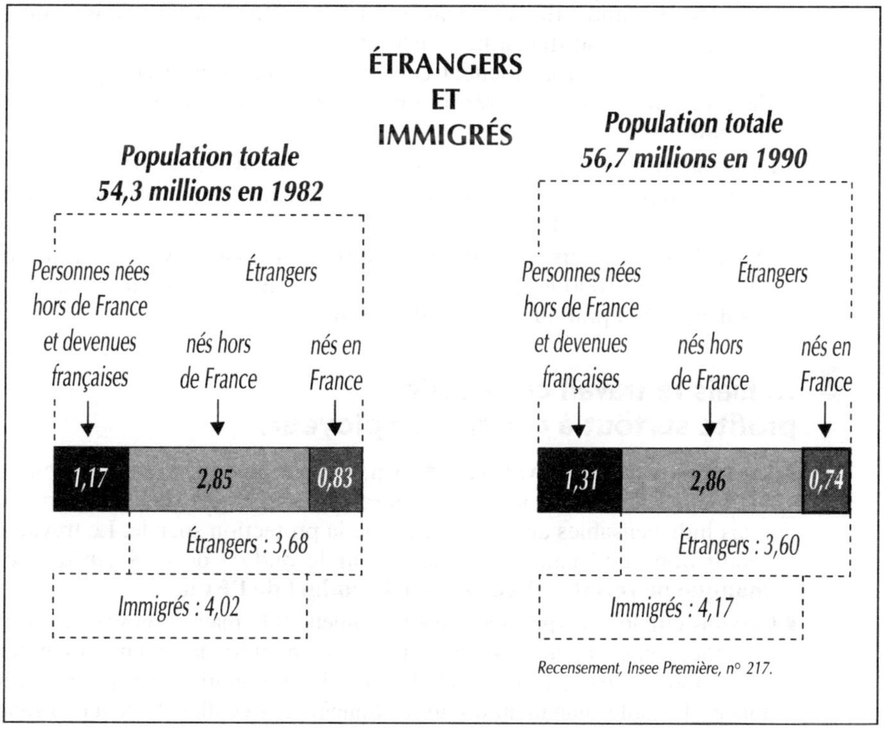

Recensement, Insee Première, n° 217.

- L'**assimilation**, qui est le processus par lequel les familles d'origine étrangère adoptent intégralement la culture du pays d'accueil, s'est souvent réalisée. D'autres fois l'**intégration** d'immigrés ou de leurs enfants se produit : ils intègrent la culture française dans leur vie sociale, et préservent tout ou partie de leur culture d'origine dans leur vie familiale.

  L'accroissement du taux d'activité des femmes immigrées ou filles d'immigrés, la lente diminution de leur taux de fécondité, la **socialisation des enfants** d'origine étrangère par l'école, de même que l'accroissement du nombre de mariages mixtes, sont autant de signes tangibles d'intégration ou d'assimilation.

  Sachant que 32,5 % des immigrés sont devenus français, que la proportion de français chez leurs enfants et leurs petits-enfants est respectivement de 84 % et 100 %, on peut alors admettre que les immigrés ou leur descendance se fondent dans la population française en l'espace de deux générations.

2 Du travail clandestin à l'immigration clandestine

Le travail clandestin est à l'origine d'une activité productrice licite non déclarée et fait partie de l'économie souterraine. C'est parce que certains employeurs sont plus soucieux de leur intérêt que de la légalité que le travail clandestin existe ; celui-ci n'est d'ailleurs pas exclusivement pratiqué par des immigrés.

A La population étrangère ou immigrée semble particulièrement touchée par le travail clandestin...

- Les richesses créées grâce au **travail clandestin** sont difficiles à évaluer avec précision puisqu'elles échappent par définition à toute comptabilisation. On estime toutefois qu'elles équivalent en France à 10 ou 20 % du PIB.

  Le travail clandestin ou au noir est dû au fait qu'une **économie parallèle**, **informelle**, ou **souterraine** existe et s'est développée avec la crise. Le sous-emploi et le chômage incitent ceux qui les subissent à occuper un emploi non déclaré (même s'ils préféreraient un emploi déclaré) afin d'accroître leurs revenus.
- La population étrangère ou immigrée, en situation légale sur le territoire français, étant surreprésentée parmi les exclus du travail, sa prédisposition à recourir au travail clandestin est donc plus grande.

  Par ailleurs le **Bureau international du travail (BIT)** estime approximativement à 350 000 le nombre d'immigrés clandestins. Leur situation illégale les condamne à la pratique du travail au noir.

B ... mais le travail clandestin profite surtout à certains employeurs

- **En recourant au travail clandestin, des employeurs** (dans la confection et le bâtiment notamment) **s'auto-exonèrent des charges sociales**, certes onéreuses, mais indispensables au financement de la protection sociale. Le travail clandestin induit donc un manque à gagner pour le budget de la Sécurité sociale et un **manque de recettes fiscales pour le budget de l'État**.
- Certains employeurs peu scrupuleux soumettent la main-d'œuvre clandestine à leurs exigences, et cela pour des rémunérations bien inférieures au minimum légal et pour une durée du travail élevée et illégale. L'exploitation est d'autant plus grande lorsqu'il s'agit d'une main-d'œuvre étrangère entrée illégalement en France.

- Une concurrence malsaine entre travailleurs déclarés et travailleurs clandestins tend parfois à s'instaurer dans certaines activités.

C L'immigration, qu'elle soit clandestine ou non, est due à un certain ordre international

- Que ce soit au cours d'une immigration économique, familiale ou politique (réfugiés), les immigrés fuient clandestinement ou légalement des situations souvent catastrophiques dans leur pays d'origine, alors que la croissance et l'opulence (même dans un contexte de crise) rendent les pays industrialisés du Nord indéniablement attractifs.
- Des **mesures sécuritaires** sont parfois proposées pour arrêter l'**immigration clandestine ou légale**; pourtant seul le développement des pays du Sud et des pays d'Europe de l'Est semble apporter une solution. Cela nécessite notamment la redéfinition des échanges Nord/Sud (en revalorisant les termes de l'échange par exemple), le recours aux transferts de technologie, l'annulation de la dette, et l'adoption d'un nouvel ordre économique international.

LE « LABORATOIRE » DE SCHENGEN

La France, la RFA, la Belgique, les Pays-Bas et le Luxembourg ont signé, le 14 juin 1985, à Schengen (Luxembourg), un accord présenté comme « un laboratoire de l'Europe de 1993 ». Il préfigurait l'accord de juin 1990 qui doit être ratifié par les Parlements nationaux, ce qui a été fait pour la France le 3 juin 1991. L'Italie, l'Espagne et le Portugal ont rejoint depuis le « club des Cinq ». L'article 17 de cet accord précise : « En matière de circulation des personnes, les parties chercheront à supprimer les contrôles aux frontières communes et à les transférer à leurs frontières externes. À cette fin, elles s'efforceront préalablement d'harmoniser, si besoin est, les dispositions législatives et réglementaires (...) et de prendre des mesures complémentaires pour la sauvegarde de la sécurité et pour faire obstacle à l'immigration illégale de ressortissants d'États non membres des Communautés européennes. »

Le Monde, Dossiers et Documents, « Les étrangers en France », n° 196, février 1992.

L'arrêt officiel de l'immigration depuis 1974 n'a pas mis fin à toute entrée de personnes étrangères, mais il la maintient à un niveau faible : le solde migratoire en France est d'environ 50000 personnes en moyenne par an entre 1982 et 1990 (hors entrées clandestines). Il remonte jusqu'en 1992 à 90000, puis se réduit jusqu'en 1996 à 35000 personnes. La remontée en 1997 à 40000 individus est exceptionnelle et est due à la régularisation de certains « sans-papiers ». La tendance à la baisse du solde migratoire ne devrait donc pas être infirmée à moyen terme.

Les accords de Schengen qui instituent la suppression des frontières internes à l'Union européenne impliquent inévitablement une harmonisation des politiques de contrôle de l'immigration, notamment clandestine.

FICHE 8 CROISSANCE ET ENVIRONNEMENT

→ La croissance joue-t-elle obligatoirement contre l'environnement ?

La première Conférence des Nations unies sur l'environnement et le développement (CNUED) s'est ouverte à Rio de Janeiro en juin 1992. Dans le contexte de globalisation, la protection de l'environnement ne peut se contenter de programmes d'action strictement nationaux.

Deux thèses s'affrontent : la thèse productiviste qui fait primer la croissance sur l'environnement, et la thèse écologiste qui met en cause la croissance.

Le sommet de Rio n'a pas permis de prendre les décisions indispensables à la protection de l'environnement, mais les conférences de Kyoto en 1997 et de Buenos Aires en 1998 aboutissent pour la première fois à des résolutions.

1 La thèse productiviste fait primer la croissance sur l'environnement

Selon cette thèse, la croissance est l'unique objectif à atteindre, l'environnement est absent des préoccupations économiques.

A La priorité est accordée à la croissance économique

- Le système économique des pays développés est guidé par une **logique productiviste**, qui recherche constamment une plus grande **compétitivité**. Pour obtenir les coûts les plus faibles sur le marché aussi bien national qu'international, les producteurs sont encouragés à adopter les méthodes de production les plus productives, et à ne pas tenir compte des incidences écologiques qu'elles peuvent induire. Dans un contexte de **concurrence exacerbée** et de **libre-échange**, l'activité économique prend exclusivement en compte des critères de productivité et de rentabilité.
- L'objectif de la logique productiviste est une quête sans fin. Ce n'est pas le renouvellement de la quantité produite qui est visé chaque année, mais son accroissement continu. Selon cette thèse, tous les moyens pour stimuler l'activité économique doivent être utilisés. **Seule la croissance permettrait de préserver ou de restaurer les équilibres macro-économiques**, notamment dans le domaine des prix et de l'emploi. Dans ces conditions, l'analyse économique à long terme ne raisonne guère au-delà de la décennie à venir, elle est donc incapable d'appréhender les effets de la croissance sur l'environnement.

B L'environnement est peu pris en compte

- Bien sûr les défenseurs de la logique productiviste ne souhaitent pas que la croissance économique nuise à l'environnement, mais ils n'admettent pas pour autant qu'il faille privilégier l'écologie. Ils affirment que les considérations écologistes mettraient en cause l'activité économique donc le niveau de vie et l'emploi, et que ce serait un combat d'arrière-garde. Le progrès serait donc dans le camp des partisans inconditionnels de la croissance.

- Dans cette perspective, **la Comptabilité nationale** ne prend toujours pas en compte l'environnement ; c'est pourquoi **le Produit intérieur brut (PIB) n'est qu'un indicateur quantitatif et partial**. L'épuisement des ressources naturelles et la dégradation de l'environnement ne sont pas comptabilisés négativement dans le mode de calcul du PIB.

  En revanche les dépenses destinées à remédier, même imparfaitement, aux dégâts causés à l'environnement, sont enregistrées positivement comme autant de créations de richesses.

Dans les pays aujourd'hui développés, la croissance économique a mis fin à la misère endémique qui sévissait autrefois. Cependant l'équilibre écologique mondial est fortement menacé.

2 La thèse écologiste met en cause la croissance

Sous la pression largement médiatisée du lobby écologiste, l'opinion publique marque un intérêt nouveau pour l'écologie et met en cause le système économique jugé responsable des dégâts causés à l'environnement.

A La croissance peut menacer l'écosystème

- Selon la **thèse écologiste**, la croissance n'a pas tenu grand compte de l'environnement jusqu'à présent. Elle n'a été perçue qu'en termes quantitatifs, et a fait largement abstraction des **coûts ou des effets externes négatifs** que l'économie cause à l'environnement.
  - Jusqu'alors les économies avaient tendance à considérer que l'environnement mettait des biens collectifs gratuits (air, eau, forêts par exemple) à leur disposition. Les agents économiques se comportaient et se comportent toujours comme des « **passagers clandestins** », car ils ne paient pas le prix écologique de leur production et de leur consommation.
  - L'idée nouvelle de **bien-être collectif** émerge, nécessitant la prise en compte de la qualité de l'environnement. Ainsi se justifient les recherches destinées à élaborer un « **PIB vert** » qui entrerait en contradiction avec la logique du modèle de développement des pays capitalistes.
- À la veille de la crise économique, le **Club de Rome** mettait en cause la croissance débridée des Trente glorieuses qui selon lui dégradait l'environnement, et préconisait l'adoption d'une « **croissance zéro** ».
  - Les chocs pétroliers de 1973 et 1979 avaient fait temporairement prendre conscience de la nécessité économique (à défaut d'une nécessité écologique) de ne pas gaspiller l'énergie. Depuis le contre-choc pétrolier du début des années 80, les prix réels de l'énergie sont inférieurs à ce qu'ils étaient au lendemain du premier choc en 1974. La croissance de la consommation énergétique est alors à nouveau supérieure à la croissance de la production. Ce constat peut inquiéter, puisque 85 % des ressources énergétiques sont épuisables et que la consommation énergétique est polluante.
  - Un développement fondé sur une logique productiviste ne semble plus pouvoir se poursuivre indéfiniment, mais la « croissance zéro » généralisée n'est pas pour autant envisageable en raison du sous-développement endémique de bon nombre de pays du Sud.

B L'adoption par le Sud du modèle de développement du Nord généralise la dégradation de l'environnement

- Le sous-développement des pays du Sud les oblige à laisser de côté les préoccupations écologiques. L'opulence des pays du Nord les incite à adopter leur logique productiviste.

  Ainsi l'**agriculture d'exportation** appauvrit les sols de façon parfois irréversible; la nécessité d'exporter conduit à multiplier la **déforestation**, à épuiser les ressources en matières premières pour faire face au service de la dette et pour obtenir les devises nécessaires aux transferts de technologie. La **surabondance structurelle de l'offre** (café, cacao par exemple) fait alors chuter les cours, ce qui rend le commerce extérieur des pays du tiers monde toujours plus précaire et les incite encore à négliger les considérations écologiques.
- Les déchets toxiques font l'objet de trafics, particulièrement à destination des pays du Tiers monde et des anciens pays socialistes d'Europe de l'Est. Ceux-ci, pour **obtenir des devises**, acceptent d'importer à bas prix les déchets qui embarrassent les pays industrialisés. Ne subissant souvent pas de traitement approprié, ils contribuent à l'extension de la pollution.
- La consommation énergétique par habitant est faible dans les pays du Sud; en France elle est trois fois plus grande que dans ces pays, et aux États-Unis elle est douze fois plus élevée. Afin que le développement nécessaire du Sud soit compatible avec les impératifs écologiques mondiaux, une réduction de la consommation énergétique des pays du Nord s'impose. Cependant dans d'autres domaines, les pays du Sud participent activement à la dégradation du patrimoine naturel mondial.

  La dégradation de l'environnement est imputable à l'ensemble de la communauté internationale, mais le degré de responsabilité est différent selon le type d'économie.

3 Mais l'environnement peut être compatible avec un nouveau mode de croissance

Même si l'on admet que la croissance économique sauvage a nui à l'environnement, il est possible de concevoir un nouveau mode de croissance et de développement qui le préserve.

A Les préoccupations écologiques peuvent être facteur de croissance

- Les entreprises n'ont guère de préoccupations en matière d'environnement, car elles induisent généralement un **surcoût de production** susceptible de réduire la compétitivité (l'utilisation d'énergies coûteuses mais non polluantes en est un exemple). Cependant l'environnement peut être un **argument de vente** (à l'instar des **éco-labels** ou du **mécénat écologique** d'entreprises industrielles) pour des consommateurs de plus en plus sensibles à la cause écologique.
- Une croissance propre impose un effort de **recyclage des déchets**; il s'agit d'un marché porteur puisqu'on estime que la demande de traitement des déchets devrait encore fortement augmenter d'ici la fin du siècle.

  Il est surtout nécessaire de **concevoir une production générant moins de déchets**. En effet les coûts de la collecte, du transport et du recyclage des déchets sont tellement élevés que **les prix des matières recyclées sont parfois supérieurs à ceux de la matière première vierge**. De plus le recyclage (lorsqu'il est possible, ce qui n'est pas le cas des déchets radioactifs par exemple) est une activité elle-même consommatrice d'énergie, et éventuellement polluante.

B La prise en compte de l'environnement pour parvenir à un « développement durable »

- Des intentions de principe furent adoptées lors du **sommet de Rio**, dans les domaines suivants : la gestion des ressources naturelles, les changements climatiques, la protection des espèces, la protection des forêts, et au-delà la reconnaissance de la nécessité d'un « **développement durable** ».

  Le développement durable signifie que l'activité économique doit satisfaire les besoins présents sans mettre en péril la satisfaction des besoins des générations futures. Ainsi il faut **concevoir un nouveau développement économique qui préserve le patrimoine naturel de l'humanité**.

- Le sommet de la terre à Rio est parvenu à appréhender les liens entre environnement et croissance mais sa portée est restée limitée.

  Ainsi on a pu noter le net recul des États-Unis face aux propositions d'un accord portant sur la protection des espèces (**biodiversité**), prétextant une avance dans ce domaine par rapport aux autres pays. Au nom de leur souveraineté, certains pays tels que le Brésil n'ont pas voulu prendre d'engagement en matière de protection des forêts. **Les économies sont encore peu contraintes dans leur façon de considérer l'environnement**; la réglementation internationale est en effet embryonnaire. Les États demeurent en grande partie souverains. Dans le meilleur des cas, ils élaborent une législation destinée à contraindre les entreprises à **internaliser les dégâts** qu'elles causent à l'environnement en vertu du principe selon lequel qui pollue doit payer : dans ce cas la pollution tend à ne plus être un coût externe, c'est-à-dire un effet externe négatif que les entreprises font impunément subir à la collectivité. Dans la plupart des cas, les problèmes d'environnement ne sont pas pris en compte, ou tout au plus le budget de **l'État prend en charge une partie des externalités** en matière d'environnement.

- En dépit d'avancées importantes, la protection de l'environnement se heurte à différents problèmes de fond.

  - Depuis le sommet de Rio, **des conférences internationales comme celle de Kyoto en 1997 puis celle de Buenos Aires en 1998** ont réfléchi à la nécessité d'élaborer une réglementation internationale, notamment pour limiter l'effet de serre responsable de bouleversements climatiques.

    La conférence de Kyoto est allée au-delà des déclarations d'intention. Ainsi pour la première fois, une réduction des émissions de dioxydes pour chaque pays industrialisé est fixée, ce sont **des droits à polluer** limités. Cela présente l'avantage de garantir a priori que des objectifs quantitatifs seront atteints. Reste à la conférence de Buenos Aires le soin de réglementer les moyens pour y parvenir. Les droits à polluer peuvent se transformer en **permis négociables** : un pays qui parvient à de meilleurs résultats que ceux qu'il devait atteindre peut vendre le droit à polluer qu'il n'a pas utilisé à un pays trop pollueur. Dans ce cas, l'achat d'un droit à polluer peut être avantageux pour son acquéreur car il est moins onéreux que de réduire les émissions de dioxydes. Le système qui consisterait à imposer des **écotaxes** afin de pénaliser les prix des produits générateurs de gaz à effet de serre ne semble pas devoir être retenu. En effet, il n'offrirait aucune garantie de résultat.

  - Le commerce international se révèle toujours peu compatible avec la protection de l'environnement. De plus, l'explosion démographique des pays du Sud et le modèle économique productiviste qu'ils suivent, présentent toujours un risque pour l'environnement. Un transfert de ressources du Nord au Sud serait nécessaire pour financer la protection de l'environnement dans les pays du Sud, mais il n'est toujours pas à l'ordre du jour.

Si la communauté internationale est capable de procéder à une analyse écologique du fonctionnement de l'économie mondiale, il lui reste un long chemin à parcourir avant de prendre les mesures qui s'imposent.

PARTIE II

PLACE DE L'ÉTAT, PLACE DU MARCHÉ

FICHE 9 L'EFFICACITÉ DU MARCHÉ

→ La régulation par le marché est-elle efficace ?

La théorie libérale est en grande partie fondée sur le dogme de la régulation par le marché : le marché serait doté de mécanismes de correction automatique des déséquilibres. La crise de l'État-providence dans les pays capitalistes développés et l'abandon de l'économie planifiée dans les anciens pays socialistes d'Europe de l'Est, mettent de nouveau en avant la nécessité d'une régulation par le marché.

1 SELON LES LIBÉRAUX, SEULE LA RÉGULATION PAR LE MARCHÉ EST EFFICACE

En affirmant que seule la régulation par le marché serait efficace, les libéraux sous-entendent que le marché s'autorégulerait. L'absence de déséquilibres généralisés et durables impose alors à l'État de minimiser son intervention dans l'économie.

A Le marché s'autorégulant selon les libéraux...

- Reprenant le mécanisme énoncé par **A. Smith** sur l'existence de « **la main invisible** », la théorie libérale contemporaine considère que **le marché est le seul moyen de régulation** efficace. Les comportements économiques, guidés par la recherche de la satisfaction des intérêts privés, sont censés être rationnels. Selon cette conception, rien ne peut provoquer un dérèglement durable et généralisé de l'économie, car même lorsque cela n'entre nullement dans leurs intentions, tous les agents économiques participeraient à la satisfaction de l'intérêt général (croissance et plein-emploi notamment).

LA « MAIN INVISIBLE » SELON ADAM SMITH

[L'individu] est conduit par une main invisible à remplir une fin qui n'entre nullement dans ses intentions ; et ce n'est pas toujours ce qu'il y a de plus mal pour la société, que cette fin n'entre pour rien dans ses intentions. Tout en ne cherchant que son intérêt personnel, il travaille souvent d'une manière bien plus efficace pour l'intérêt de la société, que s'il avait réellement pour but d'y travailler. (...)

Chaque individu met sans cesse tous ses efforts à chercher, pour tout le capital dont il peut disposer, l'emploi le plus avantageux : il est bien vrai que c'est son propre bénéfice qu'il a en vue, et non celui de la société ; mais les soins qu'il se donne pour trouver son avantage personnel le conduisent naturellement, ou plutôt nécessairement, à préférer précisément ce genre d'emploi même qui se trouve être le plus avantageux à la société.

Adam Smith, *Recherches sur la nature et les causes de la richesse des nations,* 1776.

- Selon la conception d'A. Smith, seul un « **État minimal** » se justifie. Il doit assumer des fonctions d'administration, de défense et de justice pour faire respecter l'**économie de marché**. Ainsi la loi de marché doit être respectée pour que les prix soient fixés grâce à la confrontation de l'offre et de la demande. Cette « **vérité des prix** » assure le maintien de l'équilibre sur les marchés. Il est donc indispensable de **faire jouer la concurrence** afin d'atteindre l'**équilibre général walrasien** sur les trois marchés (du travail, du capital et des biens et services).

B ... l'État doit se désengager de l'économie

- Le développement de l'État-providence que les libéraux jugent excessif, serait responsable de la crise économique actuelle.

  Le **libéralisme** qui s'est développé depuis le début de la crise à travers le **monétarisme** et l'**économie de l'offre**, prône toujours les vertus du marché. Il accuse l'interventionnisme de l'État d'être un instrument de régulation coûteux (croissance des prélèvements obligatoires) et inefficace (la crise n'est pas enrayée). **L'intervention de l'État serait finalement en grande partie responsable de la crise**, qui apparaîtrait alors avant tout comme une crise de la régulation.
- La meilleure politique anticrise serait celle qui restitue au marché toutes ses prérogatives afin de lui permettre de se réguler efficacement. Il faudrait **éliminer les multiples rigidités** que l'État a mises en place ou a laissées mettre en place, que ce soit sur le marché du travail, sur le marché des biens et des services, ou sur le marché du capital.
- Sous l'effet des mouvements de concentration et de la présence de monopoles d'État, **les marchés sont devenus monopolistiques ou oligopolistiques**. Ainsi **la déréglementation devrait restaurer la concurrence** qui est censée profiter aux consommateurs en maintenant les prix au niveau le plus faible. Les privatisations d'entreprises publiques seraient justifiées par la restitution du pouvoir économique au secteur privé, puisque seule l'initiative privée est rationnelle et donc capable d'orienter convenablement le marché. De ce fait **l'État doit se désengager, ce qui devrait assurer la baisse des taux de prélèvements obligatoires et éviter l'effet d'éviction qu'ils provoquent**. Ce désengagement devrait aussi contribuer à la réduction du déficit budgétaire, et favoriser l'épargne privée.

  Le regain de libéralisme des années 80 s'est traduit par le désengagement de l'État destiné à assainir les mécanismes économiques.

2 SELON LES KEYNÉSIENS, UNE RÉGULATION PAR L'ÉTAT SE RÉVELE NÉCESSAIRE

Les économistes qui défendent une économie de marché sans concession font l'apologie de la concurrence. Mais d'autres économistes, dont les keynésiens, considèrent qu'elle n'est pas toujours vertueuse ; ils lui préfèrent une réglementation et une intervention de l'État qui satisferaient mieux l'intérêt général.

A La régulation de l'économie par le marché n'est pas toujours efficace...

- **Même en admettant que les comportements individuels soient rationnels, leur agrégation ne conduit pas toujours à une situation optimale, des effets émergents sont donc possibles**. Ainsi en période de ralentissement de la demande, la baisse de certains prix à la consommation encourage les ménages à différer leurs achats pour profiter de la réduction des prix qu'ils anticipent et qui résulte de la loi de marché. Ce faisant **ils participent à l'entretien de la spirale récessionniste**, ils mettent en danger la croissance économique et donc l'emploi, ce qui, à terme, peut leur être préjudiciable.

De même les entreprises qui anticipent une récession de la demande, ne sont pas incitées à faire redémarrer l'activité même si leur situation financière est saine.

- À la différence des prix administrés, les prix de marché résultent de la libre confrontation de l'offre et de la demande. Le respect de la loi de marché et de la « vérité des prix » pourrait légitimer une baisse des salaires en période de chômage, ce qui, selon les économistes libéraux, réduirait le coût du travail et encouragerait l'embauche. Pourtant le respect inconditionnel de la loi de marché pourrait être responsable d'un ralentissement de la demande car si le salaire est un coût, il est aussi un revenu, sa baisse **pénaliserait la croissance et l'emploi**.

B ... les keynésiens pensent donc que l'intervention de l'État est nécessaire

- Alors que la théorie libérale affirme que si les conditions de la concurrence pure et parfaite sont respectées, les déséquilibres ne peuvent être que temporaires et partiels, Keynes pense au contraire que **la crise est due à l'inefficacité de la régulation par le marché** (exemple de la crise de 1929). Ainsi selon l'analyse keynésienne, l'économie peut s'écarter durablement de l'« équilibre de plein-emploi » pour s'acheminer vers un « **équilibre de sous-emploi** ».

  La crise depuis les années 70, bien que différente de celle des années 30, n'en serait pas moins due au mauvais fonctionnement d'une économie de marché qui ne dispose pas de mécanismes stabilisateurs de la conjoncture.
- Selon les keynésiens, **L'État doit se substituer au marché lorsqu'il est déficient et mettre en œuvre des politiques économiques contra-cycliques**. En acceptant un déficit budgétaire, en diminuant les taux d'intérêt, en favorisant l'augmentation des revenus, l'État stimule l'activité économique donc la croissance et assure le retour au plein-emploi.

  La régulation par l'État ne semble pourtant pas plus efficace que celle par le marché, puisqu'elle n'a pas été en mesure de résoudre la crise.

L'INTERVENTIONNISME KEYNÉSIEN

Les contrôles centraux nécessaires à assurer le plein emploi impliquent, bien entendu, une large extension des fonctions traditionnelles de l'État. D'ailleurs la théorie classique moderne a elle-même appelé l'attention sur les divers cas où il peut être nécessaire de modérer ou de diriger le libre jeu des forces économiques. (...)

Les régimes autoritaires contemporains paraissent résoudre le problème du chômage aux dépens de la liberté et du rendement individuels. Il est certain que le monde ne supportera plus très longtemps l'état de chômage qui, en dehors de courts intervalles d'emballement, est une conséquence, et à notre avis une conséquence inévitable, de l'individualisme du régime capitaliste moderne.

John Maynard Keynes, *Théorie générale de l'emploi de l'intérêt et de la monnaie,* 1936.

3 La régulation la plus efficace est peut-être celle qui associe marché et État

L'analyse économique devrait peut-être devenir moins dogmatique et admettre qu'une régulation serait d'autant plus efficace qu'elle résulterait d'un savant dosage de marché et d'interventionnisme étatique, c'est ce que reconnaissent des libéraux pragmatiques comme les économistes du bien-être.

A Selon les économistes du bien-être, l'intervention de l'État est indispensable pour encadrer le marché...

- **Sur certains marchés**, c'est le cas des transports ferroviaires et de la distribution de gaz et d'électricité, **les coûts fixes** (dépenses d'infrastructure notamment)

sont extrêmement élevés. Il est alors indispensable de **réaliser des économies d'échelle** pour réduire le coût unitaire. L'existence d'une concurrence pourrait empêcher leur réalisation et nuirait finalement aux consommateurs qui devraient supporter des prix supérieurs. Il conviendrait donc de **constituer et** de **préserver des « monopoles naturels »**.

- Instaurer ou restaurer la concurrence sur ces marchés pourrait produire au contraire des effets pervers. C'est ce qui s'est produit avec la déréglementation des marchés à seule fin de les rendre conformes à l'idéal de la théorie libérale des « **marchés contestables** ». Cette théorie préconise de rendre possible l'entrée de nouveaux producteurs sur les marchés monopolistiques ou oligopolistiques. C'est ainsi que la déréglementation du transport aérien s'est produite. Les compagnies aériennes ont alors eu tendance à abandonner les lignes les moins rentables pour réduire les coûts de production et mener une guerre des prix. Il a même été évoqué que la réduction des coûts allait à l'encontre de la sécurité. La concurrence ne se maintenant pas naturellement, le marché des transports aériens s'est finalement cartellisé et concentré, ce qui ne va pas dans le sens d'une restauration de la concurrence. C'est pourquoi on peut affirmer que l'économie de marché nécessite une réglementation.
- **L'État peut orienter efficacement le marché**. Au-delà de ses **fonctions régaliennes** (administration, justice et défense) que nul ne songerait à mettre en cause, il doit assumer selon Musgrave des **fonctions tutélaires** : fonction d'allocation (par le jeu des dépenses publiques), fonction de redistribution (modification de la répartition des revenus) et fonction de stabilisation de la conjoncture ou fonction contra-cyclique.

B ... et pour garantir l'intérêt général

- L'action de l'État est la seule à pouvoir prendre en compte l'intérêt général, alors que les intérêts individuels ou privés ne conduisent pas obligatoirement à la situation optimale. Il importerait alors d'**institutionnaliser le marché** et donc la concurrence de deux façons :
  - **protéger la concurrence**, car l'évolution logique d'un marché est de se cartelliser et de connaître de multiples opérations de concentration qui la mettent en cause ;
  - **encadrer la concurrence**, car lorsqu'elle est entièrement libre, elle n'offre aucune garantie de protection des agents économiques les moins adaptés (consommateurs ou travailleurs par exemple).
- L'activité économique régie par un libéralisme sans concession, peut induire des coûts externes comme la pollution et diverses nuisances sociales ou économiques que les entreprises ne supportent pas. Ces coûts sont d'autant plus élevés qu'une concurrence exacerbée induit une recherche inconditionnelle de compétitivité. Il est donc nécessaire que, dans l'intérêt général, l'État impose des règles de fonctionnement du marché.

Le marché est le produit d'une construction sociale et l'économie de marché n'est pas fondée sur un fonctionnement naturel. Les anciens pays socialistes connaissent aujourd'hui une transition difficile, d'une régulation par la planification à une régulation par le marché. Cela montre à quel point il ne suffit pas d'opter pour une économie de marché pour que les équilibres macro-économiques soient automatiquement atteints.

FICHE 10 L'EFFICACITÉ DE L'ÉTAT

→ Quels sont les enjeux du désengagement de l'État ?

Une des caractéristiques de la période que Jean Fourastié appelait les « Trente glorieuses » est la croissance du rôle de l'État. D'État-protecteur, il devient État-providence et garant de l'intérêt général. L'État-providence repose sur deux fondements principaux :

- *la solidarité ; il doit selon W. Beveridge « libérer l'homme du besoin » ;*
- *l'efficacité ; Keynes considérait que les interventions de l'État sont nécessaires pour réguler l'économie.*

Mais, depuis le milieu des années 70, l'État-providence connaît une crise d'efficacité et de légitimité qui sape ses fondements et qui le conduit à un désengagement.

1 La mise en cause des interventions économiques de l'État...

Depuis le milieu des années 70, l'État subit une profonde mise en cause :

- une mise en cause factuelle puisque son action entraîne des dysfonctionnements et qu'elle s'est révélée incapable de lutter efficacement contre la crise ;
- une mise en cause théorique puisque la théorie économique dominante estime que la plupart de ses interventions sont néfastes à l'économie ;
- une mise en cause sociale puisqu'il perd une partie de sa légitimité aux yeux des citoyens.

A L'État connaît une crise d'efficacité

- L'État semble avoir des difficultés de fonctionnement.
  - Il rencontre d'importants **problèmes de financement**. Le budget de l'État et les budgets sociaux connaissent des déficits répétitifs. À chaque nouveau déficit la **dette publique** subit un effet de boule de neige, et le remboursement de la dette grève de façon de plus en plus importante les dépenses publiques.
  - L'État subit des **rendements décroissants**. La pesanteur du système nuit à son efficacité ; plus l'État est important moins il est flexible. Les lourdeurs de l'administration et de la bureaucratie créent des dysfonctionnements considérables.
- **Les politiques contra-cycliques ont perdu de leur efficacité**. Dans une tradition keynésienne, l'État devait corriger les imperfections du marché en modifiant la répartition primaire des revenus, et en assurant un niveau de demande (grâce à un déficit budgétaire par exemple) donc de production suffisant pour assurer le plein-emploi.

LA MONTÉE DES PRÉLÈVEMENTS OBLIGATOIRES EN FRANCE

Années	% du PIB Impôts	% du PIB Cot. sociales	% du PIB Total
1950	20,4	7,6	28,0
1960	22,7	9,5	32,2
1970	22,7	12,9	35,6
1980	23,9	17,8	41,7
1990	23,9	19,9	43,8
1997	26,9	19,2	46,1

Mais l'État s'est révélé incapable, malgré ses multiples interventions, de lutter contre la crise actuelle ; toutes les politiques de relance qui prétendaient enrayer la récession et lutter contre le chômage ont butté contre l'inflation, contre les déséquilibres extérieurs ou contre des anticipations pessimistes.

L'État connaît ainsi une crise qui sape l'un de ses fondements principaux, il subit une crise d'efficacité.

B La théorie libérale considère que trop d'État est nocif à l'économie

- Les monétaristes (dont **M. Friedman**) et les théoriciens de l'offre (dont **A. Laffer**) mettent en cause les politiques keynésiennes et, d'une façon plus générale, les interventions de l'État.

  Ils considèrent que ces interventions sont inflationnistes :
  - **une politique de relance de la demande par la création de monnaie ne peut que provoquer de l'inflation**. Selon la théorie des anticipations rationnelles de R. Lucas, dès l'annonce d'une politique de relance, les agents économiques anticipent une inflation et augmentent leurs prix (les salariés par exemple demandent des augmentations de salaires). Cette hausse des prix neutralise la relance ;
  - **le déficit budgétaire, financé par le crédit, est inflationniste**.

  L'inflation est, pour les libéraux et en particulier pour M. Friedman, le plus grand mal dont une économie peut souffrir ; non seulement elle perturbe les anticipations des individus, mais en plus elle nuit fortement à la compétitivité extérieure des entreprises.
- Ces théories considèrent que la crise actuelle est en grande partie due à l'État car **trop d'État est facteur de récession** :
  - selon la théorie de l'offre c'est **l'investissement** et non la demande qui **est le moteur de l'économie**. En redistribuant, l'État nuit à l'épargne et donc à l'investissement ;
  - la courbe de Laffer montre que **trop d'État est dissuasif**. Si les prélèvements obligatoires dépassent un certain seuil, les individus préfèrent diminuer leur production ou frauder ;

LA COURBE DE LAFFER

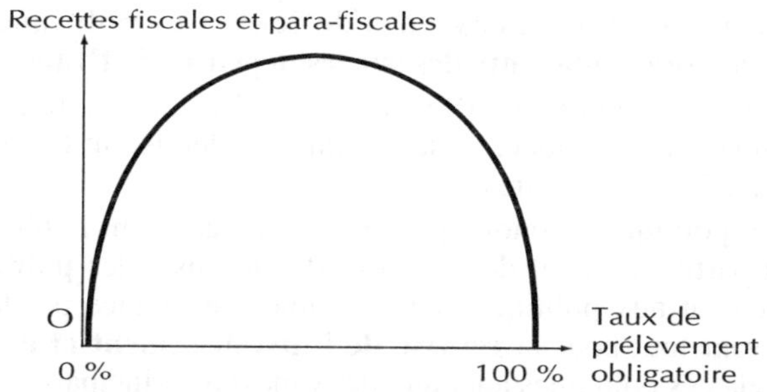

– **l'État opère un effet d'éviction sur le secteur privé**. Toutes les disponibilités en travail ou en capital qu'il utilise seraient selon les libéraux, et plus particulièrement selon les partisans de l'École du *Public choice*, mieux employées par le secteur privé, qui est plus efficace, car est confronté à la concurrence et à la réalité du marché ;
– par les aides sociales qu'il fournit, **l'État peut encourager l'oisiveté** et altérer le calcul rationnel auquel chaque agent économique est censé se livrer.

C L'État connaît une crise de légitimité car il manque de transparence et parce que la solidarité s'affaiblit

- L'État connaît une crise de légitimité car il manque de « visibilité ». **Selon P. Rosanvallon, « l'État-providence fonctionne comme une boîte noire »**. Les individus ont tendance à le mettre en question car ils ne perçoivent pas comment il fonctionne ; ils s'habituent aux services collectifs que l'État leur offre mais pas aux impôts qu'il leur demande.
- Si l'État connaît une crise de légitimité, c'est aussi parce que les **principes de solidarité et d'égalité tendent à s'affaiblir**.

  Certaines valeurs sociales se modifient à la faveur de la crise qui favorise l'**individualisme** au détriment des principes d'égalité et de solidarité.

  Ainsi la crise de la solidarité conduit à un rejet de la fonction de redistribution de l'État. À une solidarité obligatoire organisée par l'État, les individus préfèrent de plus en plus une solidarité volontaire exercée dans le cadre d'associations privées.

2 ... PROVOQUE SON DÉSENGAGEMENT DEPUIS LE DÉBUT DES ANNÉES 80

La crise de l'État-providence provoque, depuis le début des années 80 (en France à partir de 1983 puis surtout de 1986), un désengagement de celui-ci. La mise en place de politiques économiques libérales, la volonté de diminution des prélèvements obligatoires, la déréglementation, la libéralisation de l'économie et la privatisation sont les multiples facettes de ce désengagement.

A Une mise en place de politiques libérales restrictives, visant à réduire les déficits et les prélèvements obligatoires

- Les politiques économiques mises en place dans la plupart des pays industrialisés à partir du début des années 80 sont des **politiques restrictives** qui s'opposent aux politiques keynésiennes. En effet, elles recherchent davantage l'assainissement de l'économie que la relance. Leur objectif principal est la **lutte contre l'inflation**, et pour cela elles proposent une gestion saine des budgets et une réduction progressive des déficits. Ces politiques préconisent donc des **économies substantielles sur les dépenses de l'État**.

  Afin de réduire l'inflation, les politiques restrictives freinent la création monétaire en modérant les crédits et ralentissent la croissance de la demande en modérant les salaires.
- Les politiques économiques mises en place dans la plupart des pays industrialisés à partir du début des années 80 sont aussi des **politiques de l'offre**. Contrairement aux politiques keynésiennes de relance par la demande, elles œuvrent avant tout pour la **reprise de l'investissement et de l'autofinancement**. Pour cela ces politiques adoptent deux moyens principaux :

- elles cherchent à augmenter la part du profit dans la valeur ajoutée (taux de marge) grâce à la modération des salaires et à la baisse des impôts sur les entreprises ;
- elles cherchent à diminuer les taux d'imposition (surtout les taux marginaux qui concernent les plus hauts revenus). L'objectif est double : d'une part, la baisse des prélèvements obligatoires est censée encourager les individus à travailler et à produire davantage et, d'autre part, la limitation de la redistribution favorise l'épargne.

B Une tendance à la déréglementation

- Dans une logique libérale, seul le marché est efficace. L'État doit se limiter à assurer son libre fonctionnement, mais il ne doit pas se substituer au marché ou en corriger les éventuelles imperfections. **Tout règlement visant à encadrer l'économie perturbe le libre fonctionnement de la loi de l'offre et la demande** et est donc préjudiciable à l'ensemble de l'économie.

  Or l'État, durant les Trente glorieuses, est de plus en plus intervenu, souvent autoritairement, pour encadrer l'économie. Ainsi, l'État a progressivement pris le contrôle de la fixation d'un nombre de plus en plus important de prix, il est intervenu dans la fixation du salaire (établissement d'un salaire minimum ou indexation des salaires sur les prix), il a accordé certains monopoles à des entreprises, il a défini de façon de plus en plus stricte le droit du travail et le droit des affaires.

  Les libéraux pensent que toutes ces mesures éloignent l'économie de ses potentialités maximales.
- Depuis le début des années 80, une tendance à la **déréglementation** (appelée aussi dérégulation) peut être constatée.
  - Il s'agit de redonner une certaine liberté aux entreprises, de les mettre de nouveau en **situation de concurrence**. À cet effet la déréglementation se traduit par la disparition des situations de monopoles (l'exemple des lignes aériennes est éloquent), par un assouplissement du droit du travail (suppression de l'autorisation administrative préalable de licenciement en 1986 ou loi quinquennale sur l'emploi en 1993) et plus généralement par une réduction des règlements qui encadrent les entreprises. De cette façon, elles devraient devenir plus flexibles, et **les conditions de la concurrence pure et parfaite devraient se rétablir**.
  - Il s'agit aussi, plus généralement, de desserrer l'étau dans lequel l'État tient l'économie. Dès 1976, R. Barre a commencé à libéraliser les prix, en 1983 les salaires ont été désindexés par rapport aux prix et l'encadrement du crédit a été progressivement abandonné. Les politiques économiques sont ainsi devenues plus indirectes et plus respectueuses du fonctionnement du marché.

C Une tendance à la privatisation

- La **privatisation** est un aspect important, mais aussi très médiatique, du désengagement de l'État.
  - Les libéraux considèrent que, pour être efficaces, **les entreprises doivent être soumises aux lois du marché** ; les entreprises privées seraient donc plus efficientes et plus dynamiques que les entreprises publiques. Les entreprises privées sont plus flexibles que les entreprises publiques car la loi du marché et la recherche du profit rendent légitime le recours à certaines mesures comme le licenciement ou la délocalisation. L'État gère de plus en plus ses entreprises comme des entreprises privées, mais il est forcément limité dans ses décisions par des considérations sociales ou électorales.

– De plus, la privatisation est aussi alimentaire : la vente d'entreprises publiques par l'État lui apporte des revenus qui permettent de combler en partie les déficits budgétaires sans avoir à augmenter les impôts.

- Le mouvement de privatisation a débuté en **Grande-Bretagne et au Canada en 1979**. Depuis cette date, une quarantaine de sociétés publiques ont été vendues et ainsi le secteur public industriel britannique a été réduit des trois quarts. En France, il est possible de dégager trois périodes :
  – 1986-1988 : le gouvernement de **J. Chirac** prévoit la privatisation de 65 entreprises (TF1, Saint-Gobain, Suez, Paribas...) mais le mouvement est ralenti par le krach boursier de 1987.
  – 1988-1993 : prévaut la **règle du « ni ni »** (ni nationalisation ni privatisation). En dépit de cette règle, l'État a effectué certaines privatisations partielles.
  – À partir de 1993 : les gouvernements d'**E. Balladur** et **d'A. Juppé** se sont à nouveau lancés dans un programme de privatisation (BNP, Rhône-Poulenc, Renault...). Le gouvernement de **L. Jospin** continue à privatiser mais à un rythme ralenti.

Les années 80 furent donc celles du désengagement de l'État. Mais, malgré la poursuite de ce désengagement à travers la déréglementation et les privatisations, une volonté diffuse d'un retour de l'État semble poindre.

3 Le retour modéré de l'État

Le désengagement de l'État ne semble pas avoir tenu ses promesses, « moins d'État » n'a pas été plus efficace contre la crise que « trop d'État »; certains effets pervers de la déréglementation et des privatisations sont apparus, à un point tel que l'on peut se demander si un retour de l'État n'est pas envisageable.

A Le désengagement de l'État n'a pas ouvert la voie à la croissance

- **La reprise durant la seconde moitié des années 80** pouvait faire croire à la réussite de la politique libérale. Mais cette reprise **fut de courte durée** et, dès le début des années 90, le monde industrialisé a replongé dans la crise. Si les politiques restrictives et les politiques de l'offre ont été efficaces pour lutter contre l'inflation et pour aider les entreprises à se désendetter, elles n'ont pas pu mettre en place de nouveaux moteurs à la croissance.

- Ces politiques ont même eu des **effets pervers** : en exacerbant la concurrence elles ont provoqué une course à la compétitivité entre les entreprises. Cette recherche constante de la compétitivité incite les entreprises à diminuer au maximum leurs coûts de production, notamment **en licenciant et en modérant l'accroissement des salaires**. De ce fait, l'augmentation de la demande est forcément limitée et les entreprises, malgré le rétablissement de leur situation financière et donc de leur possibilité d'investir, font des **anticipations pessimistes** et préfèrent ne pas accroître sensiblement leur production.

B La privatisation est parfois accusée d'avoir des effets pervers

- Les privatisations ont de nombreux détracteurs qui considèrent qu'elles peuvent provoquer des **dysfonctionnements**.
  – Pour que la privatisation ne soit pas source de déséquilibre et d'**assèchement du marché financier**, il est nécessaire qu'il y ait une épargne suffisante pour qu'il soit capable de digérer ces offres supplémentaires.

– L'**éparpillement de la propriété des entreprises dénationalisées** est aussi un risque. L'achat par un trop grand nombre d'actionnaires peut provoquer une rupture importante dans la gestion de l'entreprise, casser sa stratégie et provoquer des dysfonctionnements.

– La privatisation et la gestion d'entreprises publiques selon des critères privés peuvent conduire à une atteinte au service public. Ainsi, par exemple, la recherche de la rentabilité incite la SNCF à abandonner les lignes déficitaires. Afin que le service public ne pâtisse pas de la privatisation, il peut être nécessaire d'établir un **cahier des charges**, mais, dans ce cas, la libéralisation de l'économie est incomplète.

– L'État ne privatise que les entreprises vendables ; celles qui sont en difficulté de par leur activité ne trouveraient pas d'acquéreur. L'État risque donc de ne conserver que les entreprises non rentables, ce qui peut poser des problèmes budgétaires, d'autant plus que la manne de la privatisation est forcément limitée.

- Malgré ces limites, le mouvement de privatisation perdure. Il est même devenu un **phénomène mondial** puisque la quasi-totalité des pays (pays capitalistes développés, pays en développement, ex-pays socialistes) privatise. Ces privatisations sont préconisées par le FMI (Fonds monétaire international) et elles procurent des recettes à de nombreux États touchés par la crise.

C Un retour limité de l'État semble envisageable

- Les années 80 furent celles du désengagement de l'État, mais la nouvelle récession du début des années 90 semble être à l'origine d'**une volonté diffuse de son retour**. On assiste ainsi à une renaissance des critiques du libéralisme ; en France les débats politiques s'articulent de moins en moins autour du clivage Droite Gauche mais entre ceux qui désirent une gestion libérale de l'économie et ceux qui souhaitent le retour de l'État.

  L'élection de Bill Clinton aux États-Unis peut être interprétée comme allant dans la direction de ce retour puisqu'il propose des dépenses croissantes d'infrastructure, d'éducation et de santé conformément à la **théorie de la croissance endogène** qui réhabilite des interventions structurelles des États. Les élections de Tony Blair en Grande-Bretagne et de Lionel Jospin en France semblent aussi aller dans ce sens.

- L'**État est donc utile**, ne serait-ce que pour corriger ces imperfections ou pour faire respecter les conditions nécessaires au bon fonctionnement des marchés. Si les entreprises privées doivent bénéficier d'un terrain réservé, il est tout aussi nécessaire que l'État conserve sa **fonction d'organisation de la vie économique et sociale de la Nation**, qu'il conserve le **monopole des services publics** et qu'il assure sa **fonction de régulation** par des politiques économiques appropriées.

La critique de l'État a certainement été excessive. L'erreur fut peut-être de limiter le débat à un choix entre plus ou moins d'État, « mieux d'État » est certainement souhaitable ; encore faut-il pouvoir définir ce nouveau rôle des pouvoirs publics. Si avant les années 80 la sphère publique semblait prédatrice de la sphère privée, et si depuis les années 80 le marché tend à prendre des proportions considérables, il faudrait redéfinir précisément les contours de chacune des sphères afin qu'elles deviennent complémentaires et non concurrentes.

FICHE 11 INFLATION ET CHÔMAGE

→ Pourquoi les gouvernements ont-ils choisi de lutter en priorité contre l'inflation plutôt que contre le chômage ?

Il existe généralement une corrélation entre le mouvement des prix et celui de la production : production et prix varient dans le même sens. Ainsi, la crise de 1929 fut une crise de dépression (baisse de la production) et de déflation (baisse des prix). En revanche, durant les Trente glorieuses les prix et la production augmentèrent de concert.

La crise des années 70 a présenté une situation nouvelle : la concomitance entre la hausse des prix et le ralentissement de la production appelée stagflation. Ce phénomène a désemparé les gouvernements et les a obligés à choisir entre la lutte contre l'inflation et la relance de la production.

1 La stagflation des années 70 a imposé un choix entre lutte contre l'inflation et croissance

La stagflation née avec la crise des années 70 ravive le débat qui oppose les keynésiens et les libéraux et oblige les politiques économiques, dans la mesure où elles n'ont pas les moyens de lutter simultanément contre l'inflation et contre le chômage, à opérer un choix.

A Les politiques économiques luttaient contre l'inflation ou contre le chômage en fonction de la conjoncture

- Les politiques économiques ne peuvent lutter simultanément contre l'inflation et le chômage :
  - **les politiques de relance** (baisse des taux d'intérêt, augmentation des revenus et déficit budgétaire) favorisent la croissance et donc la baisse du chômage mais elles sont inflationnistes ;
  - **les politiques de rigueur** (hausse des taux d'intérêt, modération des revenus et du déficit budgétaire) luttent contre l'inflation mais elles sont récessionnistes et donc facteurs d'aggravation du sous-emploi.
- De 1945 à 1973, la décision de suivre une politique de relance ou une politique de rigueur résulte de la conjoncture économique.

  Durant cette période, il existe une **symétrie entre l'inflation et la hausse du chômage**, comme l'établit l'interprétation de la **courbe de Phillips**.

  Les Trente glorieuses sont globalement une période de croissance mais certaines inflexions conjoncturelles peuvent être remarquées : à certaines périodes l'économie connaît une surchauffe avec de forts taux de croissance qui provoquent une inflation importante, alors qu'à d'autres moments, plus rares, la croissance s'essouffle et l'inflation s'affaiblit.

Les politiques économiques menées à cette époque résultent donc de la **conjoncture** :

– ce sont, lors des surchauffes de l'économie, des politiques de rigueur et de stabilisation qui luttent contre l'inflation (1952, 1957, 1958, 1963, 1969) ;
– ce sont, lorsque la croissance ralentit, des politiques de relance qui favorisent la croissance et l'emploi quitte à raviver l'inflation (1953, 1966, 1968, 1972).

B Mais la stagflation née de la crise...

- Au début des années 70, la stagflation met en cause la symétrie entre le chômage et l'inflation. **La courbe de Phillips se déplace sur la droite**. Puisqu'il faudrait diminuer à la fois l'inflation et le chômage et que les politiques économiques n'en ont pas les moyens, les gouvernements doivent choisir, dans les années 70, entre la lutte contre l'inflation et dans ce cas l'acceptation d'une aggravation du sous-emploi, ou la lutte contre le chômage et dans ce cas l'acceptation d'une aggravation de l'inflation.

LE DILEMME INFLATION-CHÔMAGE

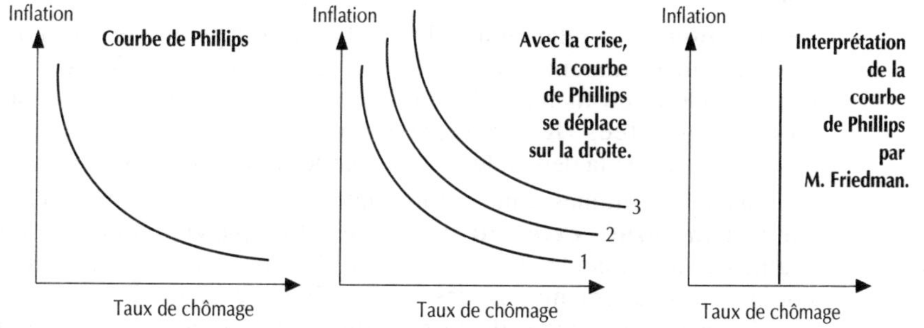

- Ainsi les politiques économiques menées dans les années 70 témoignent de l'**hésitation des gouvernements** à opter durablement pour l'une ou l'autre politique. Des politiques d'austérité ont été appliquées en France en 1974, et de 1976 à 1980, mais l'aggravation du chômage a nécessité la mise en place de politiques de relance en 1975 et en 1981. En raison de leurs effets inflationnistes, ces politiques de relance furent suivies de mesures d'austérité.

C ... ravive le débat entre keynésiens et libéraux

- **Les keynésiens** considèrent qu'il est avant tout nécessaire de mettre en place des **politiques de relance** pour favoriser la croissance et ainsi lutter contre le chômage. Ils pensent qu'il faut éviter l'erreur des débuts de la crise des années 30 et **ne pas laisser s'installer une spirale récessionniste** (la baisse de la croissance de la production provoque la baisse de la croissance des revenus qui elle-même provoque la baisse de la croissance de la demande et donc une baisse encore plus forte de la production…).
  Mais ces politiques, confrontées à la nouvelle situation de stagflation, semblent moins aptes à lutter contre la crise car elles risquent d'accentuer le dérapage inflationniste.
- **Les libéraux (dont les monétaristes)** considèrent, quant à eux, qu'il est nécessaire d'assainir en priorité l'économie et donc de **lutter contre l'inflation**. Pour cela, ils préconisent une limitation du crédit, de la demande intérieure et des déficits budgétaires.

Ces mesures ne devraient pas provoquer de dépression car, s'appuyant sur les **théoriciens de l'offre** (dont A. Laffer), ils sont convaincus que le moteur de la croissance est l'investissement et non la demande.

Le débat se clôt au début des années 80 car les politiques de relance semblent avoir échoué.

2 À PARTIR DU DÉBUT DES ANNÉES 80, LA LUTTE CONTRE L'INFLATION DEVIENT PRIORITAIRE

L'échec des politiques de relance conforte la théorie libérale. Les politiques économiques s'inspirent progressivement des monétaristes libéraux et adoptent, comme objectif principal, la lutte contre l'inflation.

A Les faits semblent avoir donné raison aux libéraux,...

- À la fin des années 70, **le choix entre relance et lutte contre l'inflation paraît illusoire**.

  Les politiques de relance accélèrent l'inflation, mais ne parviennent plus à relancer suffisamment la croissance et à diminuer le chômage. En raison de l'incertitude et du manque de confiance en l'avenir, mais aussi parce qu'elles sont surendettées, les entreprises ont tendance à ne pas répondre aux augmentations de la demande induites par les politiques keynésiennes.

  De plus, ces politiques semblent inadaptées en économie ouverte car elles butent sur la **contrainte extérieure**. Lorsqu'elles parviennent, effectivement, à augmenter la demande et la production, elles provoquent une augmentation des importations (augmentation des importations de biens de consommation pour satisfaire la croissance de la demande des ménages et augmentation des importations de biens de production) et donc une dégradation du solde de la balance commerciale. La politique de relance en 1981 en est un exemple éloquent.

- Selon **M. Friedman** (chef de file des monétaristes), **la courbe de Phillips est une droite verticale** ; le choix des gouvernements s'articule en réalité entre plus ou moins d'inflation.

  Il considère qu'il est impossible d'agir sur le niveau de chômage, mais seulement sur le niveau d'inflation car, selon lui :

  - **le chômage est naturel** ; il s'explique par les rigidités de l'économie et par l'inadaptation des individus à occuper les emplois disponibles ;
  - **le chômage est en partie volontaire** ; les indemnités de chômage altèrent le calcul rationnel de chaque individu ; certains préféreront ne pas travailler car ils perçoivent des allocations ;
  - **les politiques de relance sont neutralisées par les anticipations inflationnistes** des agents économiques (théorie des anticipations rationnelles de R. Lucas).

B ... l'inflation provoque d'importants dysfonctionnements,...

- **Les monétaristes considèrent qu'une inflation trop élevée déséquilibre l'économie intérieure**.

  - Elle conduit à des **anticipations pessimistes** : l'effritement de la valeur de la monnaie peut saper la confiance en l'économie nationale et conduire les entreprises à moins investir. Par crainte d'une dépréciation de leurs réserves, les agents économiques peuvent être incités à moins épargner.

– Durant les Trente glorieuses, l'inflation avait favorisé les agents structurellement emprunteurs, mais elle s'est en partie retournée contre les emprunteurs à la suite d'une montée des taux d'intérêt.

- **En économie ouverte, l'inflation nuit aux équilibres extérieurs**.
  – Trop d'inflation, mais surtout un **différentiel d'inflation** fortement positif nuit à la compétitivité des entreprises, au solde commercial et par ce biais à la production nationale.
  – Trop d'inflation risque de **détériorer la balance des paiements** en dégradant ses principaux postes : elle détériore le solde de la balance commerciale en altérant la compétitivité-prix, et elle détériore la balance des capitaux en provoquant une fuite des capitaux due à la défiance envers la monnaie.

C ... la priorité des gouvernements, depuis le début des années 80, devient donc la lutte contre l'inflation

- Des politiques de lutte contre l'inflation s'inspirant plus ou moins directement du monétarisme sont mises en place depuis 1979 en Grande-Bretagne et aux États-Unis (1983 en France).

  Leurs moyens principaux sont la **limitation de la création monétaire** grâce à une modération du crédit obtenue par la hausse des taux d'intérêt et la restriction des déficits publics.

  Ces politiques visent aussi à **modérer la demande** en ralentissant la hausse des salaires.

  Ces politiques restrictives sont différentes des anciens plans de rigueur ou d'austérité car elles s'inscrivent dans la durée : elles ne sont pas des politiques conjoncturelles, mais **une nouvelle gestion de l'économie** (officialisée, par ailleurs, par le traité de Maastricht).

- Les politiques restrictives ont pour objectif un assainissement de l'économie et une **amélioration de la compétitivité-prix**.
  – Contrairement aux politiques de relance qui viennent en aide aux entreprises en difficulté, elles encouragent « **la destruction créatrice** » de la crise en laissant la concurrence et la loi du marché sanctionner les « éléments vieillis ».
  – Elles permettent une **désinflation compétitive** : elles tentent de compenser le ralentissement de la demande intérieure par la hausse des exportations. L'objectif est, à terme, une reprise de la croissance dopée par ces exportations. La France, grâce à sa politique désinflationniste, a réussi à avoir une monnaie forte et une balance commerciale excédentaire.

Grâce aux politiques restrictives, l'inflation a fortement diminué et est revenue, dès le milieu des années 80, à un niveau modéré. La reprise de la croissance, à partir de 1986, semblait démontrer la réussite de ces politiques.

Mais l'aggravation de la crise au début des années 90 renouvelle le débat. Ces politiques sont de plus en plus accusées de nuire à la croissance et à l'emploi. Une inflexion de ces politiques économiques est perceptible, on assisterait même à un retour, certes limité, des politiques keynésiennes, mais la désinflation reste prioritaire.

FICHE 12 LA LUTTE CONTRE LE CHÔMAGE

→ Est-il possible de lutter efficacement contre le chômage ?

Depuis le début des années 70, le chômage semble être un phénomène irréversible. Les gouvernements ont multiplié les interventions afin d'enrayer, voire de freiner sa progression. Cependant, les politiques globales de lutte contre la crise comme celles ciblées sur l'emploi semblent avoir échoué. Le chômage est-il une fatalité ?

1 Les effets des politiques de l'emploi sur le chômage sont limités

Parmi les politiques de l'emploi mises en place par les gouvernements successifs, il est possible de différencier les politiques passives et les politiques actives.

A Les politiques passives n'ont que peu d'effets, sinon rendre le chômage plus tolérable

- Les **politiques passives** ne cherchent pas à agir sur la demande de travail des entreprises et des administrations, mais elles ont pour objectif d'accompagner socialement le chômage (en l'indemnisant) et de réduire l'offre de travail.
  - L'**indemnisation du chômage** représente en France environ 40 % des dépenses globales de la politique d'emploi. Elle a un double objectif : d'une part, rendre le chômage plus tolérable et réduire ainsi les risques de pression sociale ; d'autre part, limiter les effets de la spirale récessionniste (crise ⇨ licenciements ⇨ baisse des revenus distribués ⇨ baisse de la demande ⇨ accentuation de la crise) en accordant un revenu de substitution aux victimes de licenciements.
  - Les politiques passives cherchent aussi à **réduire l'offre de travail** par des mesures développant les préretraites, encourageant les travailleurs immigrés à retourner dans leur pays d'origine, et incitant les femmes à rester au foyer.
- Les politiques passives sont de plus en plus coûteuses, mais leurs effets sur le chômage sont très limités.
  - **Elles sont de plus en plus coûteuses** car le montant global des indemnités à verser s'accroît avec le chômage.
  - Si les politiques passives sont socialement nécessaires, elles sont économiquement peu efficaces. **L'offre de travail est peu flexible**, car elle dépend essentiellement de variables démographiques difficiles à infléchir.

B Les politiques actives ne parviennent pas à diminuer sensiblement le chômage

- **Les politiques actives** ont pour objectif de favoriser la création d'emplois et d'assurer un meilleur fonctionnement du marché du travail.
  - Elles **favorisent la création d'emplois** en diminuant le coût du travail (exonérations fiscales, diminution des charges patronales, flexibilité des rémunérations).
  - Elles **cherchent à améliorer l'ajustement entre l'offre et la demande de travail** en favorisant la mobilité des actifs et surtout en améliorant leur formation et leur qualification.

  Ces mesures, généralement ciblées, visent surtout à améliorer la situation des jeunes qui souffrent d'un chômage répétitif (alternance de périodes d'activité et d'inactivité) et celle des chômeurs de longue durée qui sont peu employables et menacés d'exclusion.

- Les politiques actives ont **des effets limités**.
  - Ces politiques peuvent avoir certains effets pervers.
    - Elles peuvent provoquer un **effet de substitution** : en favorisant l'emploi de certains actifs, elles menacent parfois celui de certains autres.
    - Elles peuvent créer un **effet d'appel** ; certains dispositifs d'emploi incitent de nouveaux actifs (certaines femmes et étudiants) à entrer sur le marché du travail.
  - Les conséquences des politiques d'emploi sur le chômage sont limitées car celles-ci ne s'attaquent pas aux causes du chômage.
    - L'accroissement de la qualification des actifs est bien sûr souhaitable mais il ne diminue pas significativement le nombre de chômeurs. Si ces derniers sont moins qualifiés que les salariés qui disposent d'un emploi c'est essentiellement parce que le sous-emploi a accentué la concurrence entre les actifs. L'intérêt principal des politiques de formation est social (prise en charge de la qualification des moins adaptés) et statistique (diminuer les chiffres du chômage).
    - La diminution du coût de la main-d'œuvre a aussi des effets limités, les entreprises n'embauchant que lorsqu'elles peuvent produire et vendre plus. La baisse des rémunérations, conjuguée à une reprise de la croissance, a permis de baisser sensiblement le chômage en Grande-Bretagne et aux État-Unis, mais elle a aggravé les inégalités.

Les résultats des politiques de l'emploi ne sont pas négligeables mais ils sont largement insuffisants face à l'ampleur du chômage. Le chômage étant dû à la récession, il est légitime de se demander si des politiques globales de sortie de crise ne sont pas les seules solutions pour rétablir le plein-emploi.

2 Les politiques globales de sortie de crise semblent inopérantes

Le chômage résulte de la crise ; la lutte contre ce fléau semble donc passer par une action plus globale contre la récession. Des politiques de relance visant à créer directement des emplois, ou des politiques restrictives destinées à assainir l'économie, peuvent être pratiquées. Mais les unes comme les autres semblent relativement inefficaces.

A Les politiques de relance de la demande se heurtent à l'inflation et à la contrainte extérieure

- **Selon J.-M. Keynes**, le niveau de l'emploi dépendant directement du niveau de la production, il est nécessaire, pour lutter contre le chômage, de mettre en place une politique de relance.

  Cette politique de relance peut revêtir de nombreux aspects dont les principaux sont :

  – la **baisse des taux d'intérêt** pour faciliter les emprunts et l'investissement ;

  – le **déficit budgétaire** afin d'augmenter la demande globale par le biais des dépenses de l'État ;

  – la **hausse de la demande** des ménages grâce à l'augmentation des salaires et des revenus de transfert (allocations familiales, vieillesse...).

  Une telle politique fut mise en place en France en 1975, et surtout en 1981.

- Ces politiques de relance semblent vouées à l'échec car elles sont inflationnistes et se heurtent à la contrainte extérieure.

  – **Elles sont inflationnistes** (car l'offre n'augmente pas suffisamment pour satisfaire la demande) et risquent donc de nuire à la compétitivité extérieure des entreprises et de créer une défiance en la monnaie.

  – **Elles se heurtent à la contrainte extérieure** ; toute croissance en économie ouverte induit une augmentation des importations (importations de biens de consommation et de biens de production) qui se traduit par une détérioration des équilibres extérieurs.

  En raison de leurs effets pervers, les politiques de relance françaises furent de courte durée et bientôt remplacées par des politiques de stabilisation et d'assainissement de l'économie.

B Les politiques restrictives et les politiques de l'offre ne parviennent pas à rétablir l'emploi

- Les **politiques restrictives**, d'origine libérale, visent à assainir l'économie. Dans ce but elles cherchent à diminuer l'inflation en augmentant les taux d'intérêt et à redresser les profits des entreprises afin de faciliter l'investissement et l'autofinancement. Pour atteindre ces objectifs, ces politiques tentent de modérer les salaires et la demande.

  Si ces politiques risquent à court terme de réduire la croissance et d'accentuer le chômage, elles devraient, à moyen terme, assainir l'économie et lui permettre de repartir sur de nouvelles bases. Le chancelier **H. Schmidt** déclarait en 1976 que « **les profits d'aujourd'hui sont les investissements de demain et les investissements de demain créent les emplois d'après-demain** ».

  Des politiques restrictives furent mises en place dans la plupart des pays industrialisés au début des années 1980 (1983 en France).

- La reprise de la croissance et la diminution du chômage à partir du milieu des années 80 dans l'ensemble des pays de l'OCDE, a fait croire à l'efficacité de ces politiques. Mais dès 1990, la croissance se ralentit à nouveau et le chômage reprend son ascension, sauf dans les pays anglo-saxons. Ces politiques ont effectivement permis de diminuer l'inflation et de restaurer les profits des entreprises mais pas de renouer avec la croissance et l'emploi, car **elles ont eu tendance, en limitant la demande, à restreindre la croissance**.

  Les politiques globales de sortie de crise semblant inefficaces pour résorber le chômage, il est possible de se demander si le sous-emploi a des solutions.

3 L'ÉVOLUTION DU CHÔMAGE NE DÉPEND QUE PARTIELLEMENT DES POLITIQUES ÉCONOMIQUES

Le chômage dépend en grande partie de variables démographiques et de variables économiques mondiales sur lesquelles les politiques économiques nationales ont peu de prise.

A L'évolution du chômage ne dépend que marginalement des politiques économiques

- **Le chômage résulte essentiellement de la distorsion entre l'évolution de la population active et celle de l'emploi.**
  - La population active s'accroît fortement parce que la génération du baby boom est en âge d'activité et parce que le taux d'activité féminin augmente.
  - En raison de la crise mondiale qui limite l'augmentation de la production, l'emploi n'augmente pas suffisamment.
- La fin de la crise économique mondiale n'est malheureusement pas prévisible.

  En revanche **la population active devrait commencer à diminuer à partir de 2000-2005** ; le chômage devrait donc diminuer de lui-même à partir de cette époque.

  Mais il ne faut pas pour autant être attentiste ; des politiques économiques appropriées doivent permettre dans l'immédiat de limiter la hausse du chômage, et dans l'avenir de hâter sa baisse.

B Une politique économique appropriée peut limiter la hausse du chômage ou en hâter la baisse

- Si les politiques de l'emploi ne peuvent pas être totalement efficaces contre le chômage, elles n'en sont pas moins nécessaires car elles permettent de rendre le chômage plus tolérable et d'en limiter la hausse.
- Mais surtout, il est nécessaire que nos économies créent plus d'emplois. Plutôt que d'attendre une reprise mondiale, il est peut-être souhaitable de **mettre en place des politiques de relance**.

  Afin de ne pas être trop inflationnistes et de ne pas buter contre la contrainte extérieure, ces politiques devraient être **modérées** (pas de baisse drastique des taux d'intérêt ou d'aggravation des déficits budgétaires) et surtout **concertées** :
  - ce n'est pas tant le niveau d'inflation d'un pays qui est déterminant dans ses échanges extérieurs que son différentiel d'inflation avec ses partenaires ;
  - une coordination des politiques permettrait d'assouplir la contrainte extérieure ; si la relance de notre économie conduirait à une augmentation de nos importations, celle de nos partenaires permettrait une augmentation de nos exportations.

  Le partage du travail peut favoriser la baisse du chômage s'il ne provoque pas une trop forte augmentation du coût de la main-d'œuvre.

Il est actuellement impossible d'enrayer le chômage mais celui-ci devrait diminuer avec la baisse de la population active. Afin d'accélérer ce processus, il est souhaitable de mettre en place des politiques de relance concertées, par exemple dans le cadre de l'Union européenne.

FICHE 13 LA RELANCE DE LA DEMANDE

→ Faut-il relancer la demande intérieure quitte à tolérer une reprise de l'inflation?

Le gouvernement français s'efforce, par des mesures ciblées (aide pour l'achat d'une automobile par exemple), de soutenir la demande intérieure. Ces actions, quoique de faible ampleur, peuvent étonner, car la croissance de la demande intérieure a longtemps été considérée comme un facteur de déséquilibres.

1 Les politiques de relance de la demande intérieure ont été accusées d'être inefficaces et inflationnistes

A Keynes préconisait de relancer la demande intérieure pour lutter contre la crise et le chômage...

- **Selon Keynes**, la demande est le moteur de l'économie car elle incite les entreprises à produire. Il est donc nécessaire de la relancer en cas de crise et de chômage.

  La **demande intérieure** a trois composantes principales :
  - **la consommation des ménages** dont l'augmentation nécessite une politique de revenus (fixation d'un revenu minimum par exemple) et une politique de redistribution ;
  - les **dépenses de l'État** dont l'augmentation n'accroît la demande globale que dans la mesure où elle est financée par un déficit budgétaire (sinon la hausse des impôts provoque une baisse de la demande des autres agents économiques) ;
  - la **demande de biens de production** (notamment l'investissement) des entreprises.
- Les politiques de relance de la demande intérieure furent des succès lors de la **crise des années 30**. Ce sont par exemple les deux New Deal aux États-Unis et la politique du pouvoir d'achat du Front populaire en France.

B ... mais ces politiques semblent inefficaces dans le cadre de la crise débutée dans les années 70

- Contrairement à la crise des années 30, **la cause de la crise des années 70 n'est pas l'insuffisance de la demande par rapport à la production**.

  En effet, **la hausse des salaires a provoqué la baisse du taux de profit**, ce qui a nui à l'investissement et surtout à l'autofinancement. Les entreprises, quoique investissant moins, ont dû recourir davantage à l'emprunt.

  Ces politiques de relance de la demande intérieure furent inflationnistes en raison de la pression exercée par la demande sur les prix et en raison du recours croissant au crédit.

Le ralentissement de l'investissement et l'augmentation des prix qui nuit à la compétitivité des entreprises ont rendu ces politiques globalement inefficaces.

- En outre, **les politiques de relance de la demande intérieure se heurtent à la contrainte extérieure**.

  En effet, lorsque la demande intérieure augmente, il est nécessaire d'importer davantage de biens de consommation (les ménages ne consomment pas uniquement des produits nationaux), et, lorsque la production augmente, il est nécessaire d'importer des biens intermédiaires (matières premières par exemple) et certains biens d'équipement.

2 LES POLITIQUES RESTRICTIVES N'ONT PAS MIS FIN À LA CRISE

Alors qu'un consensus s'était établi sur la nécessité de lutter contre l'inflation, de plus en plus d'économistes, d'hommes politiques et d'industriels réclament un desserrement de la politique restrictive.

A Les politiques restrictives des années 80 semblent avoir été coûteuses en termes d'emploi et de croissance

- Les **politiques restrictives**, engagées depuis le début des années 80, ont effectivement maîtrisé l'inflation.
  - Afin de rompre avec la forte inflation des années 70 et ses effets pervers (déséquilibres extérieurs concernant la balance commerciale et la balance des capitaux), les différents pays industrialisés, suivant en cela les conseils des monétaristes qui considèrent que le chômage est naturel alors que l'inflation est source de grands déséquilibres, ont suivi depuis le début des années 80 des politiques restrictives.
  - Ces politiques consistent surtout à **contrôler la création monétaire** grâce à une politique de taux d'intérêt élevés et à **restreindre la demande des ménages et les déficits budgétaires des États**.
  - Ces politiques ont été efficaces car elles ont permis la **désinflation** ainsi que, en France, le redressement relatif de la position extérieure.
- Mais **ces politiques semblent avoir été coûteuses en termes d'emploi et de croissance**.
  - Selon les **libéraux**, la maîtrise de l'inflation était une condition préalable à la croissance ; si les politiques restrictives peuvent constituer un facteur de ralentissement à court terme, elles devraient, à moyen terme, **rétablir l'harmonie monétaire nécessaire à la croissance**. D'autre part la restauration des équilibres extérieurs, grâce à l'augmentation des exportations, devrait relancer la production.
  - Mais, **hormis une reprise de courte durée** à la fin des années 80 (de 1986 à 1989), la croissance est demeurée faible et **le chômage a augmenté de nouveau à partir de 1990**.
  - Car la lutte contre l'inflation a pénalisé, même à long terme, la croissance et l'emploi.
    - En effet, les **taux d'intérêt élevés ont découragé l'investissement** par l'emprunt et encouragé en revanche les placements non productifs (sur le marché financier par exemple).
    - **La modération de la demande des ménages et de l'État a restreint les débouchés** des entreprises, ce qui a terni leurs anticipations et les a dissuadé d'investir et d'embaucher.

- De plus, la restauration des profits des entreprises a favorisé l'autofinancement et donc l'investissement, mais en raison de la restriction des débouchés et de l'accentuation de la concurrence, ce sont surtout les **investissements de productivité et non** ceux **de capacité** qui ont profité de cette hausse.

Le problème actuel de l'Europe n'est plus l'inflation qui est maintenant peu élevée, mais la faible croissance et surtout le chômage. Ainsi la France, qui grâce à une politique restrictive, a l'un des taux d'inflation les moins élevés de l'OCDE, subit en contrepartie un des taux de chômage les plus forts.

B La relance de l'économie est de plus en plus souvent proposée

- De nombreux économistes français, comme **J.-P. Fitoussi**, proposent un affaiblissement des mesures restrictives et un retour plus ou moins modéré à une politique encourageant la relance grâce, notamment, à une baisse sensible des taux d'intérêt.

  Il faudrait aussi un **retour à un État-providence** qui redistribuerait largement, soutiendrait la demande par des déficits importants et multiplierait les **programmes publics d'infrastructure et d'investissement**.

  Alors qu'il est actuellement considéré comme inflationniste et source de chômage, **l'accroissement des salaires devrait être favorisé afin de relancer la consommation**.

- **La relance de l'économie passe par l'acceptation d'un certain niveau d'inflation**.
  - Une relance de l'économie risque d'être inflationniste. En effet la baisse des taux d'intérêt et le déficit budgétaire favorisent le crédit et la création monétaire et car la hausse de la demande des ménages et de l'État provoque des tensions sur les prix.
  - Mais l'inflation, à son tour, favoriserait la croissance.
    - **Elle permettrait de diminuer l'endettement** : un grand nombre d'agents économiques sont actuellement surendettés et leurs charges financières grèvent fortement leurs dépenses d'investissement ou de consommation.
    - **Elle faciliterait le consensus social** et simplifierait les arbitrages sociaux (en permettant l'augmentation de certains prix, une inflation limitée désamorcerait peut-être certains conflits sociaux comme ceux des agriculteurs ou des marins pêcheurs).

  L'acceptation d'un certain niveau d'inflation est nécessaire pour permettre une reprise économique ; mais celle-ci ne constituerait-elle pas une nouvelle fuite en avant ?

3 La relance de la demande présente des risques, sauf si elle est modérée, concertée et temporaire

A Les monétaristes considèrent qu'une reprise de l'inflation présenterait des risques importants...

- **Une reprise de l'inflation risque de nuire aux équilibres extérieurs**.
  - **Elle pénaliserait la compétitivité extérieure** des entreprises et nuirait donc aux soldes commerciaux. L'équilibre de la balance extérieure, en France, a été difficilement atteint grâce à une politique de désinflation compétitive très restrictive. Une reprise de l'inflation risquerait d'anéantir ces efforts et de provoquer les mêmes déséquilibres extérieurs que ceux constatés lors de la politique de relance de 1981.

– **Elle conduirait à une fuite des capitaux** et à une dépréciation du franc et, menacerait là aussi, d'anéantir les efforts des gouvernements précédents pour faire du franc une devise forte et appréciée.

- **Une reprise de l'inflation risquerait, à terme, de créer des déséquilibres intérieurs**.

Si à court terme l'inflation peut faciliter la croissance et la création monétaire, à moyen ou long terme, les mêmes effets pervers que ceux rencontrés à la fin des Trente glorieuses et pendant les années 70 risquent de se reproduire :

– un **effet de levier** se transformant en **effet boomerang** : l'endettement est à court terme diminué par l'inflation, mais à long terme elle contribue au surendettement ;

– un retour à une **économie d'endettement** financée par le crédit et donc vivant au-dessus de ses moyens ; comme l'on ne peut dépenser plus que ce que l'on a produit, les libéraux pensent que cette fuite en avant provoquerait forcément à plus ou moins long terme un ajustement qui se manifesterait par une crise ;

– l'illusion monétaire ne dure pas : si à court terme inflation et création monétaire facilitent la croissance, à moyen et long terme elles risquent de perturber les anticipations des agents économiques et de provoquer une **défiance en l'avenir**.

B ... la relance doit donc être modérée, limitée dans le temps, et surtout concertée

- La relance doit être modérée et limitée dans le temps.

– Pour limiter les effets pervers d'une reprise de l'inflation, il est nécessaire qu'elle soit **modérée ; elle doit faciliter la croissance** sans entraîner trop de dysfonctionnements monétaires.

– La relance doit aussi être **limitée dans le temps**. Alors que les politiques restrictives sont inscrites dans la durée et sont un véritable mode de gestion de l'économie, il faut redonner son vrai sens à la politique conjoncturelle, c'est-à-dire une intervention sur la conjoncture et donc sur le court terme. C'est ainsi que Keynes concevait la politique de création monétaire ou le déficit budgétaire. Une reprise de l'inflation, dans ce cadre, permettrait de **profiter de ses effets de relance sur le court terme sans subir ses effets déséquilibrants à long terme**.

- La relance doit surtout être **concertée**.

– L'augmentation des importations d'un pays, provoquée par la relance de l'activité, pourrait être compensée par un surcroît d'exportations rendu possible par la reprise de la demande chez ses partenaires.

– Ce qui est déterminant, dans les échanges extérieurs, n'est pas le niveau d'inflation d'un pays mais son différentiel d'inflation avec ses partenaires. Une reprise de l'inflation pour être acceptable doit être concertée, c'est-à-dire **menée en commun par les différents partenaires commerciaux qui ne subiraient pas ainsi de perte de compétitivité**. L'Union Européenne pourrait être le cadre privilégié de cette concertation ; une **initiative européenne de croissance** avait été proposée au sommet d'Edimbourg, mais les institutions monétaires européennes ont encore pour objectif principal la stabilité des prix.

C'est grâce à la concertation que les pays industrialisés pourront collectivement sortir de la récession. La difficulté est que c'est en période de crise que la concertation est la plus nécessaire alors que c'est aussi en période de crise que la compétition est la plus âpre.

FICHE 14 LES RÉFORMES FISCALES

→ Faut-il choisir entre efficacité économique et justice sociale ?

La réforme fiscale est l'objet d'un débat récurrent en France. Si cela se traduit par de nombreuses modifications de la fiscalité, ces réformes sont restées partielles et souvent contradictoires. Certaines de ces réformes avaient pour objectif la réduction des inégalités de revenu alors que d'autres, inspirées par l'analyse libérale, recherchaient l'efficacité économique. Au cours des années 90, l'objectif de réduction du déficit budgétaire s'est souvent substitué aux deux premiers. Il n'en va pas de même dans tous les pays. Au Royaume-Uni puis aux États-Unis des réformes profondes visant à accroître l'offre de travail par une réduction de la progressivité des impôts ont été mises en œuvre au cours des années 80. Faut-il choisir entre l'efficacité économique et la justice sociale ? Le recul nous permet, aujourd'hui, de tirer quelques leçons de ces réformes.

1 L'OBJECTIF DES RÉFORMES FISCALES LIBÉRALES EST D'ACCROÎTRE L'EFFICACITÉ ÉCONOMIQUE

A La neutralité de l'impôt est recherchée

- **La simplification du système de prélèvements directs** est le premier objectif affiché par les réformes fiscales au Royaume-uni comme aux États-Unis. L'accumulation, année après année, de dispositions particulières prises en faveur d'un groupe social (ex. : les veuves de marin pêcheur) ou d'une utilisation du revenu (ex. : la construction de logements en vue d'une location) avait créé, comme partout ailleurs, un système fiscal complexe, opaque et, finalement, inefficace. À tout vouloir privilégier, on ne favorise plus rien, et la superposition de mesures particulières avait fini par occulter les priorités.

- Cette simplification a pour ambition de **rétablir la neutralité de l'impôt**. La pratique des avantages fiscaux (ex. : exonération d'impôt pour certains placements) a créé des distorsions dans les choix des entreprises pour ce qui est de leurs investissements ou dans celui des ménages en ce qui concerne l'utilisation de leur épargne. Les libéraux reprochent donc à ces mesures d'infléchir le choix des acteurs dans un sens qui n'est pas voulu par le marché. Ils y voient une source possible d'inefficacité économique. Pour des raisons identiques, ils souhaitent imposer de la même manière les revenus du travail et du capital afin que l'intervention de l'État ne favorise pas l'utilisation de l'un de ces facteurs au détriment de l'autre.

- Cette neutralité de l'impôt a pour objectif le respect du principe d'**équité horizontale** qui stipule que **deux contribuables ayant des revenus identiques**

doivent payer des impôts égaux. En pratique, des traitements différents en fonction de la taille de la famille peuvent subsister. L'essentiel étant que l'impôt ne défavorise pas, sans raison légitime, un contribuable ou un groupe de contribuable.

- Les réformes libérales sont également l'occasion de repréciser les modalités concrètes de l'**équité verticale**. Ce principe stipule que l'**impôt doit dépendre des capacités contributives des ménages**. Il a longtemps légitimé la progressivité de l'impôt sur le revenu qui se traduit par une augmentation de la contribution des foyers fiscaux plus rapide que celle de leur revenu. Pour obtenir cette progressivité, le revenu est partagé en tranches successives auxquelles s'appliquent des taux marginaux croissants. En France, l'impôt sur le revenu comporte 7 taux allant de 0 à 54 % pour l'année 1999. Cet impôt est très concentré : un foyer fiscal sur deux ne le paie pas tandis que 1 % des ménages en acquitte plus du quart. Son rendement est donc faible. **Les libéraux qui estiment que la participation active du plus grand nombre à l'effort fiscal est une mesure équitable font de la réforme des impôts progressifs leur priorité**. Ils souhaitent en faire un impôt proportionnel, la contribution des foyers fiscaux augmentant de façon régulière avec le revenu.

B La diminution de l'impôt a pour objectif d'accroître l'efficacité économique

- Une plus grande **neutralité des impôts** qui rétablit pleinement les mécanismes de marché dans leur fonction d'allocation de ressources rares devrait, selon les libéraux, favoriser l'**efficacité économique**. La **diminution de la pression fiscale** devrait également y contribuer. Selon les économistes de l'offre dont A. Laffer est le chef de file, des taux d'imposition marginaux trop élevés désincitent les bénéficiaires de hauts revenus à accroître leur contribution à l'activité productive. La part prélevée par l'État sur un revenu additionnel étant trop élevée, ceux-ci préféreraient ne pas accroître leur offre de travail. À moins de pouvoir échapper à l'impôt par le biais de la fraude fiscale ou de l'évasion fiscale en optant pour une forme de rémunération faiblement imposée. Une baisse des taux d'imposition marginaux les plus élevés se traduirait, selon ces économistes, par une **augmentation de l'offre de travail des ménages concernés**.

- La diminution de la pression fiscale devrait permettre une **accélération de la croissance économique**. Cet effet bénéfique proviendrait d'abord d'une augmentation de l'**offre de travail**. Il serait, ensuite, la conséquence d'une augmentation du revenu des ménages à forte propension à épargner. L'augmentation de l'**épargne** favoriserait celle de l'investissement productif, par le biais d'une baisse des taux d'intérêt.

- **La baisse de la pression fiscale améliorerait également l'efficacité du système fiscal**. Aussi paradoxal que cela puisse paraître, une diminution des impôts se traduirait, toujours selon les économistes de l'offre, par **une augmentation des recettes de l'État**. L'illustration de cette analyse nous est donnée par la « courbe de Laffer » qui associe la pression fiscale aux recettes de l'État. Ces dernières suivraient une courbe en « cloche » : elles augmenteraient dans un premier temps avec la pression fiscale, atteindraient leur maximum puis déclineraient ensuite. Persuadés que les pays développés sont entrés dans la phase déclinante de la « courbe de Laffer », les économistes de l'offre affirment qu'une baisse de la pression fiscale accroîtrait les recettes de l'État en stimulant la création de richesse.

2 La réduction de la fiscalité directe est la priorité des réformes fiscales libérales

A Le Royaume-Uni et les États-Unis ont réalisé des réformes globales de leur fiscalité

- Le Royaume-Uni en 1984 et les États-Unis deux ans plus tard ont mené de profondes réformes fiscales inspirées par l'analyse libérale. Dans les deux cas, le **nombre des taux de l'impôt sur le revenu a diminué** : il en reste deux au Royaume-Uni et trois aux États-Unis (contre six en France en 1999). **Le niveau de ces taux a été abaissé** : le taux maximum n'est plus que de 33 % aux États-Unis et de 40 % au Royaume-Uni, alors qu'il est de 54 % en France. Dans ces deux premiers pays, la majorité des contribuables est imposée à un taux faible (15 % aux États-Unis et 23 % au Royaume-Uni). Si bien que l'impôt sur le revenu est devenu, pour le plus grand nombre, un **impôt proportionnel** et non plus progressif. Cette baisse généralisé des taux d'imposition a été partiellement compensée par un élargissement de l'assiette fiscale et par la **suppression d'un grand nombre d'abattements** dont bénéficiaient les ménages. Au total, ces derniers ont globalement bénéficié d'une diminution de leur impôt sur le revenu ce qui est une condition politique indispensable pour pouvoir mettre en oeuvre une réforme de grande ampleur.
- Les entreprises ont également bénéficié d'une baisse des taux d'imposition sur le bénéfice (il est passé de 35 à 31 % au Royaume-Uni). Comme pour les ménages, cette diminution a été accompagnée par la suppression des exonérations diverses dont bénéficiaient les entreprises. À la différence des ménages, la **contribution fiscale des entreprises s'est accrue**.

B En France, les réformes ont été partielles et contradictoires

- Dans un souci de **justice fiscale**, une première série de mesures a été prise depuis vingt ans. La création d'une tranche à 65 % dans le barème de l'impôt sur le revenu en 1982 avait pour objectif de répartir les efforts prévus par la politique de rigueur sur l'ensemble de la population. L'**impôt de solidarité sur la fortune** (ISF) initialement institué en 1982 puis rétabli en 1989 après sa suppression en 1987 est emblématique de cette volonté. Moins de 1 % des foyers fiscaux paie cet impôt dont le taux est de 0 % jusqu'à un patrimoine de 4,7 millions de francs en 1998, une fois l'exonération de l'outil de travail effectuée. L'institution de la contribution sociale généralisée (CSG) en 1991 afin de financer la Sécurité sociale répond partiellement à une même logique. En **se substituant à des cotisations sociales calculées sur des salaires**, cet impôt à la source applicable aux revenus d'activités et aux revenus de placements organise un transfert de charges des salariés vers les indépendants et les épargnants. Cependant, l'effet redistributif de cet impôt est limité car c'est un impôt proportionnel : un taux unique est appliqué à l'ensemble des revenus qui y sont assujettis (90 % des revenus des ménages sont dans ce cas).

- D'autres mesures relèvent de la **logique libérale**. Le taux de l'impôt sur les sociétés (IS) applicable aux bénéfices distribués à été ramené de 42 % en 1990 à 36,6 % en 1999. Les possibilités de déductions permettent à l'essentiel des petites et moyennes entreprises de ne payer que peu ou pas du tout d'IS. En conséquence, cet impôt est très concentré : en 1993, les entreprises réalisant plus de 100 millions de chiffre d'affaires payaient près des deux tiers de l'IS. Les ménages, de leur coté, ont bénéficié à plusieurs reprises d'une baisse des taux de l'impôt sur le revenu. En 1995, une diminution du nombre des tranches de cet impôt qui est passé de 13 à 7 % s'est accompagnée d'une réduction du taux marginal le plus élevé qui a été ramené à 54 %.

LES PRÉLÈVEMENTS OBLIGATOIRES EN FRANCE (EN % DU PIB)

	1960	1970	1980	1990	1996
Impôts	22,6	22,3	23,9	24,5	26,0
État		17,5	17,9	16,5	15,2
Collectivités locales		3,4	4,6	5,9	7,0
Divers (1)		1,4	1,3	2,1	3,8
Cotisations sociales	9,6	12,7	17,8	19,4	19,7
Total	32,2	35,0	41,7	43,9	45,7

1. Sécurité sociale, Union européenne.
Source : Insee.

- À partir de 1993, les objectifs de justice fiscale ou de diminution des impôts se sont souvent effacés devant celui d'**efficacité fiscale** puisque le traité de Maastricht imposait une réduction du déficit budgétaire. À cet effet, le taux le plus élevé de TVA est passé de 18,6 % à 20,6 % au 1er août 1995. À la suite de quoi, les **impôts ont augmenté de 120 milliards de francs en 1996** dont 100 à la charge des ménages. Le taux de prélèvement obligatoire est donc resté supérieur en France à ce qu'il est chez nos partenaires : il est de 46,1 % en 1998 contre 42,4 % dans la moyenne des pays de l'OCDE pour l'année 1996.

3 LES CONSÉQUENCES DE CES RÉFORMES

A La redistribution des revenus semble avoir diminué

- La baisse des taux d'imposition marginaux les plus élevés profite directement aux ménages les plus aisés. Ce phénomène est observé aussi bien aux Etats-Unis qu'au Royaume-Uni ou en France. Cependant, la suppression des exonérations qui accompagne, en principe, cette diminution des taux, pèse plus lourdement sur les plus gros contribuables. Globalement, **il semblerait que les ménages aisés aient été les principaux bénéficiaires de la réforme de l'impôt sur le revenu** que ce soit en France ou dans les pays anglo-saxons. La diminution de la progressivité de l'impôt se serait traduit par une moindre redistribution des revenus.
- L'**augmentation des cotisations sociales ou des impôts indirects** qui a souvent accompagné les diminutions de l'impôt sur le revenu a également **réduit l'effet redistributif de la fiscalité**. Aux États-Unis, la baisse de la part de l'impôt sur le revenu dans le total des recettes publiques (de 39,1 % en 1980 à 35,7 % en 1994) a été partiellement compensée par une hausse de celle des cotisations sociales payées par les salariés (9,2 % en 1980 et 10,8 % en 1994). En France, les impôts indirects, les cotisations sociales et la CSG se substituent progressivement à l'impôt sur le revenu qui procure moins de 20 % des recettes brutes de l'État. Cela se traduit par un **transfert de richesse des salariés et des consommateurs vers les ménages les plus aisés** qui sont ceux sur qui pèse l'essentiel de l'impôt sur le revenu.
- Les réformes fiscales ont donc **favorisé l'accroissement des inégalités de revenu**. Mais d'autres facteurs – l'augmentation des inégalités salariales et la forte progression des revenus de la propriété – ont également contribué à ce

phénomène. Si bien qu'il est difficile de mesurer l'effet spécifique des réformes fiscales sur l'augmentation de ces inégalités.

B On ne mesure pas d'effet sur l'offre de travail

- En principe, l'**objectif** des réformes fiscales libérales était **l'accroissement de l'offre sur le marché du travail**. Les études empiriques menées aux Etats-Unis ne confirment généralement pas cette prédiction. Il ne semblerait pas que la diminution des taux d'imposition les plus élevés se traduise par une augmentation de l'offre de travail. C'est également la conclusion a laquelle est arrivée un chercheur français – Thomas Piketty – qui a tenté de mesurer les conséquences des hausses puis des baisses successives des taux d'imposition marginaux sur l'activité productrice des ménages les plus aisés. S'il met bien en évidence une variation du revenu de ces ménages en fonction des cycles économiques, il ne mesure pas de variation de ce revenu en fonction des évolutions des taux. **Les baisses d'impôt ne favoriseraient donc pas l'offre de travail**.
- En revanche, les baisses les plus récentes des taux d'imposition se sont traduites par une **diminution des recettes fiscales**. Alors que les revenus nominaux des ménages progressaient de 15 % entre 1992 et 1997, les recettes procurées à l'État par l'impôt sur le revenu baissaient de 20 milliards de francs. Le manque à gagner pour l'État est estimé par Th. Piketty à 70 milliards de francs. C'est, peut-être, note le chercheur, que la France est encore dans la partie ascendante de « la courbe de Laffer ». Cette analyse qui légitimerait une éventuelle hausse des impôts est rejetée par les économistes de l'offre qui dénoncent la fragilité de ses conclusions. Elle confirme au moins une tendance : les études empiriques contredisent, pour la plupart, la courbe de Laffer.

C Les effets macro-économiques sont ambivalents

- De 1980 a 1996, les **prélèvements obligatoires ont baissé aux États-Unis (de 29,3 à 27,9 %) comme au Royaume-Uni (de 36,1 à 35,9 %)** et augmentaient dans la plupart des pays de l'OCDE. De ce point de vue, les réformes ont fait preuve d'efficacité. Cependant, les limites de cet indicateur rendent les comparaisons internationales toujours discutables. C'est ainsi que les cotisations de retraites complémentaires, incluses dans les prélèvements obligatoires en France, ne le sont pas au Royaume-Uni où elles relèvent d'assurances privées. Et surtout, cet indicateur ne rend pas compte des contreparties de ces prélèvements : la santé ou l'éducation assurés par le public en France sont largement privés et donc payants aux États-Unis. Une baisse des prélèvements obligatoires peut donc être le signe d'une dégradation des conditions de vie d'une partie de la population.

PRÉLÈVEMENTS OBLIGATOIRES (EN % DU PIB)

	1980	1985	1990	1995	1996
Allemagne	41,6	41,6	39,5	42,6	42,0
États-Unis	29,3	28,7	29,9	27,9	27,9
France	41,7	44,5	43,7	44,5	45,5
Royaume-Uni	36,1	38,5	37,0	36,1	35,9
Europe à 15	38,7	40,6	40,7	42,0	42,4

Source : Eurostat et OCDE (pour les USA).

- **Le Royaume-Uni comme les États-unis ont bénéficié d'une croissance économique plutôt soutenue** de 1985 à 1995 **sans qu'il y ait de relation directe** entre ce résultat et leur réforme fiscale. Du coté de l'offre, la réduction de la fiscalité directe s'est traduite par une **diminution du taux d'épargne** qui est devenu particulièrement faible aux États-Unis. Du coté de la demande, la réduction de la fiscalité directe en direction des ménages a vraisemblablement favorisé la consommation alors que l'augmentation de la fiscalité indirecte la diminuait. L'effet global a, sans doute, été négatif en raison d'un transfert de revenu en direction des ménages à forte propension à épargner mais a pu être compensé par un recours accru à l'endettement pour les autres.
- La croissance économique de ces deux pays relève, à court et moyen terme, de **choix de politiques économiques** dont la fiscalité n'est qu'une des composantes. Ces deux pays ont donné la priorité à des politiques conjoncturelles et structurelles favorables à la croissance économique et à l'emploi (précaire) au moment ou l'essentiel des pays européens optait pour la rigueur budgétaire afin de participer à l'UEM. À l'inverse, l'effet de cette croissance économique sur les recettes de l'État est certain et ces deux pays bénéficient d'un excédent budgétaire pour l'année 1998.

Les leçons que l'on peut tirer des réformes fiscales libérales sont nécessairement fragiles car fondées sur des mesures toujours contestables en dépit du sérieux des recherches. Il semble bien, pourtant, que les diminutions d'impôts directs prônés par les libéraux aient accru les inégalités de revenu sans, pour autant, améliorer de façon évidente l'efficacité économique. Le choix d'une réforme fiscale ne se limiterait donc pas à un arbitrage entre la justice sociale et l'efficacité économique puisque l'une pourrait diminuer sans que l'autre ne progresse. Cela n'interdit pas de procéder à une réforme fiscale d'envergure en France mais cela oblige à en préciser les objectifs.

FICHE 15

LA POLITIQUE DU TAUX DE CHANGE

→ Faut-il choisir entre monnaie faible et monnaie forte ?

La stratégie d'une monnaie faible a souvent été utilisée par des pays dans la compétition commerciale internationale. Dans le cadre d'un système de taux de change fixe, comme l'était le SMI entre 1945 et 1973 ou le Système monétaire européen (SME) après 1979, cette stratégie passe par des dévaluations qui sont des baisses officielles de la parité de la monnaie. Dans le cadre d'un système de change flottant qui était la situation la plus fréquente après 1973, cette stratégie consiste à laisser la monnaie se déprécier. La Corée du Sud ou le Japon (jusqu'au milieu des années 80) ne s'en sont pas privés. À l'inverse, l'Allemagne a vanté les mérites d'une politique de la monnaie forte. En Europe, l'alternative a été tranchée en faveur de la seconde option. Mais la création de l'euro ne permet-elle pas de dépasser ce débat ?

1 UNE DÉVALUATION PERMET DE FAVORISER LES EXPORTATIONS

A La dévaluation favorise la compétitivité prix

- Dans le cadre d'un système de taux de change fixe, **une dévaluation est la décision officielle de la réduction de la valeur d'une monnaie** par rapport à un étalon de référence que ce soit l'or ou une autre monnaie. Dans celui d'un taux de change flottant, **la dépréciation de la monnaie est la diminution de sa valeur par rapport à une ou plusieurs autres devises**. Dans les deux cas, le pouvoir d'achat externe de cette monnaie a diminué. Les phénomènes inverses sont la réévaluation en ce qui concerne les taux de change fixe et l'appréciation pour le change flottant. De 1945 à 1973, les taux de change fixe ont été la règle. Depuis, le dollar flotte par rapport aux principales devises mondiales. En Europe, en 1979, un taux de change relativement fixe a été instauré dans le cadre du Système monétaire européen (SME) puisqu'une monnaie pouvait fluctuer de plus ou moins 2,25 % par rapport à son cours pivot.
- **Une dévaluation a pour effet principal de diminuer le prix des exportations**. Ainsi, dans le cadre du Système monétaire européen (SME) fondé sur des parités fixes, la réévaluation du mark (DM) de 3 % en 1987 (ce qui correspond à une dévaluation du franc [FF] de 3 %) s'est traduit par une hausse du DM qui est passé de 3,25 FF à 3,35 FF. Une marchandise française valant 325 FF était donc vendue en RFA 100 DM avant la dévaluation et 325 / 3,35 = 97 DM après. **Une dévaluation améliore donc la compétitivité prix d'un pays**. Cela favorise, à terme, l'augmentation des exportations et l'amélioration du solde de la balance des transactions courantes. Mais ce processus prend du temps. Car, à court terme, les exportations comme les importations stagnent en volume alors que le prix des produits importé augmente. Si bien que les importations augmentent en valeur et

que le **solde de la balance commerciale se détériore dans la première année qui suit la dévaluation** pour s'améliorer ensuite progressivement. Il faut donc parfois attendre deux à trois ans pour retrouver l'équilibre. Ce phénomène est connu sous le nom de « courbe en J ».

- La dévaluation (ou la dépréciation) est d'abord un **instrument de politique conjoncturel** particulièrement bien adaptée à la situation de deux pays connaissant un excès de demande intérieure pour le premier et une insuffisance pour le second. La dévaluation de la monnaie du second permet, à la fois, d'augmenter la demande externe du pays en récession et de combler l'insuffisance d'offre pour le pays en situation de surchauffe économique. Elle est également un instrument utilisé afin de **rétablir périodiquement la compétitivité** d'un pays plus inflationniste que ses partenaires. C'était le cas de la France qui, jusqu'en 1979, rétablissait ainsi sa compétitivité amoindrie par l'inflation. Cela peut être, enfin, le signe de l'**agressivité** d'un pays structurellement excédentaire qui exporte son chômage chez les autres en y éliminant les producteurs locaux.

- La réussite d'une telle politique suppose que plusieurs conditions soient remplies. **Il faut, tout d'abord, que le pays qui dévalue sa monnaie ne soit pas imité par ses partenaires** car cela supprimerait l'avantage escompté de cette politique. **Il faut, ensuite, que le pays puisse attendre que les effets bénéfiques de la dévaluation se fassent sentir**. La troisième condition nécessaire pour qu'une dévaluation soit bénéfique est que **le pays soit capable d'empêcher une reprise de l'inflation**. Car une dévaluation s'accompagne toujours d'une inflation importée puisque les produits achetés à l'étranger coûtent plus cher. C'est pourquoi elle est souvent accompagnée d'une politique anti-inflationniste. Faute de quoi, l'inflation réduit à néant les gains de compétitivité obtenus à la suite de cette dévaluation.

B Les dévaluations de la livre et de la lire ont été des succès

- Des exemples de dévaluations réussies nous sont donnés par l'Italie et le Royaume-Uni au début des années 90. Les attaques contre les monnaies européennes, en septembre 1992, ont conduit la livre et la lire à quitter le SME. Le flottement de ces deux monnaies a entraîné une dépréciation de la lire de 23 % et de la livre de 13 % par rapport à un panier de 18 monnaies dans les douze mois qui ont suivi leur sortie du SME. Alors que l'on craignait une reprise de l'inflation, celle-ci est restée faible au Royaume-Uni et a même diminué en Italie. La **balance des transactions courantes italienne est devenue largement excédentaire** et ce pays connaît depuis un excédent supérieur à celui de la France. La baisse des taux de change a été contrôlée et l'Italie est devenue en 1999 partie prenante de l'UEM.

- **Ces dévaluations ont rendu à ces pays une marge de manœuvre** qu'ils ont utilisé différemment. Le Royaume-Uni s'est donné comme priorités la **relance de son activité économique et des créations d'emplois**. Il a profité de sa sortie du SME pour abaisser très rapidement ses taux d'intérêt. Les ménages et les entreprises ont alors bénéficié d'une réduction de leurs frais financiers. Cela a conforté le redémarrage de la consommation au second trimestre 1992, suivi de l'investissement, à la fin de l'année. **L'Italie a préféré bénéficier pleinement de sa compétitivité retrouvée et a accru ses exportations**. Alors qu'un plan d'austérité comprimait sa demande intérieure, elle a recentré sa croissance économique sur les exportations qui ont augmenté de 9 % en 1993. Au total, la croissance est restée faible en raison de la politique interne d'austérité mais le pays a limité les conséquences négatives de cette politique sur l'emploi.

2 Les pays de la zone euro ont choisi de pratiquer une politique de monnaie forte

A Ils ont renoncé aux dévaluations

- Les dévaluations induisent, en effet, des effets pervers qui se sont accrus avec l'internationalisation des économies. L'inflation importée consécutive à une dévaluation augmente avec le degré d'ouverture du pays. Encore relativement faible au début des années 60, cette ouverture a fortement progressé depuis le premier choc pétrolier. C'est ainsi que la part des importations françaises dans le PIB a doublé en 40 ans et atteint aujourd'hui près de 25 %. **L'inflation importée à la suite d'une dévaluation a donc doublé en 40 ans**. En l'absence de plan de lutte crédible contre l'inflation, les opérateurs sur le marché des changes peuvent estimer que les autorités monétaires n'ont pas la capacité de maintenir le nouveau taux. Leur intérêt est alors de se dessaisir de la monnaie avant qu'elle ne soit dévaluée quitte à la racheter une fois le changement de parité effectué. **Les dévaluations peuvent donc s'enchaîner** sans que le pays n'en tire avantage. En effet, le délai qui les sépare est trop court pour que les exportations augmentent en volume mais suffisant pour que la valeur des importations ne s'accroisse. Dans ces conditions, les dévaluations ne permettent pas d'améliorer le solde de la balance des transactions courantes.
- C'est ainsi que la France a connu **4 dévaluations de 1979 à 1983** au sein du SME. Le réajustement d'octobre 1981 (FF - 3 %, DM + 5,5 %) avait amélioré la compétitivité grignotée par l'inflation depuis la réévaluation du DM de 2 % en septembre 1979. Cela n'avait pas empêché l'apparition d'un déficit commercial record de 93 milliards de francs pour l'année 1982. Très logiquement, cette dévaluation avait été suivie d'une seconde en 1982, qui n'avait, pas plus que la première, suffi à résorber le déficit commercial. Deux réaménagements ont encore été pratiqués au sein du SME en avril 1986 et janvier 1987, conduisant, tous les deux, à une diminution de la parité du FF par rapport au DM. Par la suite, la stabilité des prix et la coopération avec l'Allemagne, qui a soutenu le franc quand il était attaqué, ont permis de maintenir la parité du franc.
- Enfin, dans un espace où il n'existe plus d'obstacles à la circulation des marchandises, les dévaluations compétitives peuvent être l'instrument d'une **politique non coopérative** permettant à un pays de gagner ce que les autres perdent. Pratiquées trop fréquemment ou de façon unilatérale en cas de sortie du SME, les dévaluations pénalisent ceux qui font l'effort de lutter contre l'inflation. **Un pays qui assure la stabilité de ses prix peut voir sa compétitivité diminuer à la suite des dévaluations ou des dépréciations de la monnaie d'un ou de plusieurs partenaires plus inflationnistes que lui**. C'est ce qui est arrivé en France à la suite des dévaluations de l'année 1992. Alors que l'accentuation de la rigueur monétaire se traduisait par une croissance faible et un chômage en augmentation, la compétitivité des entreprises françaises face à leurs concurrentes anglaises ou italiennes se dégradait. C'est pourquoi les dévaluations ne peuvent être que des mesures exceptionnelles et décidées conjointement. Cela suppose que les autorités monétaires gardent la maîtrise du taux de change de leur monnaie. Or, la libre circulation des capitaux les a partiellement privées de ce pouvoir.

B Les pays de la zone mark ont opté pour une politique de monnaie forte

- Son abandon des dévaluations compétitives a amené la France à adopter une politique du **franc fort** inspirée par la gestion allemande du mark. La notion de

monnaie forte est polysémique. Au plan interne, une monnaie est forte lorsque l'**inflation est faible**. Au plan externe, une monnaie forte est, au sens strict du terme, une monnaie **surévaluée** par rapport à une autre devise. Cela signifie que son taux est supérieur à celui qui permettrait d'assurer la parité des pouvoirs d'achats de ces deux monnaies. Plus souvent, **on considère qu'une monnaie est forte lorsqu'elle s'apprécie par rapport à une ou plusieurs devises**. Les trois sens se rejoignent lorsque la stabilité des prix favorise l'appréciation d'une monnaie dont le taux de change devient supérieur à celui considéré comme normal.

- En principe, la surévaluation d'une monnaie est le signe de la **stabilité des prix** du pays qui l'émet. Confiants dans cette stabilité, dans la rentabilité des investissements et la parole de l'État, les épargnants du monde entier cherchent à placer leurs capitaux dans ce pays. Ils demandent donc à convertir leurs devises contre la monnaie nationale, ce qui entraîne son appréciation. L'Allemagne a mené une telle politique dans les années 80 alors que ses performances économiques en faisaient encore un modèle. Ailleurs, comme en France, l'appréciation de la monnaie a été obtenue grâce à une **augmentation des taux d'intérêt** destinée à attirer l'épargne étrangère. Cette augmentation est d'autant plus forte que la crédibilité du pays en matière de stabilité des prix est faible. Un pays connu pour son risque inflationniste devra offrir des taux d'intérêt plus élevés qu'un second connaissant de longue date une stabilité de ses prix. La différence entre les deux taux constitue une prime qui mesure le risque estimé par les prêteurs dans le placement de leurs capitaux. C'est ce qui est arrivé en France lorsque, au milieu des années 80, elle a suivi l'Allemagne dans une politique de la monnaie forte. Elle a été obligée de fixer son taux d'intérêt aux alentour de 8 % alors que celui de la RFA n'était que de 4 %.
- La politique de la monnaie forte présente l'avantage de **favoriser la stabilité des prix** puisque le pays en question **importe de la désinflation**. Plus l'ouverture des économies est élevée, et plus le phénomène est important. L'intérêt des réévaluations s'est donc accru avec l'ouverture des économie en même temps que celui des dévaluations déclinait. Les anticipations des agents renforcent cette désinflation. Conscientes du fait qu'elles ne peuvent plus compter sur une dévaluation pour rétablir leur compétitivité, les entreprises sont obligées de revoir à la baisse leurs prévisions de croissance de prix et de salaires. En adoptant officiellement une politique de monnaie forte au milieu des années 80, l'objectif des autorités monétaires françaises était de conforter une désinflation amorcée quelques années plus tôt.
- Le revers de la médaille est qu'une **monnaie forte** favorise la compétitivité des produits étrangers. À court et moyen terme, cela **pénalise les exportations, la croissance et l'emploi**. L'effet récessif d'une monnaie forte est accentué dans le cas où la hausse du taux de change est obtenue au moyen d'une élévation des taux d'intérêt. C'est ce qui s'est passée en France au début des années 90. Alors que la Banque centrale allemande décidait de lutter contre l'inflation générée par la réunification du pays par une politique monétaire restrictive, le choix de l'ancrage du franc au mark conduisait les autoritaires monétaires françaises à **augmenter les taux d'intérêt nominaux**. L'inflation étant déjà très faible en France, les taux d'intérêts réels se sont accrus au moment même ou le pays était touché par une récession internationale. Cette politique pro-cyclique a aggravé la récession et, une fois le retournement effectué, a pénalisé la croissance économique. Entre 1990 et 1996, celle-ci n'a été que de 1,2 % en moyenne soit moins que la moitié de la croissance potentielle. En France, comme en Allemagne dans les années 1990, la **politique de monnaie forte s'est donc faite au détriment de la croissance**. Ce ralentissement économique s'est traduit par des **destructions d'emplois** (- 0,1 % par an en moyenne en France) qui contrastent avec la forte croissance des effectifs de la période 1985-1990. En Allemagne également, la politique de monnaie forte a pénalisé la compétitivité des entreprises qui ont, de plus, accordé à leurs employés des augmentations

relativement fortes de salaires. De 1990 à 1996, la croissance est restée faible (2 %), l'emploi a diminué (-0,5 % en moyenne par an) et le chômage a augmenté.

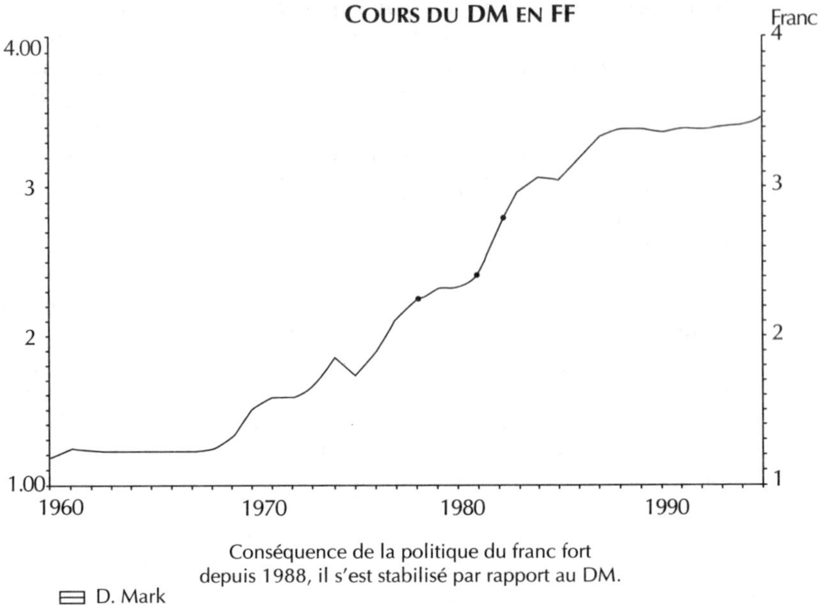

Conséquence de la politique du franc fort depuis 1988, il s'est stabilisé par rapport au DM.

3 L'EURO PERMET DE DÉPASSER LE DÉBAT MONNAIE FAIBLE/MONNAIE FORTE

A Le débat euro faible/euro fort existe

- Les partisans d'un euro fort mettent en avant la nécessaire stabilité des prix que cette stratégie favoriserait. Ils insistent sur la nécessité de rendre la monnaie européenne attrayante afin de faire de l'euro un concurrent du dollar. Cela pourrait être la conséquence d'un enchaînement vertueux. Selon ce scénario, l'ouverture des marchés se traduit par une croissance élevée et des créations d'emplois qui rendent acceptables par les salariés les réformes de structure réclamées par les économistes libéraux. La poursuite de la déréglementation du marché du travail et la réduction des prélèvements obligatoires favorisent l'emploi et réduisent considérablement le chômage. La réduction des déficits budgétaires et la stabilité des prix autorisent une diminution des taux d'intérêt. Dans ce scénario, les **perspectives d'investissement en Europe provoquent un afflux de capitaux étrangers qui font de l'euro une monnaie forte**. Cet enchaînement vertueux permettrait de faire l'économie d'une hausse des taux d'intérêt. En effet, les conséquences négatives d'une telle mesure sur la croissance économique la rendent politiquement difficile à mettre en œuvre.
- En l'absence de croissance économique forte, le choix d'un euro faible pourrait être effectué, sous réserve qu'il ne s'oppose pas à l'objectif de stabilité des prix assigné à la Banque centrale européenne (BCE). Cela favoriserait les exportations et la croissance économique. La lutte contre le chômage en serait facilitée. Les entreprises traditionnelles concurrencées par celles des pays moins

développés et les entreprises exportatrices hors de la zone euro y sont déjà favorables. Tentant en période de chômage de masse, ce choix pourrait s'imposer à la suite d'un choc économique. Un tel événement pourrait, en théorie, être absorbé par une flexibilité des salaires mais la résistance des salariés limite l'ampleur de cet ajustement. En pratique, les politiques conjoncturelles étant neutralisées au sein de l'UEM, la **dépréciation de l'euro face au dollar et au yen reste la réponse la plus facile à mettre en œuvre** en cas de ralentissement durable de la croissance économique.

B Le taux de change pourrait ne plus être un objectif de la politique monétaire

- C'est, du moins, le souhait des **monétaristes** qui affirment que le taux de change doit être fixé par les marchés et que la **politique monétaire doit être au service exclusif de la stabilité des prix**. Cette analyse a légitimé la politique de la « douce négligence » menée par les États-Unis à partir du flottement de leur monnaie. Laissant à leurs partenaires le soin de soutenir le dollar lorsque sa baisse menaçait les échanges internationaux, ils ont réorienté leur politique monétaire vers des objectifs internes.
- Une telle réorientation est, aujourd'hui, défendue par les économistes keynésiens qui souhaitent, à la différence des monétaristes, mettre la politique monétaire au service de la lutte contre le chômage. Ils soulignent que la création d'une Europe dont l'ouverture sur l'extérieur est comparable à celle des États-Unis ou du Japon (aux alentours de 12 % du PIB) **rend de nouveau possible l'utilisation de la politique monétaire pour favoriser la croissance économique**. Cela passe par une diminution des taux d'intérêt qui provoquerait la baisse de l'euro par rapport au dollar et donc une certaine dose d'inflation importée. Mais, en raison du faible degré d'ouverture de l'Europe sur l'extérieur, cette inflation serait insuffisante pour justifier une politique de rigueur. Dans ce scénario, la dépréciation vraisemblable de l'euro ne serait pas un choix mais une conséquence supportable pour les Européens de l'utilisation de la politique monétaire dans un but de croissance.

Au débat monnaie faible / monnaie forte pourrait donc se substituer celui portant sur les objectifs de la politique monétaire : stabilité des prix ou croissance faiblement inflationniste. Dans ces conditions le niveau du taux de change prendrait une importance secondaire. Cependant, l'éventuelle internationalisation de l'euro qui deviendrait un concurrent du dollar rendrait nécessaire une coopération monétaire entre l'Europe et les États-Unis. Ni l'un ni l'autre ne pourraient, alors, se désintéresser totalement de leur taux de change.

FICHE 16 LA POLITIQUE SOCIALE DE L'ÉTAT

→ L'État doit-il se limiter à indemniser ou faut-il un État actif ?

La politique sociale est l'ensemble des mesures prises par l'État et les administrations publiques pour élaborer la législation sociale, organiser les services publics et surtout mettre en place la protection sociale. Aux partisans d'un État minimal smithien ou État-gendarme qui n'assume que des fonctions régaliennes, s'opposent traditionnellement ceux qui font l'apologie de l'État-providence et de ses fonctions tutélaires. La crise tend à changer les termes du débat portant sur la politique sociale ; ce n'est plus seulement sa nécessité mais aussi sa nature qui posent question.

1 LA NÉCESSITÉ DE LA POLITIQUE SOCIALE FAIT L'OBJET D'UN DÉBAT

A Les keynésiens considèrent que la politique sociale est un instrument de régulation

- La politique sociale s'est créée, en France, sur le principe de solidarité nationale, c'est-à-dire celui de la « **couverture sociale des risques individuels** ». Elle permet d'assurer à chacun, en vertu de son universalité, la prise en charge de dépenses jugées excessives selon une **fonction assurancielle**, ou de lui verser des prestations pour lui permettre une vie décente selon une **fonction assistancielle**.
- **La politique sociale soutient la conjoncture** en maintenant la demande. Elle offre des revenus aux ménages et rend moins nécessaires les encaisses de précaution qui ne sont pas toujours dépensées. En période de récession, cela évite une aggravation de la crise par insuffisance de la consommation.

B En dénonçant l'État-providence, les libéraux condamnent la politique sociale

- Pierre Rosanvallon au début des années 80 met en évidence la **crise de l'État-providence** et celle de sa politique sociale. Un effet ciseaux provoque une **crise financière** de la politique sociale : la récession ralentit la croissance des recettes des comptes sociaux, alors que la crise accroît les dépenses sociales. La politique sociale subit une **crise d'efficacité** ; elle est coûteuse et ne parvient pas à enrayer la crise. Elle subit également une **crise de légitimité** car elle est rejetée par une partie croissante de la population.
- Les libéraux critiquent la politique sociale ; ils affirment que la redistribution qu'elle met en œuvre est désincitative. Ainsi, la faiblesse de l'écart entre les revenus de substitution et les revenus d'activité (l'écart entre le RMI et le SMIC à temps partiel par exemple) est si faible qu'un exclu pourrait préférer son statut d'assisté (**désincitation de l'offre de travail**). Par ailleurs, le niveau élevé des charges sociales, freinerait l'embauche (**désincitation de demande de travail**).

Les libéraux préconisent donc que les individus redeviennent **responsables de leurs actes** et puissent agir **rationnellement**.

La politique sociale ne serait pas un facteur d'intégration mais un **facteur de stigmatisation** qui agit à l'encontre des buts qu'on lui fixe. Ainsi, le versement du RMI enferme les plus pauvres dans un statut d'exclusion.

2 Un nouveau débat porte sur la nature de la politique sociale

A D'un État-passif-providence à un État-actif-providence

- Pierre Rosanvallon prolonge et dépasse l'analyse de la crise de l'État-providence en mettant en évidence une **nouvelle question sociale**. La protection sociale de type assurancielle n'était envisageable que tant que ceux qui bénéficiaient des indemnités versées n'étaient pas toujours les mêmes. Or, cette condition n'est plus respectée depuis que la crise de l'emploi rend certains individus prisonniers de la précarité ou de l'exclusion, ce qui montre les limites de l'**État-passif-providence** qui se contentait d'indemniser. Pierre Rosanvallon propose le recours à un **État-actif-providence** fondé sur une **logique de solidarité**. Cette approche tend à substituer un contrat social à l'assurance en valorisant la citoyenneté plutôt que le statut d'assuré social. L'État doit prendre des **mesures individualisées et différenciées**, non seulement en conservant le principe d'universalité des prestations, mais en introduisant également des conditions de ressources.
- Pour les défenseurs de ce nouveau contrat social, il est indispensable de **fiscaliser le financement de la protection sociale** en mettant à contribution tous les revenus. Il ne faudrait plus qu'elle fonctionne uniquement grâce à des cotisations sociales qui pénalisent le coût du travail et donc l'emploi. En France, l'instauration de la CSG en 1991 et le vote du budget de la Sécurité sociale par le Parlement depuis 1996 vont dans ce sens. Il faudrait **responsabiliser tous les citoyens**, comme tente de le faire l'institution du RMI depuis 1988, puisqu'en contrepartie de son versement, son bénéficiaire s'engage à adopter une **démarche d'insertion**.

B Le droit au travail plutôt que le droit à un revenu

- **Le développement du tiers secteur** selon Jeremy Rifkin, grâce à l'action des mutuelles, à la vie associative ou à l'organisation du travail social, permettrait d'introduire d'autres formes de solidarité et renforcerait le lien social. L'État devrait financer et promouvoir ce tiers secteur, ce qui permettrait par exemple de verser un « **salaire social** » aux pauvres et aux exclus en échange de leur travail dans le tiers secteur. On peut cependant craindre que de telles mesures officialisent une société à deux vitesses.
- Le système de protection sociale actuel favoriserait le **comportement de passager clandestin**, James E. Meade propose donc que tous les individus reçoivent un « revenu du citoyen » financé par la suppression des multiples déductions fiscales, par un prélèvement supplémentaire sur les autres revenus que ceux du travail et à la condition que les autres prestations soient réduites.

L'Union européenne n'a encore qu'une dimension économique et monétaire. La poursuite de l'intégration européenne nécessitera, à l'avenir, l'instauration d'une Europe sociale adoptant une politique sociale unique. Il est donc indispensable de se demander, avant cette échéance, quelle politique sociale convient aux sociétés industrielles.

PARTIE III

ÉCONOMIE MONÉTAIRE ET FINANCIÈRE

FICHE 17 ÉCONOMIE MONÉTAIRE, ÉCONOMIE RÉELLE

→ Les phénomènes monétaires peuvent-ils jouer sur les déséquilibres économiques ?

Schématiquement, il est possible de dégager trois conceptions :

- *celles des néo-classiques du XIXe siècle et des nouveaux économistes classiques d'aujourd'hui qui considèrent que la monnaie est un voile et que les phénomènes monétaires n'ont aucun effet sur les phénomènes réels (production, demande, emploi...) ;*
- *celles des keynésiens qui pensent que les sphères monétaires et réelles sont interdépendantes et que l'État doit intervenir sur les phénomènes monétaires pour corriger les déséquilibres réels ;*
- *celles des monétaristes (dont M. Friedman) qui estiment que la sphère monétaire doit refléter la sphère réelle et que tout désajustement (trop de monnaie par rapport à la production par exemple) est source de déséquilibres.*

1 Le système monétaire et financier semble pouvoir résorber les déséquilibres réels...

A La création monétaire et l'endettement ont favorisé la croissance des Trente glorieuses

- Les **politiques keynésiennes anticrise** sont des politiques de création monétaire et de diminution des taux d'intérêt ; elles favorisent la demande en augmentant la quantité de moyens de paiement mis à la disposition des agents économiques et elles favorisent l'investissement en facilitant l'emprunt.
- L'**endettement** a dopé la croissance des Trente glorieuses car il a largement favorisé la consommation des ménages, les dépenses de l'État et les investissements des entreprises.

B Une inflation modérée facilite la croissance économique

- En diminuant la valeur de la monnaie, **l'inflation allège les charges financières** des agents emprunteurs ; elle constitue donc une incitation au crédit qui favorise l'investissement et certaines consommations.
- Elle simplifie les arbitrages sociaux et **facilite le consensus social** en permettant d'accorder plus largement des augmentations de salaires (même si celles-ci sont en partie neutralisées par la perte du pouvoir d'achat de la monnaie).

C Les interventions des autorités monétaires semblent pouvoir résorber en partie les déséquilibres extérieurs

- La **dévaluation compétitive** (amélioration de la compétitivité extérieure par la baisse de taux de change) est souvent utilisée dans le cadre d'une politique de relance afin de contrecarrer la perte de compétitivité due à l'inflation.

- La **désinflation compétitive** (amélioration de la compétitivité extérieure par la baisse de l'inflation) est surtout utilisée dans le cadre d'une politique restrictive.

2 ... MAIS IL NE FAIT SOUVENT QUE LES REPORTER, ET PEUT MÊME LES ACCENTUER

A L'inflation et l'endettement provoquent, à terme, des déséquilibres

- **Trop d'inflation** est, à terme, facteur de crise :
  - elle **nuit aux équilibres extérieurs** ;
  - elle entame la confiance et **conduit à des anticipations pessimistes** (théorie monétariste).
- **L'endettement se retourne, à terme, contre les emprunteurs surendettés**. Les charges financières des agents économiques s'alourdissent et peuvent provoquer une baisse de leurs dépenses de consommation et d'investissement.

B Les interventions monétaires ne sont pas des solutions durables pour corriger les déséquilibres extérieurs

- La **dévaluation** est parfois une solution à court terme mais elle ne fait que reporter les déséquilibres :
  - elle peut conduire à une fuite des capitaux ;
  - elle renchérit les importations et peut donc ne pas améliorer le solde commercial ;
  - elle est inflationniste.
- La **désinflation compétitive** peut corriger les déséquilibres extérieurs mais risque d'accentuer les déséquilibres intérieurs :
  - elle peut améliorer le solde commercial mais elle ne résout pas en profondeur le déséquilibre extérieur, car le déterminant principal de la compétitivité n'est pas un phénomène monétaire mais un phénomène réel : la productivité ;
  - lorsqu'elle exige des taux d'intérêt très élevés, elle peut être coûteuse en terme de croissance et d'emplois.

C Le développement du marché financier, depuis le milieu des années 80, peut provoquer des déséquilibres réels

- Une forte **financiarisation** de l'économie peut être source de dysfonctionnements car elle peut :
  - inciter les entreprises au **placement financier** plutôt qu'à l'investissement ;
  - favoriser les **raids financiers** plutôt que les restructurations industrielles.
- Le développement de la **bulle financière** peut engendrer des déséquilibres financiers qui ont des répercussions sur l'économie réelle. Ainsi, un krach boursier déséquilibre l'économie réelle en diminuant la valeur des actifs financiers et en raréfiant la monnaie.

Puisque la monnaie devrait être le reflet de l'économie réelle, les interventions des autorités monétaires ne sont efficaces qu'à court terme, dans le cadre d'une politique conjoncturelle ; la monnaie n'a pas de valeur intrinsèque, elle est un leurre, son effet n'est donc que temporaire.

FICHE 18 LE CONTRÔLE DE LA MASSE MONÉTAIRE

→ Doit-on et peut-on contrôler la masse monétaire ?

Le point de départ de la désinflation a été l'adoption en 1979 d'une politique monétariste par la Banque centrale américaine. L'inflation étant supposée être provoquée par une croissance excessive de la masse monétaire, la Banque centrale avait réduit la création monétaire entraînant à la fois une récession et une désinflation. Ce ralentissement de l'inflation avait conforté les Banques centrales du monde entier d'utiliser des instruments d'inspiration monétariste dans leur politique de stabilisation des prix. Le contrôle de la masse monétaire était ainsi devenu l'objectif privilégié de ces politiques. Or, depuis plusieurs années, la masse monétaire semble échapper à tout contrôle et l'idée que le monétarisme est devenu inopérant dans la lutte contre l'inflation progresse. Faut-il abandonner le contrôle de la masse monétaire ?

1 UN CONTRÔLE STRICT DE LA MASSE MONÉTAIRE DEPUIS 1979 A ENCLENCHÉ LA DÉSINFLATION…

A L'inflation serait provoquée selon les monétaristes par une hausse excessive de la masse monétaire

- L'idée que **masse monétaire et inflation sont liées** n'est pas nouvelle. Déjà au XVIe siècle, **Jean Bodin** attribuait l'inflation à l'afflux d'or dans le pays, mais la théorie quantitative de la monnaie prend forme au début du XIXe avec les thèses de **Jean-Baptiste Say (1803)** et de **John Stuart Mill (1848)**. L'hypothèse de départ est la séparation faite entre l'économie réelle (la production) et l'économie monétaire (la masse monétaire, les prix). Cette opposition étant acceptée, une augmentation de la masse monétaire ne peut avoir de répercussions hors de sa propre sphère. L'inflation est donc provoquée par une augmentation de la masse monétaire.

- L'analyse a été mathématisée au début du XXe siècle, puis reformulée après la Seconde Guerre mondiale par les monétaristes dont le représentant le plus connu est **Milton Friedman**. Les conclusions cependant demeurent inchangées : la monnaie n'a pas d'influence durable sur la production ; en revanche, la quantité de monnaie détermine le niveau général des prix et le taux d'inflation dépend du taux de croissance de la masse monétaire.

B Il faut donc contrôler la masse monétaire

- Contrôler la masse monétaire nécessite d'abord de la définir. En Europe, elle est assimilée à un agrégat nommé **M3** qui comprend, outre les **moyens de paiement** au sens strict (pièces, billets et monnaie scripturale), **des dépôts à vue rémunérés** (ex. : des livrets d'épargne) et **des dépôts à terme** (ex. : les Sicav).

- **La Banque centrale ne peut pas intervenir directement sur la création monétaire** qui, pour l'essentiel, résulte de crédits accordés par les banques commerciales à leurs clients. En revanche, **elle peut l'orienter en intervenant sur le marché du capital à court terme (le marché monétaire)** où les banques viennent se procurer les liquidités dont elles ont besoin. En offrant peu de liquidités aux banques commerciales, et à des taux d'intérêt élevés, la Banque centrale les oblige à limiter leurs prêts à leurs clients et donc à limiter la création monétaire. On appelle ce type d'intervention « **politique de l'Open market** ».

- Parce qu'elle est nécessaire aux échanges, la monnaie doit accompagner la production dans sa croissance, mais la Banque centrale cherche à en limiter l'augmentation afin de stabiliser les prix. **Les autorités monétaires fixent donc des objectifs de croissance à M3** et interviennent quotidiennement sur le marché monétaire pour faire en sorte que la croissance de la masse monétaire soit conforme aux objectifs.

C Le contrôle strict de la masse monétaire à partir de 1979 a enclenché le processus désinflationniste

- La **politique monétaire restrictive** mise en place en 1979 aux États-Unis a eu comme conséquences une **augmentation rapide des taux d'intérêt**, une **récession économique** et une montée du **chômage** ; preuve, s'il en était besoin, qu'un phénomène monétaire pouvait avoir des conséquences sur l'économie réelle. La brutalité de la récession et la volonté évidente de la Banque centrale de maîtriser les prix ont amené les syndicats à revoir à la baisse leurs revendications. La **baisse des salaires réels**, à laquelle il faut ajouter celle du prix du pétrole, ont enclenché le processus de **désinflation** qui a été conforté ensuite par des anticipations faiblement inflationnistes.

- Une fois le processus entamé, et pour éviter la faillite du Mexique, le Fed (la Banque centrale américaine) a assoupli sa position et permis à l'économie mondiale de redémarrer. Par la suite, le monétarisme ayant gagné une crédibilité certaine en matière de désinflation, l'ensemble des Banques centrales s'en est réclamé.

  Le monétarisme a donc inspiré l'essentiel des politiques monétaires dans le monde **au cours des années 80**, et a été associé au succès de la politique anti-inflationniste.

2 Le contrôle de la masse monétaire semble aujourd'hui illusoire...

Dans la seconde moitié des années 80, le contrôle de la masse monétaire s'est révélé être plus difficile que prévu, ce qui a amené une partie des Banques centrales à réviser leur position.

A M3 est devenu incontrôlable...

- Alors que la Banque de France prévoyait une augmentation de M3 comprise entre 4 et 6 % pour l'année 1992, la masse monétaire a en fait diminué de 1,6 %. **Au sens strict, il y a eu destruction monétaire en France en 1992.**

Les experts de la Banque centrale avancent une explication rassurante parce que conjoncturelle : la baisse des taux d'intérêt sur le marché monétaire a incité les ménages à vendre des Sicav monétaires comptabilisées dans M3 et à acheter des actions qui sont comptabilisées dans des agrégats de placement.

- Au-delà de l'explication conjoncturelle, il s'avère qu'au cours de la seconde moitié des années 80 les Banques centrales ont perdu le contrôle de la masse monétaire. **La création par les banques commerciales d'une multitude de nouveaux produits financiers**, ces dix dernières années, **a supprimé la frontière entre la monnaie** (ce qui est liquide), **d'une part, et l'épargne** (ce qui est immobilisé), **d'autre part**. L'épargnant a, aujourd'hui, l'embarras du choix et ses arbitrages rendent toute tentative de contrôler la masse monétaire inopérante.

B ... et les Banques centrales font moins explicitement référence au monétarisme

- Les une après les autres, **les Banques centrales ont renoncé** à vouloir contrôler la masse monétaire et abandonné toute référence explicite **au monétarisme**. Les États-Unis et le Royaume-Uni, qui ont été les premiers et les plus ardents défenseurs du monétarisme, ont ouvert la voie suivis par la Suède, la Nouvelle-Zélande et, en principe, la France.

- **La Banque centrale allemande** reste la dernière à privilégier officiellement les thèses monétaristes. Elle **justifie la politique monétaire restrictive qu'elle mène depuis 1990 par la lutte contre l'inflation provoquée par la réunification du pays**. Mais cette justification est fragile dans la mesure où la Bundesbank arrive de moins en moins à contrôler la masse monétaire, et on peut se demander si baser une politique coûteuse en emplois sur les indications d'un agrégat dont les mouvements sont erratiques, est pertinente.

  Début 1994, la Bundesbank dont la crédibilité commence à être atteinte, a franchi une première étape vers l'abandon des thèses monétaristes en acceptant de baisser ses taux d'intérêt alors que la masse monétaire augmentait de plus de 15 % en moyenne annuelle. Le débat n'est pas clos en Allemagne, mais, à terme, la Bundesbank devrait s'aligner sur les autres grandes banques centrales.

C Les banques centrales ont souvent privilégié d'autres indicateurs

- Officiellement la Banque de France a cessé de privilégier l'agrégat de la masse monétaire au profit d'un nouvel indicateur : l'**Endettement intérieur total** (EIT) qui mesure l'endettement des agents résidents (ménages, entreprises, État) et comptabilise tous les modes de financement de l'économie. Il n'est donc pas affecté, comme M3, par les modifications des choix financiers des ménages, et permettrait de mieux prévoir les mouvements de prix.

- En fait, de 1986 à 1998, la **stabilité du taux de change par rapport au mark est devenue l'indicateur de référence de la Banque de France**. Cela n'a été possible qu'en fixant les taux d'intérêt français à un niveau supérieur à ceux allemands. Or, la Bundesbank, dont la politique monétaire est traditionnellement rigoureuse, l'a encore durcie à partir de 1990 afin de lutter contre l'inflation engendrée par la réunification du pays. L'alignement sur une politique monétaire restrictive, alors que l'inflation française étaient particulièrement faible, a été plus que suffisant pour maintenir la stabilité des prix.

3 L'ATTACHEMENT DE LA BANQUE CENTRALE EUROPÉENNE À CET AGRÉGAT RISQUE DE PÉNALISER LA CROISSANCE

A La Banque centrale européenne (BCE) reste attachée à cet agrégat

- La BCE estime que M3 constitue un objectif intermédiaire pertinent dans sa lutte contre l'inflation. Sur la base de l'exemple allemand, elle soutient que la **demande de monnaie reste stable sur le long terme**, même si, à court terme, des accidents sont toujours possibles. Toujours sur le long terme, elle observe une relation suffisamment stable entre la masse monétaire et l'inflation dans les pays de la zone euro pour justifier le choix de cet indicateur.
- L'objectif premier de la BCE est de se **bâtir une bonne réputation auprès des intervenants sur les marchés financiers**. En adoptant les mêmes références théoriques et les mêmes instruments que la Bundesbank, la BCE cherche à s'attirer le capital de confiance dont bénéficiait l'institution allemande. Elle espère ainsi gagner immédiatement en crédibilité et orienter les anticipations des agents dans le sens d'une stabilité des prix.

B Le risque serait de pénaliser la croissance

- Pour l'année 1999, la BCE s'est donné pour objectif final une **inflation inférieure à 2 %** et comme objectif intermédiaire un **accroissement de la masse monétaire de l'ordre de 4,5 %**. Mais, dans sa lutte contre l'inflation, la BCE ne s'est fixé aucun objectif plancher. La stricte stabilité des prix est donc envisageable.
- Cela ferait courir à l'Europe le **risque d'une croissance faible**. Certes, le président de la BCE, Wim Duisenberg, se dit conscient du risque mais l'imperfection de l'appareil statistique en la matière rend imprécise la frontière entre la stabilité et la baisse des prix. La baisse des prix des matières premières et des produits industriels reste, en cette fin de décennie, compensée par la hausse de ceux des services. Les ménages pourraient alors être tentés de retarder leurs achats de biens industriels afin de profiter d'une baisse prévisible des prix. **Une spirale déflationniste pourrait alors s'amorcer**. La part relativement faible tenue par l'industrie dans le PIB limite ce risque sans, pour autant, éloigner celui d'une croissance économique insuffisante pour lutter contre le chômage.

À partir de l'hypothèse d'une séparation de l'économie réelle d'avec l'économie monétaire, les monétaristes ont justifié l'intérêt exclusif des banques centrales pour la stabilité des prix et le contrôle de la masse monétaire. La mise en œuvre de politiques inspirées par cette théorie à la fin des années 70 a montré les limites de leur analyse : non seulement l'économie réelle s'est trouvée affectée, mais le contrôle de la masse monétaire est devenu illusoire. Cela a conduit la plupart des banques centrales à abandonner les références au monétarisme sans, pour autant, renoncer à la stabilité des prix. Seules la Bundesbank et la BCE restent attachées à cette analyse en raison du capital de sympathie dont elles disposent auprès des agents financiers.

FICHE 19 L'INDÉPENDANCE DES BANQUES CENTRALES

→ Les Banques centrales sont-elles indépendantes ?

Au cours des deux derniers siècles, les liens tissés entre les États et les Banques centrales ont permis à ces dernières d'affirmer leur rôle de « Banque des banques », en assurant une mission publique d'organisation, de surveillance et parfois de sauvetage du système financier. Aujourd'hui au contraire, l'idée de la nécessaire indépendance des Banques centrales, à l'image de la Bundesbank depuis 1957, semble s'imposer et se généraliser en Europe à la suite de l'adoption du traité de Maastricht.

1 Depuis 1945, les Banques centrales étaient le plus souvent devenues dépendantes des États

La dépendance vis-à-vis de l'État s'explique par la volonté de ce dernier d'intervenir dans l'économie.

A La dépendance vis-à-vis du pouvoir politique…

- L'histoire de la **Banque de France** est significative du tissage des liens entre Banques centrales et États. **Créée en 1800**, elle est une banque privée ayant le statut de **société anonyme** qui a des liens particuliers avec l'État puisqu'elle lui consent des avances. Son statut de banque privée lui donne une **indépendance**, et sa fonction de **créancier de l'État** lui permet d'influencer les choix gouvernementaux comme l'a montré son rôle dans l'échec du Cartel des gauches en 1925.
- En imposant en 1936 que la majorité des membres au Conseil Général de la Banque soit nommée par le gouvernement, L. Blum a commencé à inverser la relation de dépendance. **La nationalisation de la Banque de France en 1945**, en même temps que celle des grandes banques de dépôts, **va en faire un intermédiaire de la politique gouvernementale** axée, à l'époque, sur la reconstruction du pays.
- Les autres pays européens ont dans leur majorité, et à quelques variantes près, adopté ce modèle que l'on peut qualifier de démocratique puisqu'il donne aux représentants de la souveraineté populaire la **responsabilité de la politique monétaire**.

B … permet d'intégrer la politique monétaire à la politique gouvernementale

- **Cette dépendance a permis d'utiliser la politique monétaire pour accompagner les politiques économiques contra-cycliques menées après 1945**. Ainsi en période de ralentissement économique, une baisse des taux d'intérêt permettait de relancer la demande et de sortir plus rapidement de la crise.

  L'efficacité des autres instruments de la politique économique, en particulier l'instrument budgétaire, en était renforcée. En l'absence de politique monétaire expansionniste, un déficit budgétaire financé par l'emprunt se serait traduit par une hausse des taux qui aurait limité l'effet de relance impulsé par ce déficit. Une création monétaire à un rythme plus soutenu évitait cette augmentation des taux, et permettait de limiter le déficit budgétaire.

- Cette pratique s'inscrivait dans une **logique keynésienne de pilotage de l'économie par l'État**. Dans cette conception de l'économie, le chômage étant provoqué par une insuffisance de la demande adressée aux entreprises, l'État doit corriger le marché en créant une demande supplémentaire par le **déficit budgétaire** et la **baisse des taux d'intérêt**. À l'inverse, en cas de surchauffe, il pouvait momentanément ralentir la croissance de la demande en restreignant les dépenses publiques et en augmentant les taux d'intérêt.

Le modèle de dépendance des Banques centrales vis-à-vis de l'État s'inscrit donc dans une logique d'intervention de l'État dans l'économie.

2 Les Banques centrales sont devenues indépendantes des pouvoirs politiques

Cette généralisation du modèle d'une Banque centrale indépendante s'accompagne d'une modification des pratiques de ces Banques.

A L'indépendance des Banques centrales...

- En imposant l'indépendance des Banques centrales, le traité de Maastricht oblige les pays européens qui ne respectent pas cette condition à procéder à des réformes de fond. L'État l'a fait en 1993 en confiant la responsabilité de « **mettre en œuvre la politique de la France** » à un **Conseil de la politique monétaire** composé du gouverneur, de deux sous-gouverneurs, et de six personnalités nommées pour leurs compétences. En principe, le gouvernement ne peut donc plus intervenir ni dans l'élaboration ni dans la mise en œuvre de la politique monétaire.
- La Banque centrale européenne (BCE) qui supervise le système européen de banques centrales (SEBC) a été conçue selon ce principe d'**indépendance vis-à-vis du pouvoir politique**. Ainsi, l'article 107 du traité de l'Union précise que « ni la SEBC, ni la BCE, ni une Banque centrale nationale, ni un membre quelconque de leurs organes de décision ne peuvent solliciter ni accepter des instructions des institutions ou organes comunautaires, des gouvernements des États membres ou de tout autre organisme ». Son objectif principal est « de maintenir la **stabilité des prix** » (article 105). Les banques centrales nationales ne sont plus autorisées à « accorder des découverts ou tout autre type de crédits aux autorités publiques » (article 107).
- Le souci d'indépendance de la BCE vis-à-vis du pouvoir politique est d'autant plus marquée que la crédibilité de cette banque est à construire. Consciente du risque que fait peser le marché sur le système financier, la banque centrale américaine (le Fed) a su **coopérer** avec le **pouvoir politique** chaque fois qu'une crise financière menaçait l'économie américaine. C'est ce qui s'est passé en 1982, à un moment où la quasi faillite du Mexique risquait de provoquer celle des banques américaines fortement engagées dans ce pays. Le Fed a assoupli la politique monétariste mise en place en 1979 qui était partiellement responsable de la crise de ces pays. En adoptant une politique monétaire plus expansive, elle avait contribué à leur sauvetage et éloigné la perspective d'un effondrement du système financier.

B ... Permet de crédibiliser la lutte contre l'inflation

- Les économistes monétaristes, pour qui l'inflation est toujours provoquée par une croissance excessive de la masse monétaire, ont souvent inspiré, au cours des années 80, les pratiques de ces Banques centrales. Ils préconisent qu'elles devraient annoncer des objectifs en matière d'inflation et de croissance de la masse monétaire, proportionnels à l'augmentation de la production en volume.

Pour les monétaristes, le maintien d'une croissance régulière de la masse monétaire devrait permettre une régulation automatique de l'économie. Ainsi, en cas de surchauffe, un accroissement des crédits provoquerait une augmentation des taux d'intérêt et un retour à la normale. À l'inverse, un ralentissement économique se traduirait, si la croissance de la masse monétaire est constante, par une baisse des taux et un redémarrage de l'activité.

- **Pour les libéraux, la neutralité de la Banque centrale devrait favoriser les anticipations désinflationnistes** des agents économiques. Une fois persuadés que la Banque centrale respectera ses objectifs, les ménages et les entreprises vont prévoir une relative stabilité des prix, et vont s'adapter à cette nouvelle donne. Pour être compétitives, les entreprises vont stabiliser, voire diminuer, leurs prix. Les salariés, quant à eux, assurés d'une augmentation de leur salaire réel, vont accepter de faibles augmentations de leur salaire nominal.

L'indépendance des Banques centrales a pour objectif principal de conforter la désinflation. Elle s'inscrit dans une logique de refus d'utiliser les politiques économiques, et en particulier la politique monétaire, pour corriger les imperfections du marché.

3 La dépendance des banques centrales vis-à-vis des marchés s'est accrue

A Les banques centrales ont perdu une partie de leur pouvoir sur les marchés

- Elles ont perdu certains des instruments qui leur permettaient d'agir sur l'économie. Afin de réguler la quantité de monnaie en circulation, les Banques centrales pouvaient utiliser soit des moyens de contrôle direct (encadrement du crédit), soit des moyens de contrôle indirect (réescompte, open market, taux directeurs). **L'encadrement du crédit** qui consiste, pour la Banque centrale, à fixer une norme de progression des crédits a été **abandonné** avec la désintermédiation bancaire. Le taux d'intérêt à court terme est souvent devenu le principal instrument de la politique monétaire.
- L'**efficacité** des instruments de la politique monétaire est **limitée**. Avec le passage à une économie de marché de capitaux, l'influence des taux d'intérêt sur l'activité économique s'est amoindrie dans la mesure où les entreprises sont capables d'autofinancer leurs investissements. De plus, en période d'inflation zéro, la politique monétaire devient inefficace pour relancer l'activité économique puisque qu'aucune Banque centrale ne peut fixer des taux d'intérêts nominaux négatifs.
- L'action des banques centrales passe donc largement par des effets d'annonce. Celles-ci ont pour objectif d'agir sur les anticipations des opérateurs sur les marchés. En modifiant principalement le niveau de leurs taux d'intérêt, les Banques centrales informent les agents privés de leurs intentions. Cela peut répondre aux attentes des agents privés et déboucher sur un phénomène de « prévision autoréalisatrice ».

B Les banques centrales sont sous l'influence des marchés

- La politique monétaire est fortement **contrainte** par le marché des changes. La libre circulation des capitaux a fait du taux d'intérêt à court terme le principal déterminant du taux de change. En principe, un pays pourrait s'accommoder du flottement de sa monnaie et garder la maîtrise de sa politique monétaire. Dans les faits, seuls les Etats-unis ont pu, dans une certaine mesure seulement, se désintéresser de la parité de leur monnaie. Pour des **pays fortement tournés vers l'extérieur**, à l'image des pays européens, une dépréciation de la monnaie se traduisait, jusqu'à la création d'une monnaie commune, par une inflation importée incompatible avec l'objectif de stabilité des prix. Ainsi, un pays qui aurait baissé ses taux afin de relancer l'activité aurait été amené à pratiquer une politique d'austérité en contradiction avec son objectif initial. La politique monétaire d'un pays de taille moyenne consiste donc à ne pas inquiéter les **opérateurs privés** intervenant sur le marché des changes.

- Il n'en va pas tout à fait de même pour les banques centrales de pays faiblement tournés vers l'extérieur. C'est d'abord le cas du Fed à qui les Américains doivent la croissance économique des années 90. Conformément à ses **objectifs** qui sont à la fois la **stabilité des prix** et la **croissance économique**, la banque centrale américaine a efficacement utilisée l'arme des taux afin de sortir l'économie de la crise de 1992 puis de maintenir la croissance. Cela pourrait être le cas de la BCE dans l'hypothèse d'une coopération avec les autorités politiques destinée à lutter contre le chômage.

À un modèle de Banque centrale dépendant du pouvoir politique s'est substitué celui des Banques centrales indépendantes, même si cette indépendance n'est que relative. Derrière ce débat se trouve celui qui porte sur l'efficacité des politiques économiques, à laquelle l'indépendance des Banques centrales peut faire obstacle. On peut ainsi se demander si les politiques budgétaires expansives des années 80 n'auraient pas été plus efficaces si elles n'avaient pas été contredites par les politiques monétaires restrictives. Si, en revanche, les politiques économiques sont par nature inefficaces, cette indépendance est alors légitime.

LOI RELATIVE AU STATUT
DE LA BANQUE DE FRANCE (1994, extraits)

et à l'activité et au contrôle des établissements de crédit adoptée par le Parlement et révisée par le Conseil institutionnel

Article premier

La Banque de France met en œuvre la politique monétaire. Elle accomplit sa mission dans le cadre de la politique économique générale du gouvernement.

Article 2

Le gouvernement détermine le régime de change et la parité du franc.

Pour le compte de l'État et dans le cadre des orientations générales de la politique de change formulées par le ministre chargé de l'économie et des finances, la Banque de France régularise les rapports entre le franc et les devises étrangères.(...)

Le Conseil de la politique monétaire

Article 7

Le Conseil de la politique monétaire surveille l'évolution de la masse monétaire et de ses contreparties (...).

Article 8

Le Conseil de la politique monétaire comprend, outre le gouverneur et les deux sous gouverneurs de la Banque de France, six membres.

Ces six membres sont nommés par décret en Conseil des ministres pour une durée de neuf ans, sous réserve des dispositions des quatrième et cinquième alinéas du présent article.

Ils sont choisis sur une liste comprenant un nombre de noms triple de celui des membres à désigner, qui est établie d'un commun accord, ou à défaut à parts égales par le président du Sénat, le président de l'Assemblée nationale et le président du Conseil économique et social. Celle-ci est dressée en fonction de la compétence et de l'expérience professionnelle des membres à désigner dans les domaines monétaire, financier ou économique. Préalablement à leur transmission au gouvernement, les listes dressées pour le renouvellement des membres visés au deuxième alinéa sont soumises pour avis au Conseil de la politique monétaire.

Les membres visés au deuxième alinéa sont renouvelés par tiers tous les trois ans.(...)

FICHE 20

INFLATION OU DÉFLATION ?

→ Doit-on craindre de nouveaux dérapages des prix?

La lutte contre l'inflation est devenue la priorité économique des pays développés à la fin des années 70. Son succès n'a pas entraîné de modifications substantielles des politiques économiques menées par ces pays. Le risque de la déflation n'a-t-il pas, pourtant, succédé à celui de l'inflation ? Comment peut-on expliquer cette transformation qui semble durable ?

1 LE RISQUE DE LA DÉFLATION A SUCCÉDÉ À CELUI DE L'INFLATION

A L'inflation a été vaincue

- L'inflation est une **hausse généralisée et auto-entretenue des prix à la consommation**. Elle est souvent associée à l'augmentation d'un prix particulier – le salaire – qui se traduit, à la fois, par un accroissement de la **demande** et par celui des **coûts de productions**. À l'inverse, les actifs imobiliers ou financiers sont exclus du champs de l'inflation. Parce qu'elle réduit la valeur interne de la monnaie, elle provoque un transfert de revenu des épargnants (les ménages les plus aisés) vers les agents économiques endettés (le plus souvent l'État et les entreprises). **En économie fermée, elle peut donc favoriser les investisseurs et la croissance économique**.
- **En économie ouverte, elle nuit à la compétitivité-prix des entreprises**. Les chocs pétroliers ayant accéléré l'ouverture des économies, la lutte contre l'inflation est devenue un objectif prioritaire des pays développés dès la fin des années 1970. **La désinflation, c'est-à-dire, le ralentissement de la hausse des prix**, a été acquise au prix de politiques monétaire et salariale rigoureuses. Elle a été rapide au cours des années 80, plus lente ensuite puisque l'inflation est devenue faible. C'est ainsi qu'en 1998, les prix n'ont augmenté que de 0,3 % en France. Comme prévu, cela s'est accompagné d'une amélioration du solde de notre balance commerciale qui est devenu positif à partir de 1993.

B La déflation est devenue possible

- **La déflation est une baisse des prix, des salaires et de la masse monétaire qui peut s'accompagner d'une réduction de la demande et de la production**. C'est un cercle vicieux qui incite les ménages à retarder leurs achats afin de bénéficier des baisses ultérieures des prix. Privés de débouchés, les entreprises baissent effectivement leurs prix afin d'écouler leurs stocks (ce qui favorise l'attentisme des consommateurs) et débauchent (ce qui réduit encore la demande). Les pays industrialisés ont vécu un tel phénomène au cours des années 30. C'est pourquoi l'inflation a été si bien tolérée au cours des Trente glorieuses : entre deux maux, on choisit le moindre.

- La situation est, aujourd'hui différente puisque les prix continuent d'augmenter dans les principaux pays développés. **Il n'y a donc pas, au sens strict, de déflation** même si l'inflation est parfois, comme en France, de l'ordre de la marge d'erreur de nos outils statistiques.
- Pourtant la déflation est une éventualité aujourd'hui d'actualité. Le maintien d'une **rigueur salariale** rend toujours possible la réduction de la masse salariale en cas de baisse des effectifs salariés. La volonté de contrôler strictement une masse monétaire qui est devenue volatile peut déboucher sur une **politique monétaire inutilement restrictive et une baisse des prix**. Enfin, **les crises financières récurrentes sont toujours susceptibles de déboucher sur des crises industrielles annonciatrices de spirales déflationnistes**.

2 Les économies sont structurellement désinflationnistes

A Les marchés sont plus concurrentiels

- Les **déréglementations des années 80** ont profondément modifié le fonctionnement d'un certain nombre de marchés. Les services bancaires, les transports aériens, les télécommunications… pour ne citer que les plus importants sont aujourd'hui dominés par **une concurrence souvent qualifiée de « féroce »** qui **se traduit par une diminution des prix**.
- L'**ouverture des économies** a fait le reste. Dans l'industrie et une partie des services, la concurrence est largement internationale et oblige les entreprises à réaliser des **gains de productivité** afin de diminuer leurs prix. Enfin, dans la mesure où l'offre des entreprises étrangères s'ajoute à celle des entreprises nationales, la saturation des capacités de production du pays n'est plus un facteur d'inflation.
- La crainte d'un nouveau choc pétrolier ne semble pas fondée parce que l'offre est abondante et diversifiée, et que **les économies occidentales sont aujourd'hui beaucoup moins dépendantes du pétrole qu'il y a 20 ans**.

B Les comportements se sont modifiés

- **L'affaiblissement général des syndicats** rend peu vraisemblable un mouvement revendicatif de grande ampleur. Le développement de l'emploi dans les petites entreprises et la précarisation de cet emploi font que **les comportements individuels sont également moins revendicatifs**. Enfin, même aux États-Unis, la pression exercée par les chômeurs, déclarés ou non, sur les salaires reste forte car la reprise attire à nouveau sur le marché du travail des personnes qui s'en étaient éloignées, et qui ont souvent des exigences moindres que les salariés en place.
- **Le consommateur est devenu plus vigilant**. Plus qu'auparavant il compare les prix, fait jouer la concurrence et marchande. Il est possible que ce comportement s'estompe si la reprise économique se confirme, mais beaucoup y voient une rupture durable dans l'attitude des individus face à la consommation : la part du rêve s'effacerait au profit de l'utilitaire. Si cette hypothèse est vraie, le consommateur va continuer à faire pression sur les prix quelle que soit l'évolution future des revenus.

Amorcées au moyen de politiques économiques conjoncturelles de rigueur, la désinflation a été confortée par des politiques structurelles visant à accroître la concurrence sur les marchés. Les économies étant, aujourd'hui, structurellement désinflationnistes, la politique conjoncturelle doit être utilisée afin d'écarter le risque déflationniste.

FICHE 21 L'EURO

→ Pourquoi créer une monnaie européenne ?

Afin de favoriser leurs échanges et la croissance économique, les pays européens ont cherché depuis vingt ans à stabiliser le cours de leurs monnaies. Cet objectif a été partiellement atteint avec la création d'un système monétaire européen (SME) en 1979. Cependant la libéralisation des mouvements de capitaux prévue par « l'acte unique » de 1986 a réduit l'autonomie des politiques monétaires nationales. L'euro n'est-il pas une réponse à cette situation ?

1 La construction monétaire et financière de l'Europe...

La création du SME en 1979 avait pour objectif de stabiliser le cours des monnaies européennes. L'expérience de ce mécanisme a révélé certaines contraintes.

A Du SME au marché unique de 1993

- **La stabilité des taux de change a été la règle de 1944 à 1971** malgré une surévaluation de plus en plus évidente du dollar. Les dévaluations de 1971 et de 1973 n'ayant pas enrayé la crise de confiance, le gouvernement américain décida de le laisser flotter, et fut imité immédiatement par d'autres pays (le Japon par exemple). Depuis, le cours du dollar est déterminé par l'offre et la demande sur les marchés des changes et peut donc varier considérablement aussi bien à la hausse qu'à la baisse. **En Europe, le flottement des monnaies a été immédiatement écarté** pour deux raisons : d'une part il était incompatible avec la Politique agricole commune dont un des principes est la fixité des prix agricoles ; d'autre part la variation brutale des cours aurait créé un risque de change nuisible au développement du commerce intra-européen. Après l'échec du Serpent monétaire européen entré en vigueur en 1972, **le SME (Système monétaire européen) a été mis en place en mars 1979 afin de maintenir une relative stabilité des parités entre les monnaies qui en sont membres**.

- En pratique, **le SME a fait de l'Europe une zone de relative stabilité monétaire**. Par comparaison, les écarts cumulés des monnaies hors SME ont été beaucoup plus importants. C'est en particulier le cas du dollar dont le cours est passé de 4 à un peu plus de 10 francs entre 1979 et 1985 avant de redescendre aux alentours de 6 francs en 1987. **Cette stabilité des monnaies a conforté le processus désinflationniste**, en particulier en France, puisque les entreprises ont dû renoncer progressivement aux dévaluations pour rétablir leur compétitivité. Elles ont ainsi été amenées à pratiquer des politiques salariales restrictives qui, elles-mêmes, ont engendré des anticipations favorables à la stabilité des prix, malgré 12 réajustements entre 1979 et 1991.

- Si le SME a réduit les risques de change, il ne les a pas supprimés car **les écarts de développement et de politiques économiques entre les pays ont nécessité des réajustements monétaires**.

  Pourtant la libération des mouvements de capitaux, selon la théorie libérale, devrait favoriser la convergence des économies en incitant les investisseurs à s'installer dans les pays où les salaires sont les plus bas. C'est du moins le pari qu'ont fait les Européens en adoptant en 1986 « **l'acte unique** » qui prévoyait la **constitution d'« un espace sans frontières dans lequel la libre circulation des marchandises, des personnes, des services et des capitaux est assurée »**. Concrètement les banques et les assurances ont maintenant le droit de s'installer dans l'ensemble des pays européens et les épargnants peuvent plus facilement effectuer des placements hors de leur pays d'origine. Cette nouvelle liberté a accéléré les échanges sans pour autant provoquer de transferts massifs d'épargne d'un pays vers l'autre.

B Liberté des capitaux, autonomie des politiques monétaires et taux de change fixes sont incompatibles

- À l'expérience, **le mark est apparu comme la monnaie clé du SME**. La politique monétaire restrictive de la Bundesbank, destinée à lutter contre l'inflation, a favorisé la hausse du cours du mark par rapport aux autres monnaies européennes. Pour éviter les tensions sur les taux de change, **les autres pays européens ont dû s'aligner sur la politique monétaire allemande**. Cela a été particulièrement vrai pour les pays qui, telles la France ou l'Italie, étaient peu crédibles en matière de lutte contre l'inflation. Concrètement ces deux pays ont été obligés de **rajouter aux taux allemands une prime de risque** représentant parfois 4 points d'intérêt. Ainsi, début 1987, alors que le taux d'intérêt à court terme en RFA était légèrement supérieur à 4 %, celui de la France dépassait les 8 %.
- **Cela illustre bien ce que les économistes ont appelé « le triangle d'incompatibilité ». Il est impossible d'avoir en même temps un système de parité fixe, la liberté des mouvements de capitaux et l'autonomie des politiques monétaires**. En effet, une baisse des taux d'intérêt provoque, si la circulation des capitaux est libre, leur déplacement vers une place financière offrant une meilleure rentabilité (à risque égal). Cela se traduit par une tendance à la baisse du cours de la monnaie du pays dont les taux d'intérêt sont les plus faibles. En change flottant cela aurait entraîné une dépréciation de la monnaie et une amélioration des exportations, confortant, ainsi, la relance économique amorcée par la baisse des taux. En change fixe, à partir du moment où l'on renonce aux dévaluations, une telle politique est impossible. Chaque pays doit alors aligner ses taux d'intérêt sur ceux du pays le plus crédible en matière de rémunération des capitaux, en l'occurrence l'Allemagne.
- Aussi, **en choisissant de maintenir la parité de sa monnaie** par rapport au mark au sein du SME, **la France a accepté de renoncer à l'autonomie de sa politique monétaire**. Cette situation d'interdépendance non coopérative lui a permis dans un premier temps d'accélérer sa désinflation. Mais, une fois cet objectif atteint, les inconvénients de la situation sont devenus plus évidents. Le fonctionnement du SME a freiné la croissance économique européenne. En effet cela a conduit les entreprises à préférer le désendettement ou les placements financiers plutôt que l'investissement productif. D'autre part, **l'alignement des politiques monétaires sur celle pratiquée en Allemagne a poussé les taux d'intérêt vers le haut**.

2 … A DÉBOUCHÉ SUR UNE UNION ÉCONOMIQUE ET MONÉTAIRE…

L'UEM est présentée comme la suite logique du SME. Le traité de Maastricht en a établi un calendrier relativement court.

A L'UEM s'inscrit dans le processus d'intégration européenne

- **L'UEM** est un degré de plus dans l'intégration des économies européennes. Le **Marché unique** a permis la libre circulation des biens, des services, des capitaux et des individus. L'UEM implique, en plus, une **harmonisation des politiques économiques**. Dans le domaine monétaire, les pays membres de cette union ont adopté **une monnaie, une Banque centrale et une politique monétaire uniques**. L'euro s'étant substitué aux différentes monnaies nationales, les modifications de parité (dévaluation et réévaluation) sont devenues impossibles. Ce projet est donc une des réponses logiques au triangle d'incompatibilité. Les pays européens ont pris acte de ces incompatibilités, et ont renoncé à l'autonomie de la politique monétaire en préférant stabiliser définitivement les taux de change.
- **Les partisans de la monnaie unique mettent en avant ses avantages par rapport au système actuel**.

  Les risques de change sont supprimés. Les entreprises ont appris à se couvrir face à ce risque, mais cette couverture a un coût que l'on estime à 15 % du bénéfice. Si l'on ajoute la suppression de l'effet dissuasif que peut provoquer l'instabilité monétaire, il est facile d'imaginer qu'**une monnaie unique favorise le commerce intra-européen**. Cette monnaie **facilite ensuite l'intégration des marchés financiers européens**. Il n'y a plus qu'un seul taux d'intérêt à court terme, et la disparition de la prime de risque sur les taux de change a déjà permis sa diminution. Il est donc logique de prévoir **une amélioration de l'investissement**.

  Enfin **l'euro pourrait devenir une monnaie internationale concurrente du dollar**. Cela faciliterait les emprunts libellés en euro, et donnerait à l'Europe la possibilité de financer grâce à sa propre monnaie un éventuel déficit de sa balance des transactions courantes.

B Les étapes de la mise en place de l'UEM

- Il était clair, dans l'esprit des concepteurs du projet, que **ce processus serait d'autant plus aisé que les espaces économiques seraient homogènes**. Il est en effet souhaitable que les niveaux de développement, et plus encore les résultats économiques des États membres de l'Union soient voisins. On imagine mal que deux pays ayant des niveaux d'inflation très différents puissent participer à une même Union économique et monétaire. Les taux de change étant irrémédiablement fixes, le pays inflationniste ne pourrait pas améliorer sa compétitivité par la dévaluation. Il serait obligé de le faire par le biais d'une politique d'austérité qui provoquerait faillites et chômage. Une similitude de vue quant aux objectifs de la politique économique est également indispensable. À l'évidence, une politique commune est impossible si certains privilégient la croissance et d'autres la lutte contre l'inflation. Or, en ce domaine, l'Allemagne tient avant tout à la stabilité des prix. C'est la condition *sine qua non* que ce pays a posé pour participer à la construction européenne.
- Pour l'Allemagne, la monnaie unique était un objectif à long terme, une fois la convergence des économies réalisée. La France au contraire voulait un

échéancier assez court afin de renforcer les liens entre les deux pays au sein de l'Europe. De ces deux exigences est né **un projet d'UEM en trois étapes**.

- **La première (1990-1993) a permis de préparer l'ouverture officielle du marché unique européen le 1er janvier 1993**. La libre circulation des capitaux a été acquise mais tous les objectifs n'ont pas été atteints, ainsi la convergence des économies n'a pas été réalisée. Cela pouvait difficilement être le cas en période de ralentissement puis de récession économique. Alors que l'Allemagne continuait à lutter contre l'inflation, d'autre pays, l'Espagne, l'Italie, l'Angleterre, préféraient diminuer leurs taux d'intérêt et le cours de leur monnaie pour relancer l'activité économique.
- **La seconde étape s'est achevée en 1998 avec la désignation des pays participants à l'UEM**. Seuls quatre pays européens en sont momentanément exclus : le Danemark, le Royaume-Uni et la Suède parce qu'ils n'ont pas souhaité y participer; la Grèce car ses résultats économiques sont encore trop éloignés de ceux de ses partenaires. Tous les autres ont respecté, au moins en tendance pour ce qui est de la dette publique, les 5 critères retenus à Maastricht pour juger de la convergence des économies : faible inflation, stabilité du taux de change, taux d'intérêt proche de celui des autres pays, déficit public inférieur à 3 % du PIB et dette publique inférieure à 60 % du PIB.
- **Débutée le 1er janvier 1999, la troisième étape devrait s'achever en 2002 avec la substitution totale de l'Euro aux monnaies nationales**. Cette substitution est déjà réalisée sur le marché des changes puisque les monnaies nationales n'y sont plus que des subdivisions de la monnaie européenne. Elle se fait par étape sur les marchés intérieurs où l'euro est déjà une monnaie scripturale. L'introduction de cette monnaie a nécessité l'installation d'un Système européen des banques centrales (SEBC) composé de la Banque centrale européenne (BCE) et des banques centrales nationales. Conformément au Traité de l'Union, **la BCE est indépendante du pouvoir politique et a pour objectif principal « la stabilité des prix »**.

L'Euro n'est pas la conséquence d'une contrainte économique insurmontable. Rien ne nous obligeait à passer du SME dont le fonctionnement était facilité par la désinflation à l'UEM. L'Euro résulte de la volonté des acteurs politiques et de l'administration européenne de faire progresser l'intégration à un moment (le milieu des années 80) ou celle-ci piétinait. Mais ce choix est ambigu. Pour beaucoup l'UEM devrait achever la construction d'une Europe libérale et concurrentielle où les pouvoirs publics auraient une place restreinte. Pour d'autres, une monnaie unique desserre les contraintes qui pèsent sur nos économies et ouvre la voie à une action des pouvoirs publics au niveau européen afin de lutter contre le chômage. Deux projets difficilement compatibles.

FICHE 22 LE MARCHÉ FINANCIER

→ La Bourse est-elle un casino ou profite-t-elle au financement de l'économie ?

Le rôle principal de la Bourse est en principe de financer les entreprises, c'est-à-dire de mettre en rapport les agents économiques qui dégagent une épargne et ceux qui ont des besoins de financement. Le marché financier a connu, durant les années 80, un développement important ; ainsi il y a eu 30 fois plus de transactions sur les obligations et 10 fois plus sur les actions en 1990 qu'en 1981. Ce développement a provoqué certains dysfonctionnements, à tel point que la Bourse est parfois accusée d'être un véritable casino qui profiterait essentiellement aux spéculateurs.

1 LE RÔLE PRINCIPAL DE LA BOURSE EST LE FINANCEMENT DE L'ÉCONOMIE

A Le développement important du marché financier...

- Le développement du marché financier est tout d'abord dû à un engouement croissant des épargnants pour les placements boursiers. Ce nouveau **capitalisme populaire** a été favorisé par de nombreux facteurs parmi lesquels :
  - le **développement des OPCVM** (Organismes de placement collectif en valeurs mobilières) dont les SICAV (Sociétés d'investissement à capital variable) qui facilitent l'accès à la Bourse et qui, en diversifiant les portefeuilles, réduisent les risques ;
  - des **allégements fiscaux** (les comptes d'épargne en actions créés par R. Monory par exemple) ;
  - la répercussion médiatique des **privatisations** ;
  - la **hausse des cotations** qui nourrit la hausse (plus les cours augmentent, plus les épargnants achètent, plus les cours augmentent...). Ce phénomène est à l'origine de la « bulle financière » appelée aussi « bulle spéculative ».
- **Les entreprises font de plus en plus appel au marché financier** pour financer leurs investissements, et au marché monétaire pour financer leurs besoins de trésorerie. Cette évolution a de nombreuses causes :
  - les entreprises peuvent ainsi **économiser les coûts de l'intermédiation bancaire** ;
  - de **nouveaux marchés financiers** ont été créés pour faciliter les opérations en Bourse, comme le second marché (créé en 1983) pour les moyennes entreprises, le nouveau marché (créé en 1996) pour les entreprises de haute technologie et les marchés à terme (MONEP et MATIF) qui permettent de diminuer les risques ;
  - de **nouveaux produits financiers** sont apparus. Il s'agit surtout de titres de créance négociables grâce auxquels les entreprises se financent à court terme sans passer par les banques.

B ... assure un meilleur financement de l'économie

- Durant les Trente glorieuses, l'économie était en grande partie financée par le crédit et la création monétaire. Ce mode de financement est facteur d'inflation et favorise le surendettement des agents économiques.
- Le développement du marché financier modifie les circuits de financement de l'économie. À partir du milieu des années 80, le recours à la Bourse devient plus important que le recours aux banques ; il couvre actuellement près de 60 % des besoins de financement contre à peine 20 % en 1980.

  L'économie passe d'une économie d'endettement à une économie de marché financier.

2 Mais le développement du marché financier provoque des perversions financières

A Le marché financier est parfois détourné de son rôle

- Le marché financier a parfois été détourné de son rôle d'instrument des restructurations industrielles (fusions, absorptions ou prises de participation). Durant les années 80, des **raids financiers** (OPA et OPE) étrangers à toute logique productive, et dont l'unique objectif était le gain rapide, se sont multipliés. À la fin des années 80, conscients du danger qu'ils pouvaient représenter pour l'économie, les pouvoirs publics ont mis un frein à ces raids.
- Le marché financier sert davantage à la **spéculation** qu'au financement des entreprises.
  - Seules les émissions de titres sur le marché primaire permettent le financement, mais elles ne représentent que 13,25 % du total des transactions en 1997.
  - La Bourse a parfois même un **effet d'éviction** sur l'investissement. Les capitaux qui participent au gonflement de la « **bulle financière** » sont des capitaux perdus pour la production. Lorsque les rendements des placements sur le marché financier sont supérieurs au rendements de l'investissement, les entreprises peuvent préférer placer en Bourse plutôt que d'effectuer des investissements productifs.

B Les krachs boursiers sont des facteurs de crise

- Un ajustement devient inévitable lorsque, en raison de la spéculation, **les cours boursiers sont surévalués** par rapport aux résultats de l'économie et des entreprises. Cet ajustement peut s'effectuer brutalement comme lors du krach boursier de 1987 et de la crise asiatique de 1997, ou plus progressivement comme au Japon depuis le début des années 90, mais il provoque toujours des dysfonctionnements.
- En effet, en diminuant les actifs financiers des agents économiques, **le dégonflement de la « bulle financière » déprime la consommation et l'investissement** car les ménages et les entreprises tentent de reconstituer leur épargne.

La Bourse permet donc à la fois de financer les entreprises et l'État et de réaliser des plus-values. Vouloir le financement sans la spéculation est illusoire car l'espoir d'un gain est la raison d'être des placements financiers. L'essentiel étant de ne pas substituer une économie de casino à une économie productive.

FICHE 23

LA GLOBALISATION FINANCIÈRE

→ Quels sont les enjeux du développement du marché mondial des capitaux ?

Les années 80 ont permis un développement spectaculaire de la finance, à tel point que l'on a parlé d'une déconnexion entre la sphère de l'économie réelle et la sphère monétaire et financière. La mondialisation du marché du capital devait théoriquement favoriser l'investissement, mais ne crée-t-elle pas de nouvelles contraintes ?

1 LA GLOBALISATION FINANCIÈRE...

Le système financier international a été profondément transformé au cours des deux dernières décennies sous l'effet de ce que l'on a appelé « **les trois D** » : déréglementation, désintermédiation, décloisonnement. Un développement exceptionnel de la sphère monétaire et financière a ainsi été favorisé.

A Déréglementation, désintermédiation, décloisonnement

- **La déréglementation a principalement consisté à assouplir les règles régissant les mouvements internationaux de capitaux**. La levée du contrôle des changes, en permettant aux banques d'acheter et de vendre librement des devises, a provoqué un développement considérable du marché des changes. Cette déréglementation, en limitant les domaines réservés et en mettant les banques en concurrence, a également modifié le mécanisme d'organisation du secteur bancaire. **Les mécanismes de marché se sont en partie substitués à une régulation étatique**.
- **La désintermédiation** a été favorisée par la déréglementation. Sous l'effet de la concurrence, les banques et les entreprises ont multiplié les **innovations financières** afin de réduire le coût du financement. L'engouement pour les actions, la multiplication des obligations ou des SICAV a permis un **développement du financement direct (ou désintermédié)** qui met en relation offreurs et demandeurs de capitaux par l'intermédiaire du marché financier (la Bourse). Inversement la part du crédit bancaire (financement intermédié ou direct) dans le financement de l'économie a diminué. Dans un système de financement direct, les banques ne servent plus qu'à mettre en relation offreurs et demandeurs de capitaux. En période de taux d'intérêt élevé et donc de crédit cher, **le financement direct permet de diminuer le coût d'un investissement**.
- **Le décloisonnement des marchés nationaux** est un phénomène sans précédent. Jusqu'au début des années 70, les systèmes financiers nationaux étaient juxtaposés, chaque pays finançant ses investissements à l'aide de sa propre épargne. La suppression des cloisons entre les différents systèmes nationaux **a permis la constitution d'un marché mondial des capitaux, le marché des eurodevises en étant l'exemple le plus spectaculaire**. Une eurodevise est un dépôt effectué dans une monnaie autre que celle du pays où est installée la banque qui gère ce dépôt. Ainsi, un placement en franc dans une banque new-yorkaise est un eurofranc. Spécialisé, à l'origine dans le dollar, le marché des eurodevises a explosé à partir de 1973 et représente aujourd'hui l'équivalent de

3 000 milliards de dollars. Ces devises se déplacent d'une place financière à l'autre, à la recherche de la meilleure rémunération. Il n'y a donc plus d'obstacles majeurs à la **libre circulation des capitaux** dans le monde. **On appelle globalisation financière ce processus de constitution d'un marché mondial des capitaux.**

B Le développement de la sphère financière et monétaire

- Dans ce contexte, **le développement de la sphère financière** (celle qui concerne les capitaux) **a été sans commune mesure avec celui de la sphère réelle** (la production). En France, les émissions d'actions ont été multipliées par 7,7 entre 1981 et 1992, et celles d'obligations par 9. La palme de la croissance revient aux SICAV et Fonds communs de placement (FCP) dont les émissions ont été multipliées par 29, alors que, sur la même période, le PIB était multiplié par 2,2.
- **Le développement du marché monétaire s'est effectué à un rythme identique à celui du marché financier international**. Le volume des transactions mondiales a quadruplé depuis 1980 pour atteindre près de 1 500 milliards de dollars par jour à la fin des années 90. Cette progression est la conséquence du développement des échanges de capitaux parce que l'essentiel des opérations de change est la contrepartie d'opérations financières (placements, emprunts...). Enfin en cherchant à réduire leur dépendance vis-à-vis du dollar, les opérateurs ont favorisé l'émergence de monnaies internationales concurrentes, le yen et le mark, ce qui accroît encore les opérations de conversion.

La globalisation financière a donc permis un développement spectaculaire de la sphère financière et monétaire. Reste à déterminer dans quelle mesure celle-ci est au service de l'économie réelle.

2 ... DOIT THÉORIQUEMENT PERMETTRE UNE MEILLEURE UTILISATION DE L'ÉPARGNE...

La notion d'efficience est au cœur de l'analyse des conséquences de la globalisation financière. La libre circulation des capitaux devrait améliorer la performance du système financier.

A Une amélioration de l'efficience du système financier...

- En théorie, la globalisation financière doit améliorer l'efficience de la finance internationale. Cela signifie d'abord qu'il y aurait **une meilleure allocation internationale des fonds disponibles**. En clair, l'ouverture des frontières offre de nouvelles opportunités de placements à l'épargne ; les fonds disponibles vont pouvoir s'orienter vers des placements plus profitables que ceux qui étaient disponibles quand les frontières étaient fermées. Une ressource rare, l'épargne, va donc être mieux utilisée. Les emprunteurs vont également avoir accès à cette épargne à des conditions plus avantageuses grâce à la **diminution des coûts d'intermédiation**. L'investissement devrait donc être favorisé du fait de la baisse des coûts de financement. Les pays offrant la meilleure rémunération aux capitaux devraient ainsi bénéficier d'une part croissante de l'épargne mondiale et ne seraient plus limités dans leurs investissements.
- **La globalisation financière ne peut pas être isolée de la montée des déséquilibres des balances des transactions courantes à partir de 1973**. Les deux chocs pétroliers avaient permis aux pays de l'OPEP de dégager une épargne que le système bancaire international avait recyclé en la mettant à la disposition des autres pays du tiers monde. Le contre-choc pétrolier, au début des années 80, a profondément modifié les flux d'épargne. **Aux excédents des pays pétroliers ont succédé ceux du Japon et de la RFA** (jusqu'à la réunification allemande).

Le déficit américain constitue le symétrique de ces excédents. Il est la conséquence de l'insuffisance de l'épargne nationale et de l'augmentation rapide des besoins de financement des administrations publiques américaines. **Pour remédier à ce déséquilibre, les États-Unis ont accéléré ce processus de globalisation et ont ainsi pu bénéficier de l'épargne japonaise et allemande**.

B ... qui reste à démontrer

- L'augmentation des taux d'intérêt à partir de 1979 a permis aux États-Unis de drainer l'épargne mondiale. Mais **rien ne permet d'affirmer que des taux d'intérêt élevés sont une manifestation de l'efficacité économique** surtout s'ils sont la conséquence d'un déficit budgétaire. Si on peut soutenir que le déficit budgétaire américain a favorisé la reprise économique mondiale en 1983, ce n'est certainement pas le cas du déficit allemand à partir de 1990.
- **L'efficacité du système financier est encore plus sujette à caution lorsque**, à l'image de ce qui s'est passé aux États-Unis depuis 1980, **l'épargne s'oriente en priorité vers les droits de propriété** (valeurs mobilières et immobilières) **plutôt que vers les investissements productifs**. Les caisses de retraite et les compagnies d'assurance, qui drainent une part croissante de l'épargne, ont massivement investi dans le marché immobilier ainsi que dans le marché des actions et des obligations publiques provoquant une augmentation du prix de ces actifs. Les émissions d'actions nouvelles étant largement inférieures à la demande additionnelle, cet afflux d'épargne a plus alimenté la formation de plus-values que la production.

La globalisation financière a donc réduit le coût du financement. Elle a permis aux États-Unis de ne pas souffrir excessivement de leur pénurie d'épargne. En revanche, son action bénéfique sur la croissance économique reste discutée, d'autant plus qu'elle a entraîné des effets pervers.

3 ... MAIS A ÉGALEMENT FRAGILISÉ L'ÉCONOMIE MONDIALE

La libre circulation des capitaux a favorisé l'émergence de crises financières que l'on cherche, aujourd'hui, à éviter.

A Les crises financières

- Depuis, le milieu des années 80, l'économie mondiale a connu **plusieurs crises financières d'envergure** dont la plus importante a débuté en juillet 1997 dans les NPI du sud-est asiatique. La dévaluation de la monnaie thaïlandaise, immédiatement suivie par celles des monnaies de la Malaisie, de l'Indonésie et des Philippines, est le facteur déclenchant de cette crise. Cela a provoqué une fuite des capitaux qui est à l'origine de l'effondrement des bourses de ces pays. La crise de liquidité qui s'en est suivi a interdit aux entreprises locales d'honorer leurs dettes et aux banques de faire face aux créances douteuses. **De financière, la crise est devenue bancaire puis industrielle** lorsque les banques ont limité leurs crédits. La production de ces pays s'est alors effondrée. La crise est entrée dans une seconde phase lorsque, un an plus tard, le **Japon dont les exportations vers les NPI avaient diminué a pris conscience de son incapacité à sortir de la récession**. La méfiance des investisseurs étrangers s'est ensuite reportée vers la Russie (3e phase) qui a été obligé de dévaluer sa monnaie en août 1998, puis le **Brésil** (4e phase) qui a fait de même en janvier 1999.

- **En Asie du sud-est, cette crise est une des conséquences de la libéralisation brutale des marchés financiers.** Disposant d'une énorme masse de capitaux provenant de l'étranger, les banques locales mises soudainement dans une situation de concurrence ont prêté ces capitaux sans se soucier des risques encourus. Cela a favorisé un surinvestissement industriel qui rendait indispensable une croissance toujours plus soutenue des exportations. Leur ralentissement en 1997 a mis en évidence la fragilité de ces économies et provoqué la défiance des investisseurs étrangers.
- **La libre circulation des capitaux a favorisé l'extension de la crise**. En l'absence de contrôle des changes, les capitaux ont pu très rapidement quitter le pays. La libre circulation des capitaux a donc favorisé l'apparition de paniques financières qui, en amplifiant des mouvements de défiance, ont aggravé la situation économique des pays dont la crédibilité était mise à mal.

B Certains économistes préconisent une nouvelle réglementation des marchés financiers

- La réaction du FMI a la crise asiatique a été classique : **il a imposé un plan de rigueur associant lutte contre l'inflation, politique monétaire restrictive et réduction des dépenses de l'État**. Ces mesures avaient fait la preuve de leur efficacité économique en Amérique latine au cours des années 80 mais ont, cette fois ci, aggravé la situation. Car ces pays ne souffrent pas d'une intervention excessive de l'État dans l'économie mais d'une **absence de réglementation des marchés**.
- C'est pourquoi, il est de plus en plus question d'une **nouvelle réglementation de l'activité bancaire**. Cela suppose l'acceptation par toutes les institutions de **règles de prudence limitant les risques encourus par les prêteurs comme par les emprunteurs**. La mise en place d'institutions chargées de faire respecter ces règles du jeu bancaire est donc indispensable.
- Une nouvelle **réglementation des sorties de capitaux** permettrait ensuite de limiter l'ampleur de ces mouvements et d'éloigner le risque de panique financière. La Malaisie a déjà réintroduit un **contrôle des changes**. L'expérience menée par le Chili depuis 1991 pourrait servir d'alternative à cette mesure. **L'importation de capitaux y est conditionnée par un dépôt non rémunéré pour une durée d'un an et dont le montant est proportionnel à l'argent placé dans le pays**. Faiblement pénalisante pour les prêts à long terme, cette mesure peut être dissuasive pour les placements spéculatifs à court terme. Enfin, dès 1971, l'économiste américain **James Tobin avait proposé la mise en place d'une taxe de 0,1 % du montant de toute transaction de change** afin de décourager la spéculation en la rendant moins attractive. Cette mesure est, aujourd'hui, préconisée dans le but de prévenir les crises financières.
- Enfin certains économistes défendent l'idée d'une mise en place d'un régime de change intermédiaire entre le change flottant et le change fixe. Chaque devise pourrait **évoluer à l'intérieur d'une large bande de fluctuation** à l'image de ce qui s'est fait dans le cadre du Système Monétaire Européen à partir de 1993. Une institution jouerait alors le rôle de « prêteur en dernier ressort » international et se **porterait garant de la relative stabilité des monnaies**. Cela suppose que cette institution qui pourrait être formée de l'ensemble des banques centrales accepte de créer de la monnaie afin de soutenir le cours d'une devise. C'est une des raisons pour lesquelles les économistes libéraux sont hostiles à cette mesure.

La globalisation financière est un phénomène irréversible qui répond aux problèmes posés par les déséquilibres des balances des transactions courantes. La globalisation n'a pourtant pas tenu toutes ses promesses : les gains d'efficience restent à démontrer, des contraintes et des risques nouveaux sont apparus. Dans ces conditions, on peut se demander s'il ne serait pas souhaitable de réglementer plus sévèrement les mouvements de capitaux.

PARTIE IV

TRAVAIL, EMPLOI ET CHÔMAGE

FICHE 24 LES CAUSES DU CHÔMAGE

→ Quelles sont les causes du chômage actuel en France ?

En France, depuis la fin des années 60, la progression du chômage semble irrésistible : de 500 000 en 1974, le nombre des chômeurs est passé à 1 500 000 en 1981 puis à 2 500 000 en 1987. Depuis 1993, la France compte plus de trois millions de demandeurs d'emploi.

Sous-qualification et manque de mobilité de la population active, coût de la main-d'œuvre trop élevé, conjoncture économique défavorable, mécanisation trop poussée... Comprendre les causes de ce phénomène est important pour mieux pouvoir le combattre. Les explications sont nombreuses et il importe d'effectuer un tri entre celles qui sont erronées ou partielles et celles qui peuvent effectivement nous éclairer sur les causes du chômage actuel en France.

1 Les explications traditionnelles semblent insuffisantes pour comprendre le phénomène

Les explications généralement avancées pour expliquer le chômage sont nombreuses ; les **trois explications** rencontrées le plus souvent sont :

- Une inadéquation qualitative entre l'offre et la demande de travail ; ce type de chômage est généralement appelé **chômage structurel**.
- Des **coûts trop élevés de la main-d'œuvre** qui décourageraient les entreprises à embaucher. Cette explication est celle que retiennent les économistes libéraux.
- La crise économique que les pays industrialisés traversent ; l'existence d'un **chômage conjoncturel** est la thèse que retiennent les économistes keynésiens.

A Le manque de mobilité et de qualification de la main-d'œuvre est une explication trop partielle

Le chômage résulterait d'un manque de mobilité et de qualification de la main-d'œuvre.

- Le chômage ne touche pas toutes les régions ou tous les secteurs de la même façon. Ainsi le taux de chômage est beaucoup plus élevé dans le Nord-Pas-de-Calais qu'en Alsace. De plus, certains secteurs de l'économie sont bien plus concernés par les suppressions d'emplois que d'autres ; le secteur secondaire perd des emplois tandis que le secteur tertiaire en crée.

  Dans ces conditions, le chômage pourrait en partie incomber au manque de mobilité aussi bien professionnelle que géographique de la main-d'œuvre. Une main-d'œuvre plus flexible procurerait un meilleur ajustement aussi bien géographique que sectoriel entre l'offre et la demande de travail.

– Mais le problème le plus souvent soulevé est celui des qualifications. Malgré la forte hausse du chômage des cadres, il est clair que le actifs non qualifiés sont plus touchés que les actifs qualifiés. Ainsi, en 1998, alors que le taux de chômage des actifs non diplômés est de 17,4 %, celui de ceux qui sont titulaires d'un diplôme supérieur n'est que de 6,8 %.

Les offres d'emploi concernent surtout des emplois qualifiés alors que la majorité des chômeurs le sont peu. Le chômage résulterait donc en partie d'un manque de qualification de la population active ; une lutte efficace contre le chômage passerait donc indubitablement par une politique active de formation.

- **L'explication du chômage par l'inadéquation qualitative entre l'offre et la demande de travail**, qu'elle se situe à un niveau géographique, sectoriel ou même au niveau des qualifications, **ne peut être que très partielle**. En effet, si une telle assertion était juste, il y aurait une grande quantité d'offres d'emploi non satisfaites. Or, les offres d'emploi non satisfaites dépassent rarement 50 000 alors que depuis le début des années 90, les demandes d'emploi avoisinent les 3 millions.

Un déséquilibre qualitatif entre l'offre et la demande de travail ne peut donc expliquer que marginalement le chômage. Une amélioration de la qualification et de la mobilité des actifs est certes souhaitable mais elle ne diminuerait le chômage que très partiellement.

Les causes du chômage sont donc essentiellement quantitatives : l'économie ne crée pas assez d'emplois pour satisfaire toutes les demandes.

B L'explication par un coût élevé de la main-d'œuvre doit être nuancée

- **Dans la théorie libérale, le coût élevé de la main-d'œuvre** est la cause principale **du chômage**. Dès le XIXe siècle, l'auteur néoclassique français **Léon Walras** expliquait comment le niveau de l'emploi se fixe sur le marché du travail : selon lui, l'offre de travail est une fonction croissante du salaire (plus le salaire est élevé plus les individus sont incités à travailler), alors que la demande de travail des entreprises est une fonction décroissante du salaire (plus le salaire est élevé moins les entreprises sont prêtes à embaucher). Le niveau trop élevé des salaires réduirait la demande de travail et accroîtrait l'offre, entraînant du chômage. Pour lutter contre ce dernier, il serait donc nécessaire de diminuer les rémunérations et les charges sociales pour que les entreprises embauchent davantage.

D'autre part un coût élevé de la main-d'œuvre serait un facteur de chômage en raison du **manque de compétitivité** qu'il induit. En augmentant les coûts de production, il nuirait à la compétitivité extérieure de la France, ce qui tendrait à augmenter les importations, à réduire les exportations et donc à ralentir la croissance. De plus, afin de conserver une certaine compétitivité, certaines entreprises tendraient à se délocaliser, c'est-à-dire à déplacer tout ou partie de leur production dans les pays à faible coût de main-d'œuvre ; on comprend que de telles **délocalisations** aggravent le chômage des pays industrialisés.

- **Le chômage n'est pas essentiellement dû au coût de la main-d'œuvre**.

D'une part **la compétitivité des entreprises ne dépend pas uniquement du coût du travail** mais aussi d'un grand nombre d'autres facteurs. Elle dépend aussi de l'efficacité du travail, du coût et de l'efficacité du capital mais aussi de facteurs monétaires tels que les niveaux des prix et du taux de change. En outre, la compétitivité a aussi des déterminants structurels comme la qualité et la renommée des produits, l'efficacité de la force commerciale et du service après-vente…

Enfin, si un coût exorbitant peut effectivement être dissuasif, le coût de la main-d'œuvre n'est pas pour autant le déterminant principal de l'embauche des entreprises, comme en témoigne le faible niveau de chômage durant les Trente glorieuses alors que les salaires augmentaient fortement. Il semble surtout que **les entreprises embauchent lorsqu'elles peuvent produire plus et vendre plus ; le chômage serait alors fortement dépendant de la croissance économique et donc de la conjoncture**.

C La croissance et le niveau de la production ne sont pas suffisants pour expliquer le chômage

- L'augmentation massive du chômage débute avec la crise et le ralentissement de la croissance. Il semble donc légitime de considérer que **l'emploi dépend surtout du niveau de la production**.

  Selon une **conception keynésienne**, le niveau de l'emploi est lié au niveau de la production ; les périodes de croissance sont donc des périodes de création d'emploi, alors que la crise, le ralentissement de la croissance et encore plus la baisse de la production seraient facteurs de chômage. Les faits semblent confirmer ce point de vue :
  - Les **périodes de crise** sont effectivement des périodes de chômage important ; ce fut le cas pendant la crise des années 30, c'est le cas de la crise actuelle. Au contraire, la **période de croissance** des Trente glorieuses fut une période de relatif plein-emploi.
  - Grâce à une accélération de la croissance économique (taux de croissance dépassant 4 % en 1988 et 1989), le chômage a pu diminuer à la fin des années 80. À partir de 1987, 850 000 emplois ont été créés en trois ans et demi et l'effectif des chômeurs a baissé de près de 400 000. Mais la croissance étant retombée de 2,8 % en 1990 à moins de 1 % en 1991, dès le second semestre 1990, le chômage est remonté et il a continué à s'accroître irrégulièrement jusqu'en 1998.

- S'il est clair que le niveau de l'emploi peut dépendre du niveau de la production et que toute diminution de la production risque de réduire l'emploi et d'augmenter le chômage, deux constatations s'imposent :
  - **La crise des années 70-80 n'est pas une dépression mais une récession**. Autrement dit, la production ne diminue pas mais continue à augmenter à un rythme ralenti. La crise actuelle ne peut donc constituer une explication unique du chômage.
  - **Depuis le début de la crise, de nombreux emplois ont été créés**. Ainsi, il a été créé plus d'emplois entre 1975 et 1990 (1 289 000) qu'entre 1954 et 1968 (1 138 000). Entre 1954 et 1962 (période de croissance), 231 000 emplois seulement ont été créés, contre 522 000 entre 1975 et 1982 (période de crise).

La croissance et le niveau de production ne sont pas suffisants pour expliquer le niveau de l'emploi et encore moins le chômage. Si la croissance est un facteur majeur dans l'explication du chômage, il est tout de même nécessaire de faire appel à d'autres paramètres.

2 La croissance, la productivité et les données démographiques doivent être prises en compte

La croissance économique est un déterminant important du chômage mais sa seule prise en compte est insuffisante pour expliquer la variation de l'emploi et plus encore la montée du chômage.

A La variation de l'emploi résulte de la croissance de la production et de celle de la productivité

L'emploi dépend du rapport entre le niveau de production et celui de la productivité.

– Puisque la productivité est définie par le rapport entre la production (plus exactement la valeur ajoutée) et l'emploi, il est possible d'affirmer que l'emploi est égal au rapport entre la production et la productivité.

Il en découle que :

- **l'emploi augmente lorsque la croissance de la production est supérieure à celle de la productivité** ;
- **l'emploi diminue lorsque la croissance de la production est inférieure à la croissance de la productivité.**

Ce n'est donc que l'étude conjointe de ces deux variables économiques (croissance économique et gains de productivité) qui peut nous éclairer sur la variation de l'emploi (il faudrait aussi prendre en compte l'évolution de la durée du travail, mais cela risquerait d'alourdir inutilement notre propos).

Taux de croissance annuels moyens en France (%)

	1960-1973	1974-1979	1980-1986	1987-1989	1990-1993	1994-1997
PIB (en volume)	5,6	3,1	1,3	3,5	0,7	2
Productivité (PIB par actif)	4,9	2,9	1,8	2,4	1,4	1,8

– Ainsi en ce qui concerne la création d'emplois, l'étude de l'histoire récente permet de dégager **plusieurs périodes** :

- Durant les années 1950, production et productivité croissent à des taux proches si bien que l'emploi ne connaît que peu de variation.
- Entre 1960 et 1973, la croissance économique annuelle moyenne est de 5,6 %, alors que la productivité croît quant à elle en moyenne de 4,9 % par an. Cet écart permet une croissance assez forte de l'emploi (0,7 % par an).
- Entre 1974 et 1979, l'emploi continue à augmenter mais trois fois moins vite, en effet le différentiel entre la croissance de la production (3,1 % en moyenne) et la croissance de la productivité (2,9 % en moyenne) diminue.
- À partir de 1980, la crise s'accentue. Entre 1980 et 1986, le taux de croissance moyen de la productivité est supérieur à celui de la production ; l'emploi diminue.
- Entre 1987 et 1989, une reprise de la croissance permet à la hausse de la production de dépasser celle de la productivité, entraînant la création d'emplois.
- À partir de 1990, l'emploi diminue de nouveau : la productivité augmente en moyenne de 1,4 % de 1990 à 1993, alors qu'une nouvelle récession limite la croissance économique moyenne annuelle à 0,7 %.
- Entre 1994 et 1997, la croissance économique dépasse de nouveau la croissance de la productivité, ce qui permet d'augmenter légèrement l'emploi.

La productivité et la machine ne sont pas responsables du chômage.

– Puisque des gains de productivité supérieurs à la croissance de la production font diminuer l'emploi, il pourrait être tentant de vouloir les modérer et, plus précisément, rejeter la modernisation et les machines afin de protéger l'emploi. Mais il ne faut pas oublier que l'un des facteurs de la croissance économique est justement la productivité. Freiner la productivité risquerait de nuire fortement à la compétitivité, de réduire les augmentations de revenus et donc de limiter la croissance. C'est en augmentant au maximum la productivité que l'on peut, paradoxalement, obtenir une croissance économique importante qui puisse donc dépasser l'augmentation de la productivité.

– L'emploi dépend effectivement du rapport entre production et productivité, mais il ne faut pas confondre perte d'emplois avec augmentation du chômage : entre 1975 et 1997, 1 486 000 emplois ont été créés en France, mais cela n'a pas empêché le chômage d'être multiplié par quatre durant la même période.

La variation de l'emploi ne suffit pas pour expliquer le chômage.

B La montée du chômage est due à l'évolution de l'emploi, mais elle s'explique aussi par la hausse de la population active

La différence entre le niveau de la population active et le niveau de l'emploi détermine le chômage.

– Le chômage (exception faite d'un chômage dû à un déséquilibre qualitatif) représente l'excédent de l'offre de travail émanant de la population active sur la demande de travail émanant des entreprises et des administrations (l'emploi). Le chômage est donc la différence entre la population active et l'emploi. Ainsi :
- **le chômage augmente lorsque la hausse de la population active est supérieure à la création d'emplois** ;
- **le chômage diminue lorsque la croissance des emplois est supérieure à celle de la population active**.

Ce n'est donc que l'étude conjointe de ces deux phénomènes (population active et emploi) qui permet d'expliquer l'augmentation du chômage.

– L'emploi est une variable dépendant étroitement de la conjoncture économique, alors que la population active est une donnée démographique difficile à ajuster.

Si le recours à l'immigration permet de faire face à une pénurie de main-d'œuvre comme ce fut le cas durant les Trente glorieuses, la surabondance d'actifs pose d'importants problèmes. L'émigration massive n'étant plus envisageable (comme ce fut le cas, par exemple, pendant la grande dépression de la fin du XIXe siècle), les ajustements par l'abaissement de l'âge de la retraite ou l'allongement de la durée des études, par exemple, ne peuvent être que partiels et limités.

Le chômage actuel est essentiellement dû à une augmentation de la population active supérieure à la hausse de l'emploi.

– Après une période de stagnation de 1946 à 1962, la population active française a fortement progressé pour trois raisons principales : arrivée aux âges actifs des générations du baby-boom, solde migratoire positif dû à l'immigration étrangère et au retour en métropole des Français d'Afrique du Nord, croissance du travail féminin.

– De 1962 à 1973, le chômage n'augmente que faiblement car les créations d'emplois (croissance de la production supérieure à celle de la productivité) permettent d'absorber la hausse considérable du nombre d'actifs.

– À partir de 1973, le chômage augmente fortement. **Du fait de la récession, la croissance économique est loin d'atteindre le seuil qui lui permettrait de dépasser suffisamment les gains de productivité et de créer ainsi assez d'emplois pour compenser la hausse toujours importante de la population**

POPULATION ACTIVE, POPULATION ACTIVE OCCUPÉE ET CHÔMEURS AUX RECENSEMENTS
(données Insee)

en milliers	1954	1962	1968	1975	1982	1990	1997
Population active	19 151	19 251	20 398	21 775	23 525	25 033	25 581
Population active occupée (emploi)	18 824	19 055	19 962	20 944	21 466	22 233	22 430
Chômeurs	327	196	436	831	2 059	2 800	3 151

active. En effet, entre 1975 et 1997, la population active augmente en moyenne de 173 000 personnes par an alors que l'emploi ne s'accroît que de 67 500 postes par an. Certaines mesures comme l'arrêt de l'immigration, l'allongement des études et l'abaissement de l'âge de la retraite permettent de freiner l'accroissement de la population active, mais pas de l'enrayer.

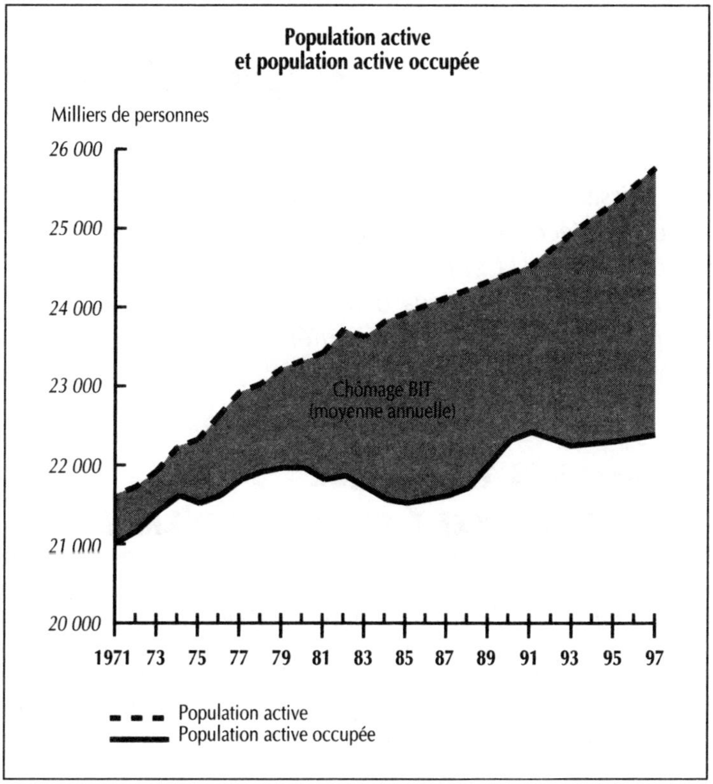

La population active augmente moins fortement, de 250 000 en moyenne par an entre 1975 et 1982, elle n'augmente plus que de 188 000 en moyenne par an entre 1982 et 1990 et 78 000 en moyenne par an entre 1990 et 1997. Elle devrait même, en raison du vieillissement de la population, diminuer peu après l'an 2000. Faut-il attendre cette époque pour voir le chômage se résorber ?

Si, tant que la population active s'accroît, le risque de chômage est élevé, il n'en demeure pas moins vrai qu'une reprise franche de la croissance dépassant largement les gains de productivité serait la bienvenue pour atténuer ce fléau social.

Rappels de vocabulaire

Offre de travail : les offreurs de travail sont ceux qui ont un emploi et ceux qui en recherchent un ; l'offre de travail est donc égale à la population active.

Demande de travail : la demande de travail provient des entreprises et des administration ; il s'agit de l'emploi.

Demande d'emploi : les demandeurs d'emploi sont les personnes sans emploi à la recherche d'un emploi ; la demande d'emploi est donc équivalente au chômage.

Offre d'emploi : elle provient des entreprises et administrations ; il s'agit des emplois non encore pourvus.

FICHE 25 PROGRÈS TECHNIQUE ET EMPLOI

→ La machine est-elle responsable du chômage ?

L'une des causes généralement avancées pour expliquer le chômage actuel est l'utilisation croissante de machines et de procédés automatiques. L'objectif de ces techniques étant d'économiser le travail, il est courant de penser que le progrès technique tue l'emploi. Cette conception n'est pas nouvelle, elle est fortement enracinée dans l'opinion publique depuis des siècles, mais en réalité il semble, au contraire, que la machine et plus généralement le progrès technique soient nécessaires à l'emploi.

1 Le progrès technique est globalement créateur d'emplois

Dans ***La machine et le chômage***, **Alfred Sauvy** montre que la peur de la machine n'est pas un phénomène nouveau. Puisque l'installation des machines a pour objectif de remplacer l'homme, il semble logique de déduire qu'elle détruit des emplois. La réalité est pourtant différente, le progrès technique est globalement créateur d'emplois.

A La machine est souvent accusée de détruire des emplois...

- **D'un point de vue microéconomique et sectoriel, la mécanisation et l'automatisation semblent détruire directement des emplois**.
  - Au niveau des entreprises, le progrès technique en améliorant la productivité (production par actif employé) peut entraîner des licenciements massifs. Ainsi, Péchiney emploie 40 % de personnel en moins qu'en 1981, pour produire la même quantité d'aluminium.
  - La machine et le progrès technique participent aux profondes mutations des secteurs d'activité. Ainsi, la perte de nombreux emplois **dans l'agriculture** est due à l'utilisation de machines qui augmentent la productivité du travail. Avec la mécanisation de la production et la saturation des marchés, la main-d'œuvre du secteur primaire s'est déversée **dans le secteur secondaire** dont la main-d'œuvre, à son tour, en raison de la conjonction d'un progrès technique considérable et de débouchés limités, se déverse **dans le secteur tertiaire**. Ces mutations sectorielles entraînent la montée du chômage car le tertiaire n'est pas en mesure d'absorber les emplois perdus dans le primaire et le secondaire.
- D'une façon générale, le progrès technique et la machine ont pour objectif d'augmenter la productivité du travail et de substituer ainsi le capital au travail ; il peut donc paraître légitime de penser que la machine détruit des emplois.

  Les emplois détruits sont généralement les moins qualifiés, correspondant à des tâches d'exécution et non de conception.

LA MALÉDICTION DE LA MACHINE

L'histoire de la machine est jalonnée de malédictions ; même ceux qui en vantent les mérites ne peuvent chasser les craintes à l'égard des travailleurs éliminés par elle.

L'ANTIQUITÉ

Au IIIe siècle de notre ère, comme Dioclétien construisait un temple, un ingénieur lui proposa une machine (des treuils et des poulies sans doute) capable de soulever et de dresser les colonnes, travail qui exigeait de nombreux travailleurs. L'empereur a refusé, répondant à l'ingénieur : « Laisse-moi nourrir le petit peuple. » (...)

LE XVIIe SIÈCLE

C'est vers la fin du XVIe (d'autres disent 1604 ou en 1626) que se place la première machine multiplicatrice ; c'est à Dantzig, sans doute, qu'est apparu le premier métier mécanique : 12 navettes mues par un seul homme, remplaçant plusieurs enfants.

Au XVIIe siècle, l'idée du remplacement des hommes par la machine commence à être sérieusement dénoncée, en dehors même des ouvriers. (...)

Les manufactures se multiplient en divers pays, notamment en France, sous l'impulsion de Colbert. Si favorable qu'il fut à ces activités, le célèbre organisateur a répondu, quelque peu comme Dioclétien, à un inventeur qui lui offrait une machine, propre selon Villeneuve Bargemont, à faire le travail de 10 hommes : « Je cherche le moyen d'occuper le peuple suivant ses facultés, afin de le faire vivre doucement de son travail et non de ravir au peuple le peu d'occupation qu'il possède. Portez votre invention ailleurs. Elle peut convenir dans les pays où les bras manquent ; elle ne convient nullement dans celui où les bras abondent et où il s'en faut de beaucoup qu'ils soient utilement employés. »

Révoltes et oppositions

La méfiance à l'égard des machines s'est traduite, en France, jusqu'en 1684, par une interdiction « parce qu'on craignait que son emploi ne privât de travail un grand nombre de gens ». Les émeutes se sont surtout produites dans d'autres pays.

Les révoltes et émeutes contre mes machines ne résultaient pas seulement de l'élimination de travailleurs, mais aussi d'une crainte à l'égard du surnaturel, presque diabolique. (...)

LE XVIIIe SIÈCLE

En 1739, dans son édifiant Institution d'un prince, *traité de morale politique à l'intention du Dauphin, l'abbé J.-J. Duguet conclut : « Il (le prince) doit s'opposer à toutes les inventions qui font qu'un seul homme tient lieu de plusieurs et qui leur ôtent, par conséquent, le moyen de travailler et de vivre... Il peut louer et récompenser même ceux qui font de nouvelles découvertes dans les mécaniques ; mais, si elles portent préjudice aux pauvres, il doit se contenter de rendre justice à l'esprit de l'inventeur et défendre sévèrement ce qui ne servirait qu'à multiplier les indigents et les paresseux. »*

La grande explosion

Après 1745, se produit en France la grande explosion d'idées qui aboutira, 40 ans plus tard à la révolution politique ; les études économiques se multiplient. (...) Dans De l'Esprit des Lois *(1748), Ch. de Montesquieu (1689-1755) reproche netement aux machines de diminuer le nombre d'emplois : « Ces machines dont l'objet est d'abréger l'art ne sont pas toujours utiles. Si un ouvrage est à un prix médiocre..., les machines qui en simplifieraient la manufacture, c'est -à-dire qui diminueraient le nombre des ouvriers seraient pernicieuses et, si les moulins à eau n'étaient pas tous établis, je ne les croirais pas aussi utiles qu'on le dit, parce qu'ils font reposer une infinité de bras. » (...)*

Les révoltes contre les machines se multiplient, l'industrie textile restant toujours la plus en vue. (...)

La Révolution

Dès le 14 juillet 1789, deux à trois cents manifestants à Rouen abîment les machines d'une manufacture ; nombreuses autres destructions dans la région.

Avant même la réunion des États généraux, c'est une éclosion de multiples brochures ou pamphlets, souvent anonymes, exprimant un ensemble de revendications profondes. (...)

En Angleterre

Vers la fin du siècle, des bandes armées se forment, qui ne peuvent être réduites que par l'artillerie. Et, signe caractéristique, en cas d'impuissance, la peine de mort sera décrétée en 1812 contre les briseurs de machines.

Le contraste est frappant, en cette fin de siècle, entre le monde des économistes, croyants et insensibles, et une population appelée à subir les douleurs de l'accouchement d'une nouvelle société. L'opinion populaire, même moyenne, se range du côté des ouvriers, tandis que le pouvoir appuie, ne disons pas les économistes, qu'il ignore souvent, mais les industriels.

Alfred Sauvy, La Machine et le chômage, *Dunod.*

Refuser la machine pour sauvegarder l'emploi n'est pas une opinion nouvelle. **A. Sauvy** relate que dès le IIIe siècle l'empereur Dioclétien rejetait la machine pour laisser le travail au peuple.

Pourtant en très longue période, il est possible d'établir un lien entre progrès technique et emploi : lorsque le progrès technique est important, l'emploi a tendance à progresser.

B ... alors que le progrès technique est globalement source de croissance et donc de création d'emplois

- **J. A. Schumpeter** considère que le progrès technique et les innovations sont les principaux moteurs de la croissance.

  En effet seuls **le progrès technique et la machine engendrent** des gains de productivité importants. Or ces derniers sont à la base d'**un cercle vertueux de croissance** car ils permettent :
  - de **réduire les coûts de production** et donc soit de baisser les prix pour augmenter la demande, soit d'augmenter le profit dont une partie est réinvestie dans la production ;
  - d'**augmenter les salaires** et donc à nouveau la demande ;
  - de **diminuer le temps de travail**.

- **Sans progrès technique la production individuelle n'augmente pas, il ne peut donc y avoir de réelle croissance.**

  Les effets de la productivité sur la croissance s'observent surtout pendant les Trente glorieuses. Au cours de cette période de croissance exceptionnelle, dénommée croissance fordiste par les théoriciens de la régulation, des gains de productivité considérables ont permis d'accroître fortement les salaires et la demande tout en augmentant sensiblement les profits et l'investissement. Les hausses de l'investissement et de la demande furent les moteurs de la croissance qui favorisa le plein-emploi.

- **En moyenne et longue période, une corrélation entre progrès technique et création d'emplois peut être mise en évidence** :
  - En longue période, dans les pays industrialisés, l'augmentation du niveau de l'emploi est bien supérieure à celle des pays en développement qui connaissent un sous-emploi considérable.

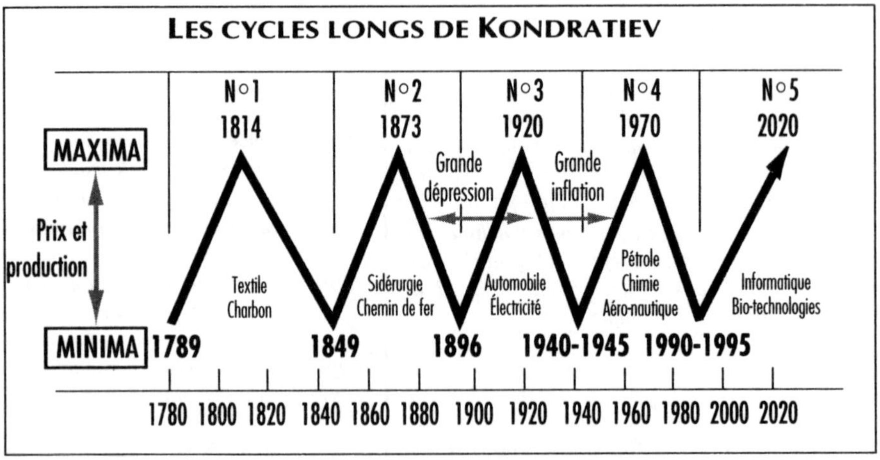

– **Les phases d'expansion des cycles longs Kondratieff sont expliquées par J.A. Schumpeter par l'effet du progrès technique qui prend la forme de « grappes d'innovations »**. Elle constituent un facteur d'expansion, et de plein-emploi (phase A du cycle Kondratieff), alors que l'atténuation de leur effet d'entraînement est un facteur de récession et de sous-emploi (phase B du cycle).

Si, localement et à court terme, la machine peut détruire des emplois, elle est aussi à la base du cercle vertueux qui globalement en crée à long terme. Elle figure pourtant, de nouveau depuis la crise, au banc des accusés.

2 LE RENOUVEAU DU DÉBAT DEPUIS LA CRISE

Depuis le début de la crise, les pertes d'emploi se multiplient. L'effet vertueux de la productivité sur la croissance et l'emploi ne semble plus fonctionner.

A Le progrès technique ne semble plus créer d'emplois depuis la crise...

- **Le progrès technique et les gains de productivité sont nécessaires à la croissance, mais ils ne sont pas suffisants**. D'autres conditions doivent obligatoirement être réunies. C'est la raison pour laquelle le cercle vertueux ne fonctionne plus depuis le début de la crise. En effet, le progrès technique et les gains de productivité ne sont source de croissance et d'emplois que s'ils permettent à la demande et à l'investissement d'augmenter.
- Ainsi, depuis le début de la crise, les gains de productivité induits par le progrès technique n'ont plus le même rôle de moteur de la croissance qu'ils avaient durant les Trente glorieuses, et cela pour de nombreuses raisons :
  – Depuis la fin des années 60, **la productivité s'est ralentie**. Contrairement à ce que pensent les anti-productivistes, le chômage est moins la conséquence d'une trop forte productivité que celle d'un manque de productivité.
  – Les gains de productivité ont **moins d'effets positifs sur la demande** car :
    • la consommation de biens durables a tendance à se saturer ;
    • la demande de produits industriels se tourne de plus en plus vers l'importation ;
    • depuis le milieu des années 80, les gains de productivité sont davantage utilisés à l'augmentation des profits qu'à l'augmentation des salaires.
  – Les gains de productivité ont **moins d'effets positifs sur l'investissement** car :
    • durant les années 70, les gains de productivité ont surtout profité aux salaires et non aux profits ;
    • la restauration du profit au cours des années 80 n'a que peu favorisé l'investissement du fait d'anticipations pessimistes et d'une insuffisance de la demande.

B ... d'où une volonté diffuse de le freiner

- Puisque la productivité est le rapport entre la production et l'emploi, l'emploi est donc égal au rapport entre la production et la productivité.
  – **L'emploi diminue lorsque l'augmentation de la productivité est supérieure à celle de la production**.
  – **L'emploi s'accroît lorsque l'augmentation de la production est supérieure à celle de la productivité**.

En raison de la crise, la croissance de la production est faible. Les anti-productivistes en déduisent que les gains de productivité et le progrès technique doivent être freinés pour que l'emploi progresse.

- Selon une opinion largement répandue, la lutte contre le chômage exigerait **un arrêt de la substitution du capital au travail**. Suivant cette conception, une limitation du progrès technique devrait être appliquée à tous les secteurs et plus particulièrement au secteur tertiaire qui semble relativement protégé de la concurrence internationale. Ainsi il est parfois conseillé de **freiner le processus d'informatisation des services** (banques et assurances par exemple) mais aussi de **créer des « petits boulots »** à faible productivité dans les services aux ménages.

3 MÊME EN PÉRIODE DE CRISE, LE PROGRÈS TECHNIQUE EST NÉCESSAIRE À L'EMPLOI

Malgré la situation actuelle de chômage, le progrès technique et les gains de productivité sont indispensables à l'économie et à l'emploi.

A Le progrès technique est nécessaire pour se maintenir dans la compétition internationale et ainsi préserver l'emploi

- Les économies sont de plus en plus ouvertes, les frontières sont de moins en moins protégées et la crise, en restreignant les débouchés, a exacerbé la **concurrence internationale**. De ce fait les entreprises se livrent une guerre économique à l'échelle mondiale et cherchent constamment à diminuer les prix de leurs produits afin d'accroître leur compétitivité. **Le progrès technique et la machine sont donc nécessaires pour sauvegarder les entreprises nationales et l'emploi**.

  Seuls les gains de productivité permettent d'abaisser les coûts de production de manière à résister aux importations et aux risques de délocalisation des entreprises. Des gains de productivité largement inférieurs à ceux de nos partenaires économiques nous contraindraient à adopter des mesures protectionnistes ou à subir la faillite de nombreuses entreprises.
- **C'est en acceptant le progrès technique et donc en augmentant considérablement la productivité du travail qu'il est possible de résister à la concurrence des pays à faible coût de main-d'œuvre**. Puisque leur main-d'œuvre est très bon marché, celle des pays industrialisés doit être efficace et productive. Dans le cas contraire, les pays développés sont condamnés à diminuer leur coûts salariaux ou à s'enfoncer dans la crise.

B Le progrès technique est nécessaire pour renouer avec la croissance

- Il ne faut pas faire de mauvais procès à la machine ; le chômage ne résulte pas du progrès technique mais du nombre élevé d'actifs sur le marché du travail et de l'insuffisance de la croissance de la production. **Freiner le progrès technique aurait un effet désastreux sur l'emploi** car cela risquerait de limiter encore plus la croissance. La solution est, au contraire, de renouer avec l'expansion, en réalisant des gains de productivité et en les utilisant efficacement.
- Si le progrès technique actuel a peu d'impact sur la croissance, c'est parce qu'il est insuffisant et parce que les gains de productivité qu'il induit ont peu d'effets d'entraînement sur la production. **Actuellement, les gains de productivité servent en grande partie à baisser les prix et à la recherche de la compétitivité extérieure**. De ce fait ils perdent leur impact positif sur la croissance. Il faudrait, grâce à une coopération internationale moins conflictuelle, cesser cette

course à la compétitivité. Cela permettrait ainsi d'**utiliser le progrès technique et les gains de productivité à augmenter les salaires et à stimuler la demande, à restaurer les profits et à soutenir l'investissement**.

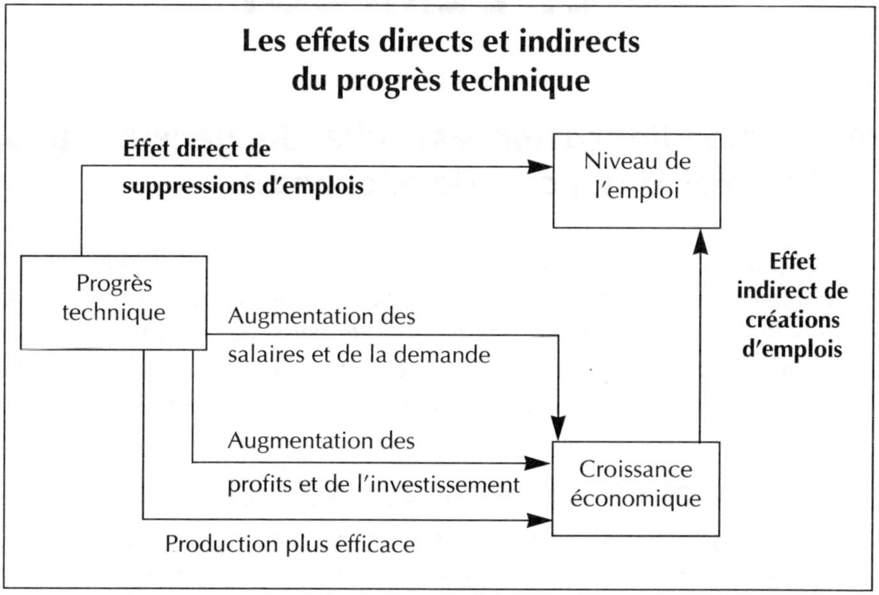

Le chômage résulte davantage d'un ralentissement de la production due à une conjoncture défavorable (saturation de la demande, ralentissement du pouvoir d'achat, anticipations pessimistes, concurrence internationale...) que du progrès technique et de la machine. Si la machine détruit parfois des emplois, elle est néanmoins indispensable à l'emploi.

FICHE 26 LA MONDIALISATION ET L'EMPLOI

→ La mondialisation est-elle dangereuse pour l'emploi des pays développés ?

Depuis le début des années 70, les pays développés sont fortement touchés par le chômage. Les pays qui ont réussi à limiter ce fléau, comme les États-Unis ou la Grande-Bretagne, l'ont fait au prix d'une forte baisse des salaires des travailleurs les moins qualifiés. La mondialisation est souvent jugée responsable de cette crise de l'emploi, mais son impact ne doit être ni surestimé ni considéré comme une fatalité.

1 La mondialisation est souvent accusée de nuire à l'emploi des pays développés

A Une tendance à la libéralisation des échanges et à l'ouverture des économies

- Durant les Trente glorieuses, les échanges se sont libéralisés, ce qui a permis un net recul du protectionnisme et donc un **effacement relatif des frontières nationales**.
  La production s'organise au niveau mondial. La DIPP (décomposition internationale des processus de production) se développe ; les différentes étapes de la production d'un même bien sont réalisées dans des pays différents.
- Du fait de la libéralisation des échanges et des possibilités de délocalisation, **les travailleurs des divers pays sont mis en concurrence**.

B La mondialisation nuit surtout aux travailleurs peu qualifiés

- **Le libre-échange et les avantages comparatifs semblent préjudiciables aux salariés les moins qualifiés**. La compétition mondiale rejette les travailleurs les moins diplômés mis en concurrence avec les travailleurs sous-payés des pays en développement. Maurice Allais (Prix Nobel d'économie) affirme que face à la concurrence des pays à faible coût de main-d'œuvre, il n'existe que deux alternatives : le chômage des moins qualifiés ou la baisse de leurs salaires. L'existence d'un salaire minimum rendant impossible la deuxième solution, le libre-échange conduit inéluctablement au chômage de toute une catégorie de la population.
- Secrétaire au travail de l'administration Clinton, Robert Reich considère que l'ouverture internationale a modifié les règles du jeu. Les firmes mondiales recherchent de plus en plus de salariés très qualifiés que Reich nomme « **manipulateurs de symboles** ». Leurs salaires ne dépendent pas de leur temps de travail mais de leurs capacités ; ils sont d'autant sollicités que la demande mondiale d'odées est forte. En revanche, les deux autres catégories d'emplois qui composent la société développée souffrent de la mondialisation. Il s'agit des « **routiniers** » qui exécutent des tâches répétitives de production de masse et dont les emplois vont disparaître sous l'effet de la concurrence des pays à bas

salaire et, enfin, des employés de différents « **services personnels nationaux** » (employés du commerce, infirmières, fonctionnaires…) qui verront leurs salaires baisser en raison de la pression exercée par l'immigration et les travailleurs routiniers dont les emplois sont supprimés.

2 Les effets de la mondialisation ne sont pas une fatalité

A L'impact de la mondialisation sur l'emploi doit être nuancé

- L'économie n'est pas encore « mondiale ».
  - Le libre-échange des marchandises est important, mais des restrictions demeurent.
  - La libéralisation des échanges de services et de produits agricoles est loin d'être aboutie.
  - En créant de nouvelles frontières, la régionalisation, qui est la **formation de blocs commerciaux** comme les zones de libre-échange ou les unions douanières, s'oppose à la globalisation.
- La mondialisation n'est pas la seule responsable du chômage des moins qualifiés. Les principaux coupables sont la crise et les progrès technologiques qui font que la production requiert du travail de plus en plus qualifié. Mais les vieilles tendances ne perdurent pas toujours. On peut espérer que les efforts d'éducation débouchent sur une **diminution de la population active peu qualifiée**.

B Face à la mondialisation, l'État n'est pas démuni

- Les effets de la mondialisation sur l'emploi ne sont pas une fatalité. L'État peut intervenir :
  - il peut mettre en place une « **politique commerciale stratégique** » visant à encourager la création de nouveaux secteurs, à soutenir certaines entreprises pour les aider à gagner en compétitivité et atteindre une dimension mondiale. Par exemple, le soutien des États européens à Airbus a permis de concurrencer de façon efficace Boing ;
  - il peut recourir à des **mesures protectionnistes sélectives** pour abriter les activités employant des salariés à faible qualification ;
  - l'État peut aussi jouer sur le taux de change. La **dépréciation de la monnaie** permet de rétablir les écarts de compétitivité et de compenser en partie les effets de la cherté de la main-d'œuvre ;
  - il peut aussi développer l'**éducation** de façon à ce qu'une part croissante des actifs deviennent des « manipulateurs de symboles ».
- **Les perdants de la mondialisation, c'est-à-dire les travailleurs peu qualifiés, doivent être soutenus**. Les gagnants de la mondialisation sont les travailleurs qualifiés et les consommateurs qui peuvent acheter des produits à meilleurs prix. Il peut paraître légitime que les gagnants aident les perdants et donc que l'État développe la **redistribution des revenus**.

La tendance à la mondialisation est réelle, mais le monde n'a pas encore un « village planétaire ». La mondialisation fournit surtout des arguments aux entreprises et parfois aux États qui, mettant en avant les contraintes qu'elle impose, espèrent souvent faire accepter à la population une mise en cause de ses acquis sociaux.

FICHE 27 FORMATION ET EMPLOI

→ École et chômage : quelles relations ?

La responsabilité de l'école dans la croissance du chômage a souvent été évoquée en France au cours de la seconde moitié des années 80. La reprise économique ne s'était pas accompagnée d'une diminution sensible du chômage, et celui des jeunes en particulier était resté à un niveau élevé. L'inadéquation entre les qualifications offertes par le système scolaire et celles demandées par les entreprises a souvent été présentée comme une explication de fond du chômage des jeunes. En réponse à ces critiques, l'Éducation nationale d'une part, les jeunes et leurs familles d'autre part, se sont efforcés d'améliorer et de prolonger la formation. Malheureusement, la crise du début des années 90 a privé d'emploi nombre de ces nouveaux diplômés. La relation entre la qualification et l'emploi est plus complexe que l'on pouvait le penser.

1 L'ÉCOLE A SOUVENT ÉTÉ PRÉSENTÉE COMME RESPONSABLE DU CHÔMAGE DES JEUNES

Les critiques adressées au système éducatif sont de deux types. On lui reproche d'une part de ne pas qualifier tous les jeunes, et d'autre part de ne pas répondre convenablement aux besoins des entreprises.

A Trop de jeunes quittent le système éducatif sans qualification...

- **Le diplôme constitue une protection individuelle contre le chômage**. En 1996, le taux de chômage des actifs non diplômés était de 17,2 % contre 7,4 % pour les diplômés d'un 2e ou 3e cycle universitaire. De plus, la durée du chômage des personnes non qualifiées est beaucoup plus longue que celle des personnes qualifiées.
- Bien que ce nombre diminue, de nombreux jeunes continuent d'arriver sur le marché du travail sans qualification. Ils étaient 202000 dans ce cas en 1980 et encore 97000 en 1995. Plus de 40 % de ces jeunes étaient encore au chômage un an après leur sortie de l'école ; les stages et les travaux précaires ont été pour la plupart un passage obligé avant d'accéder tardivement à un emploi stable.

B ... et il y aurait une relative pénurie de main-d'œuvre

- Alors que la France comptait 3 millions de chômeurs à la fin des années 80, certains estimaient que 500000 emplois ne trouvaient pas preneurs, même si seulement quelques dizaines de milliers d'offres non satisfaites depuis plus d'un mois étaient déclarées à l'ANPE. Interrogées par l'INSEE **en 1990, 47 % des entreprises industrielles déclaraient avoir du mal à embaucher**. Ces éventuels goulots d'étranglement entraveraient le développement des entreprises et pénaliseraient l'emploi.

- **La pénurie** que déclarent rencontrer les chefs d'entreprises **concerne essentiellement des ouvriers qualifiés** et s'explique d'abord par le refus d'une partie des jeunes d'exercer des métiers considérés comme difficiles, mal payés, et mal considérés.

  Mais l'école a également des difficultés à suivre les qualifications demandées par les entreprises. Celles-ci sont incapables de déterminer quelques années à l'avance les qualifications dont elles auront besoin, alors que plusieurs années sont nécessaires pour mettre en place une nouvelle formation et sortir une première génération de diplômés.

- **On reprochait enfin à l'Éducation nationale de ne pas former un nombre suffisant d'ingénieurs**. Alors que 14000 ingénieurs étaient formés tous les ans, certains estimaient que les besoins se situaient plutôt autours de 25000. Mais la pénurie d'ingénieurs était beaucoup moins importante que celle d'ouvriers qualifiés et provenait en partie d'une promotion interne insuffisante dans les entreprises.

  Ainsi, certains ont fait du système éducatif le principal responsable du chômage des jeunes.

2 MAIS LA CRISE A LIMITÉ LA PORTÉE DE CES CRITIQUES

L'Éducation nationale s'est efforcée d'améliorer l'efficacité de l'appareil scolaire, mais la crise du début des années 90 n'a pas permis que cela se traduise par une amélioration effective sur le marché du travail.

A L'amélioration des qualifications offertes...

- **L'Éducation nationale s'est d'abord attachée à réduire le flux de sortie des non-diplômés**. Alors qu'en 1985, 120000 élèves avaient quitté le collège ou un cycle professionnel court avant l'année du diplôme, ils n'étaient plus que 92000 en 1990, soit 12 % de l'ensemble des sorties. Une proportion croissante de jeunes a donc achevé un cycle professionnel court, ou poursuivi des études secondaires. Certains élèves titulaires d'un BEP ont même pu obtenir par la suite un baccalauréat technique, ou plus récemment un baccalauréat professionnel.

- Cette poursuite d'études se traduit par **un accès plus fréquent à la classe de terminale**. Cela concernait 20,6 % d'une classe d'âge en 1966, 38,2 % en 1986 et 68,3 % en 1996. Sur les 200000 élèves supplémentaires accueillis en terminale entre 1986 et 1991, plus de la moitié l'ont été dans l'enseignement général, les autres se partageant dans des proportions voisines entre l'enseignement technique et l'enseignement professionnel.

- **L'extension des études secondaires se prolonge par un afflux massif d'élèves dans l'enseignement supérieur**. Le nombre d'étudiants dans l'enseignement supérieur est aussi passé d'1,174 million en 1980 à 2,126 millions en 1996. Un nombre croissant d'étudiants se sont inscrits dans des **Sections de techniciens spécialisés (STS)** dont la capacité d'accueil a été multipliée par 3 en dix ans. Au total 240 000 étudiants sont sortis avec un diplôme au moins égal à bac + 2 en 1990 contre 180000 en 1984.

B ... n'a pas empêché la dégradation du marché du travail

- **Entre 1991 et 1993, ces étudiants sont arrivés sur un marché du travail déprimé**. En trois ans, plus de 600 000 emplois ont été perdus et le nombre de chômeurs a augmenté d'autant. Les ouvriers qualifiés, les contremaîtres et les techniciens de l'industrie ont été, comme d'habitude en période de crise, les principales victimes de ce retournement de tendance. Mais toutes les catégories ont été touchées, et, parmi elles, les cadres dont le nombre a diminué pour la première fois en France depuis la fin de la Seconde Guerre mondiale.

  L'insertion professionnelle des jeunes a donc été particulièrement difficile. Le taux de chômage des jeunes qui baissait depuis 1985 est remonté pour atteindre 19,3 % en 1992. Il est apparu clairement, et ceci pour la première fois, que le diplôme ne constituait plus un rempart suffisant contre le chômage.

- **Cette crise a accéléré la dévalorisation des diplômes**. Les chefs d'entreprises qui cernent difficilement leurs futurs besoins en qualification ont souvent choisi le candidat le plus diplômé, même s'il était surqualifié, en supposant que son niveau d'étude lui permettrait de s'adapter aux changements technologiques et sociaux. Les administrations, parce que leur recrutement se fait par concours, ont systématiquement embauché des jeunes surqualifiés pour les tâches qui leur sont proposées.

  Cet écrémage conduit les moins diplômés, même quand ils ont une qualification, à être exclus du marché du travail. Une offre insuffisante d'emplois crée ainsi un chômage de fil d'attente, les quelques emplois offerts étant occupés par les plus diplômés. La sous-utilisation de leurs capacités provoque la déception voire l'amertume des jeunes embauchés et les incitera à quitter leur employeur dès que le marché du travail sera meilleur. Ce **chômage de fil d'attente** peut donc diminuer mais il ne disparaîtra pas tant que les créations d'emplois ne seront pas suffisantes pour accueillir l'ensemble des jeunes.

  Cette crise a mis en évidence que le niveau du chômage est largement indépendant du niveau des qualifications.

3 L'ÉCOLE NE PEUT QU'ACCOMPAGNER LES MUTATIONS DU MARCHÉ DU TRAVAIL

L'école ne crée pas les emplois. Elle ne peut qu'accompagner les créations éventuelles d'emplois, en proposant des formations adaptées.

A Les emplois évoluent...

- Les prévisions en matière d'emploi étant peu fiables, il est prudent de s'en tenir aux évolutions récentes. Les **recensements de 1982 et 1990** apportent un certain nombre de précisions susceptibles d'éclairer le débat.

  Il faut d'abord remarquer que **si l'économie française a créé 767 000 emplois entre ces deux dates, la population active a augmenté de près de 1,5 million de personnes** du fait de l'arrivée des jeunes sur le marché du travail et de l'augmentation du taux d'activité des femmes. Le chômage a donc augmenté, passant d'un peu plus de 2 millions à 2,8 millions.

- **L'étude des Professions et catégories socioprofessionnelles (PCS) montre une augmentation globale des qualifications**, le nombre de cadres augmentant de 40 %, celui des professions intermédiaires de 17 %, alors que le nombre des ouvriers et des artisans diminue légèrement et que celui des agriculteurs s'effondre (– 32 %).

  Mais, paradoxalement, les métiers pour lesquels se créent le plus d'emplois sont généralement ceux qui n'exigent pas d'études longues. Sur les dix métiers les plus créateurs d'emplois, seuls deux (professeurs et ingénieurs informatiques) sont exercés par des actifs majoritairement titulaires d'un Bac. Les créations d'emplois très qualifiés sont en fait relativement faibles, l'essentiel des créations concernant des emplois peu ou moyennement qualifiés.

La contradiction entre la création d'emplois peu qualifiés et l'augmentation du niveau général de qualification n'est qu'apparente. Les créations d'emplois d'ouvriers et surtout d'employés peu qualifiés sont masquées, quand on s'en tient aux flux nets, par des destructions d'emplois, si bien que l'effectif total de ces PCS varie peu.

B ... la formation doit donc s'adapter

- L'école doit évidemment accompagner cette évolution des emplois. **Donner à chaque élève une formation est un impératif** dans la mesure où les emplois sont de plus en plus spécialisés. Une certaine technicité est aujourd'hui exigée afin d'exercer des métiers qui auparavant ne réclamaient pas de formation spécifique. Dans ces conditions, l'absence de formation est un handicap majeur pour trouver un emploi et la volonté de réduire voire de supprimer les sorties du système scolaire sans aucune formation est pleinement justifiée.

  La rapidité avec laquelle les qualifications demandées par les entreprises évoluent interdit à l'école de développer des filières trop pointues. **L'objectif doit être de donner une formation de base**, adaptée à chaque niveau de qualification, et **permettant aux salariés de s'adapter aux transformations technologiques et sociales**.

  Le débat sur les rôles respectifs de l'école et de l'entreprise dans la formation n'est toujours pas clos en France. L'apprentissage en Allemagne est souvent donné en exemple, mais ce modèle n'est pas transférable en l'état. La place de l'Allemagne dans la division internationale du travail lui a permis d'augmenter l'emploi industriel depuis le début de la crise et de verser des salaires élevés. C'est loin d'être le cas en France, et le coût d'une formation approfondie rebute un grand nombre d'entreprises. Pourtant le principe d'une complémentarité entre l'école et l'entreprise semble acquis.

- **La formation continue est un besoin collectif et individuel**. Elle permet à une entreprise ou à une administration de favoriser l'introduction de nouvelles technologies, et elle est souvent la condition d'une promotion pour les salariés. Un large consensus existe donc pour la développer. Cela aurait l'avantage de **favoriser la mobilité professionnelle** en ouvrant des perspectives de carrière et de **pallier certaines pénuries de qualification**.

  L'école doit donc participer au processus de qualification et de spécialisation des emplois. C'est d'ailleurs ce à quoi elle s'emploie, de plus en plus en relation avec les entreprises, aussi bien pour la formation initiale que pour la formation continue.

L'idée selon laquelle le niveau de chômage des jeunes dépend prioritairement du niveau de formation a été largement démentie par les faits. C'est au contraire le niveau de chômage qui détermine le niveau de scolarisation. En France, comme en Espagne, des offres d'emploi insuffisantes incitent les jeunes à prolonger leurs études, alors qu'aux États-Unis l'offre d'emplois peu qualifiés, peu payés mais abondants ainsi que le coût élevé des études favorisent une entrée rapide sur le marché du travail.

Individuellement le diplôme reste une protection contre le chômage, mais cette protection s'effrite en raison de sa dévalorisation. Il s'agit d'un exemple d'effet émergent que des sociologues ont mis en évidence : la volonté individuelle de se protéger du chômage par la prolongation des études aboutit, quand cette attitude se généralise, à une dévalorisation relative des diplômes et une diminution de cette protection.

FICHE 28 LE COÛT DE LA MAIN-D'ŒUVRE

→ Faut-il réduire le coût de la main-d'œuvre ?

Le coût de la main-d'œuvre (salaire plus charges sociales) est au centre des débats économiques actuels. Certains économistes et hommes politiques d'inspiration keynésienne considèrent qu'un coût élevé de la main-d'œuvre est un des facteurs de la croissance, mais d'autres d'inspiration libérale, de plus en plus nombreux, pensent qu'il est nécessaire de diminuer les coûts de la main-d'œuvre pour rétablir le profit, améliorer la compétitivité et encourager les entreprises à embaucher.

1 UN COÛT ÉLEVÉ DE LA MAIN-D'ŒUVRE EST SOUVENT JUGÉ NÉFASTE

Le coût élevé de la main-d'œuvre serait à la source de nombreux dysfonctionnements économiques comme l'inflation, le chômage, les pertes de compétitivité des entreprises, les déséquilibres extérieurs et, plus globalement, il serait la cause principale de la crise économique. Depuis le début des années 80 (en France, depuis 1983), les politiques gouvernementales cherchent donc à le diminuer.

A La hausse du coût de la main-d'œuvre serait un facteur d'inflation

- **Les entreprises répercutent les hausses de coûts de production sur les prix**. Si les coûts de la main-d'œuvre sont élevés, les coûts de production et donc les prix le seront aussi. Tant que l'accroissement des coûts de la main-d'œuvre est inférieur à la hausse de la productivité, les coûts de production unitaires n'augmentent pas (les salariés sont mieux rémunérés mais ils produisent plus) ; en revanche toute augmentation des salaires et des charges sociales supérieure aux gains de productivité du travail est inflationniste.

  D'autre part les salaires sont au centre d'un cercle vicieux appelé **spirale inflationniste** : l'inflation a tendance à s'auto-entretenir, car, face à une hausse des prix, les salariés revendiquent une hausse de leurs salaires de façon à conserver intact leur pouvoir d'achat ; cette hausse alourdit les coûts de production des entreprises qui augmentent à nouveau leurs prix, et amènent ainsi les salariés à revendiquer une nouvelle hausse de salaire…

- Si le coût de la main-d'œuvre peut être inflationniste par le biais des coûts de production, il l'est aussi par le biais de la demande. **Toute hausse des salaires exerce une pression sur la demande et de ce fait sur les prix**. Ainsi, les libéraux considèrent que toute politique de relance par la hausse des salaires et de la demande est inflationniste. L'exemple de la France en 1981 semble leur donner raison : une politique de relance de la demande de type keynésienne s'est, en effet, traduite par une hausse sensible des prix.

- Si, jusqu'au début des années 80, la nécessité d'accepter une certaine inflation était souvent admise pour accélérer la croissance et combattre le chômage, la lutte contre l'inflation est devenue prioritaire depuis 1983 en France. Cette lutte contre l'inflation est passée par la modération et parfois même la baisse des salaires. Ainsi pour rompre la spirale inflationniste, ceux-ci ont été désindexés sur les prix à partir de 1983. **La modération des salaires et plus largement du coût de la main-d'œuvre ont été une cause importante de la désinflation des années 80.**

B Un coût élevé de la main-d'œuvre serait un facteur de perte de compétitivité et plus largement de crise

- Les économies des grands pays industrialisés, et surtout celles des pays européens, sont très ouvertes au commerce international. **En raison de la libéralisation et de la mondialisation des échanges, les nations doivent être compétitives et donc réaliser les plus bas coûts de production.**

  La crise économique mondiale exacerbe encore plus la concurrence ; en période de croissance, chacun peut profiter de la conjoncture et augmenter sa production, mais, en cas de récession, une croissance sensible des exportations d'un pays nécessite la conquête de parts de marché d'autres pays. La compétition internationale est donc accrue, et chaque pays mène des stratégies pour augmenter ou conserver sa part.

- Une composante importante du coût de production des entreprises est le coût de la main-d'œuvre ; celui-ci est donc un déterminant de la compétitivité. Le coût élevé de la main-d'œuvre en France est donc souvent jugé responsable des déséquilibres extérieurs. En effet, comment être compétitif par rapport à des pays comme Taïwan ou la Corée du Sud, alors que leurs coûts de main-d'œuvre sont parfois jusqu'à dix fois moins élevés.

  Les importations massives de textile ou de produits électroménagers en provenance de ces pays s'expliqueraient par cette différence de coût. Les faillites de certaines entreprises ou les difficultés rencontrées par des pans entiers de notre économie, comme le textile, la sidérurgie, les chantiers navals et même l'automobile, seraient donc dues au coût trop élevé de notre main-d'œuvre.

- **Source d'inflation, et facteur d'augmentation des coûts de production, la hausse du coût de la main-d'œuvre nuirait donc fortement à la compétitivité extérieure**. Dans une économie ouverte, la course à la baisse des coûts de production pourrait donc rendre nécessaires des tentatives de baisse du coût de la main-d'œuvre. Cela est souvent considéré comme une adaptation nécessaire à la nouvelle donne internationale.

C Un coût élevé de la main-d'œuvre serait un facteur de chômage

- Un coût de la main-d'œuvre élevé serait **un facteur de chômage en raison du manque de compétitivité qu'il induit**. S'il est réellement responsable des difficultés de secteurs entiers de notre économie ainsi que du ralentissement de la croissance, il est possible d'affirmer que c'est parce que certains sont trop bien rémunérés que d'autres se retrouvent au chômage.

  D'autre part, afin de préserver leur compétitivité, **certaines entreprises ont tendance à se délocaliser**, c'est-à-dire à déplacer tout ou partie de leur production dans les pays à faible coût de main-d'œuvre aggravant ainsi le chômage dans les pays industrialisés.

- Pour les économistes libéraux, le coût élevé de la main-d'œuvre est la raison principale du chômage. Dès le XIXe siècle, l'auteur néoclassique français **Léon Walras** a expliqué comment selon lui le niveau de l'emploi se fixe sur le marché du travail. Sur ce marché, l'offre de travail (constituée par ceux qui vendent leur travail, c'est-à-dire la population active) serait une fonction croissante du salaire (plus le salaire est élevé plus les individus sont incités à travailler), alors que la demande de travail des entreprises serait une fonction décroissante du salaire (plus le salaire est élevé moins les entreprises sont prêtes à embaucher). Selon une telle conception, **le chômage serait dû au niveau trop élevé des salaires qui limiterait la demande de travail** et entraînerait un excédent d'offre de travail. Pour lutter contre le chômage, il serait donc nécessaire de diminuer les rémunérations pour que les entreprises embauchent davantage.

- Depuis le début des années 80, les gouvernements successifs, pour encourager l'embauche et améliorer la compétitivité des entreprises, ont mis en place **des mesures globales ou sélectives de réduction du coût de la main-d'œuvre**. En voici quelques exemples :
  - **diminution des charges patronales** dans le cas de l'embauche d'un chômeur présentant certains critères (par exemple, jeune chômeur ou chômeur de longue durée) ;
  - **création de nouvelles formes d'emplois** non salariés qui peuvent donc être rémunérés en dessous du SMIC (les CES par exemple) ;
  - alternative présentée aux salariés dans leurs entreprises : accepter soit des licenciements soit une diminution de salaire ;
  - la **loi quinquennale pour l'emploi** proposée par E. Balladur qui vise entre autre à améliorer la flexibilité des salaires et à permettre la baisse des salaires nominaux ;
  - tentative de mise en place du **Contrat d'insertion professionnelle (CIP)** en 1994 qui aurait permis de ne rémunérer certains jeunes qu'à 80 % des rémunérations prévues par les conventions et accords collectifs de travail.

La baisse du coût de la main-d'œuvre est souvent présentée comme un mal nécessaire, mais cette conception est critiquée par certains économistes et hommes politiques qui considèrent que non seulement elle n'est pas une solution à la crise, mais qu'en plus elle peut accroître les déséquilibres économiques.

2 Mais la nécessité d'une réduction du coût de la main-d'œuvre doit être nuancée

La nécessité de la réduction du coût du travail doit être nuancée ; en effet la compétitivité extérieure ne dépend pas seulement du coût du travail, un grand nombre d'autres facteurs interviennent et la réduction des salaires peut non seulement diminuer la demande, mais en plus constituer un frein à l'innovation et au progrès technique.

A Le coût du travail n'est pas le seul déterminant de la compétitivité extérieure

La compétitivité-prix ne dépend pas uniquement du coût du travail et la compétitivité extérieure ne dépend pas seulement de la compétitivité-prix.

- **La compétitivité-prix d'un pays a de nombreux déterminants** ; s'il est vrai que le coût du travail est l'un d'entre eux, il n'est pas le seul.
  - Le premier déterminant de la compétitivité-prix est le coût de production. Le **coût du travail** en représente une part importante mais le **coût du capital** doit aussi être pris en compte ainsi que l'**efficacité du travail**. Plus le travail est productif, moins son coût relatif sera important.

– La compétitivité-prix a aussi d'autres déterminants, elle dépend de facteurs monétaires comme l'inflation ou plus exactement le différentiel d'inflation, c'est-à-dire la différence entre la hausse des prix d'un pays et celle de ses partenaires. La course à la désinflation s'explique par cette recherche de la compétitivité-prix. Un autre déterminant monétaire de la compétitivité-prix est le **taux de change**. Plus celui-ci est bas, plus la compétitivité d'un pays sera favorisée (toutefois, un taux de change faible a comme effet pervers de renchérir les importations).

▶ **La compétitivité extérieure dépend aussi de la compétitivité structurelle**. Celle-ci est déterminée par un grand nombre de facteurs :

– **qualité et renommée des produits** ;

– **efficacité de la force commerciale** et du service après-vente ;

– **spécialisation** dans des produits porteurs : non seulement ceux pour lesquels la demande mondiale est forte mais aussi ceux pour lesquels l'avantage comparatif sera élevé, c'est-à-dire, pour les pays industrialisés, des produits à haute intensité capitalistique et exigeant savoir-faire et main-d'œuvre qualifiée ;

– une production ayant une forte **adaptabilité à la demande** mondiale…

▶ Le fait que le coût de la main-d'œuvre ne joue pas le rôle central qui lui est souvent attribué dans les déterminants de la compétitivité extérieure, peut être illustré par **la structure des échanges et des déséquilibres extérieurs de la France en 1997** :

– Il est impossible d'établir une quelconque corrélation entre le solde commercial et l'importance relative du coût de la main-d'œuvre. Ainsi les deux pays avec lesquels la France enregistre les plus gros déficits (États-Unis et Japon) comme les deux pays avec lesquels elle enregistre les plus gros excédents (Royaume-Uni et Espagne) ont des coûts de main-d'œuvre plus faibles.

– Le commerce de la France avec les Pays en développement est excédentaire en dépit des coûts relativement élevés en France.

COÛT HORAIRE DE LA MAIN-D'ŒUVRE DANS L'INDUSTRIE EN 1995*

estimations en écus

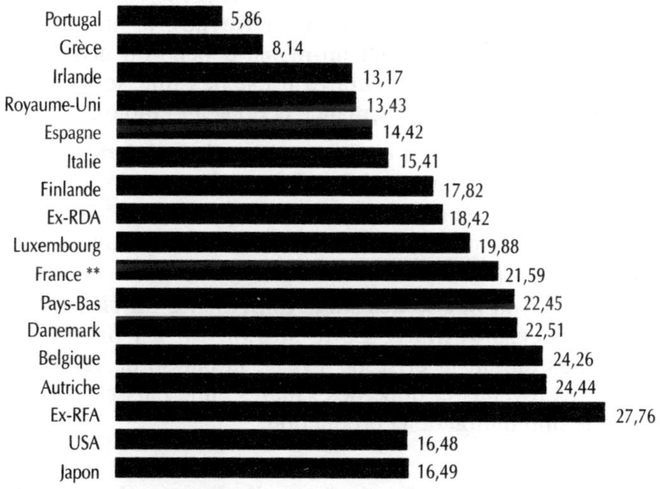

* 1994 pour la Belgique et la Finlande et 1992 pour le Japon.
** Pour la France cette estimation ne tient pas compte des allégements de charges sociales sur les bas salaires à partir de septembre 1995.

D'après les chiffres de l'Insee

Le coût de la main-d'œuvre est certes un déterminant de la compétitivité, mais il n'est ni le seul ni le déterminant principal.

B La réduction du coût du travail risque de conduire à un ralentissement de la demande

- **Selon la conception keynésienne**, la réduction du coût du travail et plus précisément du salaire peut constituer un facteur de récession. **La baisse de la demande induite par celle des salaires peut provoquer un ralentissement ou même une réduction de la production**. La diminution des salaires pour améliorer la compétitivité est une logique dangereuse : faut-il compenser la réduction de la demande induite par la baisse des salaires par une augmentation des exportations, ce qui nécessiterait une nouvelle baisse des salaires ?

  Alors que certains pays nouvellement industrialisés comme la Corée ou Taïwan éprouvent d'importantes difficultés à développer une demande interne afin d'être moins dépendants de leurs exportations, les pays industrialisés devraient-ils adopter la stratégie inverse en augmentant leurs exportations afin de ne plus être dépendants de leur demande intérieure ?

GALBRAITH
CONTRE LA BAISSE DES SALAIRES

– En France, actuellement, on oppose l'emploi et le maintien d'un salaire minimum, notamment pour les jeunes…

J. K. Galbraith – C'est la raison pour laquelle les étudiants sont dans la rue. Je ne crois pas du tout qu'en réduisant les salaires on luttera contre le chômage. Au contraire. Si vous baissez les salaires, vous diminuez le pouvoir d'achat et donc in fine vous augmentez le chômage ! Les gens qui veulent baisser les salaires s'appuient sur une théorie économique qui fleurissait avec Ricardo au XIXᵉ siècle, et qui a été depuis longtemps abandonnée. Les tenants de cette idée veulent, en fait, économiser de l'argent ; leur argument est un habillage superficiel de la traditionnelle exploitation des salariés, y compris des plus jeunes. Je soutiens fermement le salaire minimum. Sans aucun compromis possible.

Le Monde, *29 mars 1994.*

- D'autre part **la réduction des salaires peut être source de problèmes sociaux**. Lorsqu'elle permet de baisser effectivement le chômage, elle est acceptée par l'opinion, mais il est à craindre que, en raison de son effet dépressif sur la demande, elle n'ait pas réellement l'effet recherché sur l'emploi ; c'est du moins ce que pensent les keynésiens. Pour Keynes, le niveau de l'emploi dépend du niveau de la production qui lui-même dépend du niveau de la demande. Selon lui, un niveau élevé de salaire n'est pas une source de chômage mais, au contraire, un soutien à la demande et donc à l'emploi.

- L'histoire économique nous apprend que **les périodes de croissance sont aussi des périodes de hausse des salaires**. Un **cercle vertueux** s'établit entre la hausse des rémunérations et celle de la production : une hausse de la production permet de distribuer un surcroît de salaire, ce qui augmente la demande et donc la production…

  Au contraire, **la baisse des salaires présente un risque important, celui de la spirale récessionniste**. Cette spirale fut à l'origine de l'enlisement des économies durant la crise de 1929 : la baisse de la production provoque une baisse des revenus et donc des salaires ; une baisse de la demande, et donc une nouvelle diminution de la production…

C La réduction du coût du travail risque de constituer un frein à l'investissement et à l'innovation

- Si disposer d'une main-d'œuvre bon marché est, à court terme, un facteur de compétitivité, cela ne se vérifie pas forcément à long terme.

  Une main-d'œuvre chère encourage l'innovation. Afin d'économiser la main-d'œuvre, les entreprises ont tendance à innover, ce qui augmente leur productivité et améliore leur compétitivité. L'Allemagne, avec un coût de la main-d'œuvre largement supérieur à celui de la France, est globalement plus productive et plus compétitive que celle-ci.

- **Un faible coût de la main-d'œuvre peut aussi avoir un effet dépressif sur l'investissement** dont un des déterminants est le coût relatif du capital par rapport au travail. Un coût du travail modéré peut donc inciter les entreprises à moins investir, or l'investissement est l'un des moteurs de la croissance.
- Un faible coût de la main-d'œuvre décourage donc les entreprises d'innover et d'investir, or la recherche de l'innovation et de la productivité afin d'économiser la main-d'œuvre ne joue pas nécessairement contre l'emploi. Ainsi, le cas du Japon nous montre que l'amélioration de **la productivité peut déclencher une dynamique de croissance et créer à terme des emplois**. Il est impossible d'établir une corrélation entre coût de la main-d'œuvre et chômage, les pays ayant des coûts élevés ne sont pas forcément ceux dans lesquels le chômage est important. Le chômage dépend d'un grand nombre de facteurs parmi lesquels le coût de la main-d'œuvre n'a pas un rôle central.

Accusé d'un grand nombre de maux, le coût de la main-d'œuvre n'est pourtant pas la cause unique de la crise. Pendant les Trente glorieuses, l'économie fonctionnait sur certaines bases qui toléraient les fortes augmentations de salaire. L'exacerbation de la concurrence, mais aussi la libéralisation de l'économie, introduisent de nouvelles bases de fonctionnement; l'objectif est maintenant, avant tout, d'être compétitif. Mais les dérapages doivent être évités dans les deux sens : si l'économie ne peut supporter des coûts exorbitants, elle ne peut pas non plus s'adapter à d'importantes baisses du coût de la main-d'œuvre.

FICHE 29 LE PARTAGE DU TRAVAIL

→ Faut-il réduire la durée du travail ?

La réduction de la durée du temps de travail peut apparaître comme une tendance de l'histoire économique. Ainsi le temps de travail fut l'objet de nombreuses améliorations tout au long du XXe siècle :

– 1919 : loi des huit heures.
– 1936 : accords de Matignon : semaine de 40 heures et deux semaines de congés payés.
– 1956 : trois semaines de congés payés.
– 1969 : quatre semaines de congés payés.
– 1981 : semaine de 39 heures.
– 1983 : cinq semaines de congés payés.
– 1998 : loi Aubry qui prévoit la mise en place progressive de la semaine de 35 heures

Avec la crise et le chômage, le débat portant sur la baisse du temps de travail prend une acuité nouvelle, il ne s'agit plus seulement de songer à améliorer les conditions de vie des salariés mais aussi d'envisager le partage du travail.

1 LA SITUATION ÉCONOMIQUE ET SOCIALE ACTUELLE SEMBLE IMPOSER LE PARTAGE DU TRAVAIL…

Le partage du temps de travail est souvent considéré comme une et parfois même la solution efficace pour lutter contre le chômage ; il devrait aussi permettre une amélioration des conditions de vie des travailleurs et la mise en place d'une solidarité sociale.

A Sa fonction principale : lutter contre le chômage

- Lorsqu'il est impossible d'augmenter le niveau de l'emploi ou de diminuer le nombre d'actifs (par l'allongement de la durée des études, l'abaissement de l'âge de la retraite et des incitations pour que les femmes restent au foyer), un moyen de lutte contre le chômage peut être de baisser le temps de travail individuel, autrement dit de **partager le travail**.

  Un calcul simple peut nous montrer, par exemple, que le passage de 39 heures à 35 heures par semaine d'environ 20 000 000 d'actifs occupés libérerait 80 000 000 d'heures par semaine et permettrait éventuellement l'embauche de plus de 2 000 000 d'actifs. Une telle opération semble révéler que la baisse du temps de travail et donc son partage constitue un moyen efficace de lutte contre le chômage.

- Lorsque le **gouvernement socialiste** est arrivé au pouvoir en France en 1981, son objectif prioritaire était de supprimer le chômage en utilisant entre autres ce moyen. Ainsi, le programme gouvernemental prévoyait une baisse progressive du temps de travail de 40 heures à 35 heures. Seule la première étape, les 39 heures, fut mise en application.

  La réduction du temps de travail peut ne pas être générale et n'être envisagée qu'à l'échelle de certaines entreprises, lorsque, pour éviter des licenciements, direction et personnel s'accordent pour partager le travail. C'est dans ce sens qu'allait la loi de Robien.

  La loi de Martine Aubry prévoit la mise en place progressive de la semaine de 35 heures. La réduction du temps de travail est l'instrument principal du dispositif de lutte contre le chômage mis en œuvre par le gouvernement de L. Jospin.

B Il peut être considéré aussi comme une amélioration sociale

- En 1936, le **Front Populaire** fit baisser le temps de travail à 40 heures ; cette décision n'était pas justifiée par la nécessité de lutter contre le chômage puisqu'il était relativement bas en France à cette époque. La baisse du temps de travail avait comme objectif l'amélioration des conditions de vie des salariés.

  De la même façon, la réduction du temps de travail peut paraître aujourd'hui nécessaire pour échapper au « métro, boulot, dodo » qui frappe un grand nombre d'actifs occupés, alors que d'un autre côté des millions d'individus aimeraient, eux, trouver un emploi.

- Toute société solidaire devrait partager les denrées rares ; la réduction du temps de travail peut entrer dans le cadre de cette **solidarité**. Pour le moment, la solidarité face au chômage se limite à indemniser, d'une façon souvent insuffisante, les chômeurs.

  Plutôt que de partager une partie des fruits de la production (les revenus), pourquoi ne pas imaginer une solidarité jouant sur le travail lui-même : répartir de la façon la plus égale possible entre tous les actifs la quantité disponible de travail.

  Le partage du temps de travail semble donc nécessaire, mais si la baisse du temps de travail n'a pas été jusqu'à présent effective en France (réduction d'une heure seulement), c'est parce qu'en réalité ses effets sont limités.

2 ... MAIS SES EFFETS SONT LIMITÉS

Le partage du temps de travail n'est pas une solution miracle : non seulement il ne crée pas autant d'emplois que ce qu'un simple calcul laisse supposer, mais en plus sa mise en place pose de gros problèmes.

A Ses effets sur le chômage sont limités

- **Les effets du partage du temps de travail sont en partie neutralisés par les rattrapages de productivité**. C'est ce phénomène qui se produisit à la suite de la diminution du temps de travail à 39 heures. Malgré un temps de travail inférieur, la charge de travail de certains salariés est demeurée identique parce que, d'une part, l'intensité du travail peut toujours être augmentée et, d'autre part, parce que la réduction du temps de travail en diminuant la fatigue des salariés a permis d'augmenter leur productivité.

L'expérience du début des années 80 a montré que la moitié de ces gains de productivité étaient durables.

Il apparaît donc que la réduction du temps de travail, à moins d'être importante, ne permet pas de créer des emplois en nombre significatif.

- Si ses effets sont limités sur la création d'emplois, ils le sont encore plus sur la diminution du chômage. **La création d'un certain nombre d'emplois ne diminue jamais le chômage dans une même proportion**.

  Les nouveaux emplois ne sont pas tous occupés par des anciens chômeurs, car la **création d'emplois constitue une sorte d'appel d'offre** : des individus sont attirés sur le marché du travail alors qu'ils ne sont pas comptabilisés comme demandeurs d'emploi. Ne cherchant pas d'emploi, ils n'étaient pas considérés comme chômeurs ; c'est particulièrement le cas de certaines mères de famille et de certains jeunes prolongeant leurs études.

  Si ce phénomène joue pour toute création d'emplois, il est encore plus important lors des créations induites par une baisse du temps de travail : **un travail à temps réduit attire de nouveaux actifs sur le marché du travail**.

B Sa mise en place peut être difficile ou contraignante

- **Toutes les charges de travail ne sont pas parfaitement divisibles**. De nombreux salariés dont la plupart des cadres ont, dans l'entreprise, un poste unique. Ainsi comment organiser le travail du secrétariat du directeur si le temps de travail est réduit à 35 heures alors que 39 ou 40 heures seraient nécessaires ; peut-on embaucher une autre secrétaire pour 4 heures ?

  On peut comprendre aisément que la réduction du temps de travail quotidien pose des problèmes d'organisation parfois difficiles à résoudre.

- Si la réduction du temps de travail peut actuellement paraître souhaitable, il n'en sera peut-être rien dans l'avenir. Du fait essentiellement de **phénomènes démographiques**, le nombre d'actifs devrait diminuer dans dix à quinze ans. La réduction du temps de travail pourrait être alors considérée comme un acquis social qu'il serait difficile de remettre en cause, malgré les éventuels besoins de l'économie.

Le partage du temps de travail a donc des effets limités, il ne peut être suffisant pour lutter contre le chômage. De plus sa mise en place pose un problème majeur : celui de la compensation salariale.

3 IL POSE LE PROBLÈME ÉPINEUX DE LA COMPENSATION SALARIALE

A Les enjeux du débat autour de la compensation salariale

- La baisse de la durée du travail accompagnée d'une **compensation salariale totale** augmenterait fortement le coût de la main-d'œuvre des entreprises et donc les coûts de production. La hausse des coûts de production devrait être obligatoirement **répercutée sur les prix**. Cela non seulement diminuerait le pouvoir d'achat des salariés (et reviendrait quasiment au même que s'ils avaient subi une baisse de leur salaire) mais surtout **nuirait à la compétitivité extérieure** des entreprises, aux exportations et donc à la croissance.

- D'un autre côté, **la diminution du salaire mensuel** (et donc le maintien du salaire horaire) pourrait, elle aussi, poser des problèmes.

- D'une part les nombreux salariés qui ne gagnent que le SMIC (ou légèrement plus) risquent de subir une diminution insupportable de leur pouvoir d'achat ; dans ce cas le partage du travail peut soulever la contestation et le refus d'une partie importante de la population.
- D'autre part **la baisse des rémunérations individuelles peut entraîner une baisse de la demande** et donc un affaiblissement de l'incitation à produire. Si la baisse du temps de travail s'accompagne d'une baisse proportionnelle du salaire mensuel et donc du pouvoir d'achat des actifs, les nouveaux salaires versés à ceux dont l'embauche a été induite par la réduction du temps de travail ne compenseront pas la perte globale de la demande ; le seul accroissement possible de la consommation ne proviendrait que de l'augmentation de revenus dont bénéficient des actifs nouvellement embauchés par rapport au montant de leurs anciennes indemnités de chômage.

B Les solutions intermédiaires

- Il est possible d'envisager une solution intermédiaire : **la compensation salariale pourrait ne porter que sur une partie de la baisse du temps de travail**.

  Les entreprises supporteraient mieux la réduction du temps de travail si elle donnait lieu à une diminution même partielle de la rémunération globale des salariés. De plus, la baisse des cotisations chômage induite par la reprise de l'emploi, et les rattrapages de productivité, compenseraient le surcoût du travail.

  Cette solution intermédiaire comporte tout de même des défauts. Ainsi, alors qu'une baisse de salaire peut être aisément supportée par certains revenus, une diminution de salaire même minime peut créer d'importantes difficultés financières aux bas revenus.

  Une solution serait alors d'**utiliser la baisse du temps de travail comme un moyen supplémentaire de redistribution et de réduction des inégalités**. Les bas salaires profiteraient d'une compensation salariale presque totale alors que les salaires les plus élevés subiraient une baisse sensible de leur pouvoir d'achat.
- La loi Aubry ramène la durée légale du travail à 35 heures au 1er janvier 2000 pour les entreprises de plus de 20 salariés, et au 1er janvier 2002 pour les autres. Cette loi prévoit des aides (entre 9 000 francs et 5 000 francs par salarié) aux entreprises qui accepteraient de réduire la durée du travail d'au moins 10 %, en accroissant leurs effectifs d'au moins 6 %. La négociation entre employeurs et employés est encouragée, notamment sur l'annualisation de la durée du travail. On peut toutefois craindre que ce dispositif induise une baisse des salaires.

La réduction de la durée du travail et le partage du temps de travail ne sont donc pas une panacée, d'où les hésitations des gouvernements à opter pour de telles solutions. La loi de Robien propose des aides aux entreprises qui acceptent de tenter l'aventure.

FICHE 30

L'ORGANISATION DU TRAVAIL

→ Post-taylorisme ou néotaylorisme ?

L'organisation du travail peut être définie par l'agencement et la coordination des postes de travail, son objectif est d'atteindre la productivité maximale. L'organisation scientifique du travail (OST), avec le taylorisme dans un premier temps, puis avec le fordisme, a marqué négativement le monde du travail, mais elle a aussi contribué au développement économique.

Le taylorisme a développé la division du travail à l'extrême et a préconisé un transfert de compétences vers le personnel d'encadrement afin de rendre les exécutants plus productifs.

Une double division du travail a été mise en œuvre, une division verticale qui a abouti à la bipolarisation des qualifications, et une division horizontale qui a parcellisé les tâches.

Les dysfonctionnements de l'OST, dès le début des années 70, ont nécessité l'adoption de nouvelles formes d'organisation du travail. Elles sont caractéristiques d'un post-taylorisme lorsqu'on admet qu'elles se fondent sur des principes suffisamment différents de ceux de l'OST, même si elles ne mettent pas fin à la division du travail. Elles relèvent plutôt d'un néotaylorisme si on considère qu'elles s'inscrivent dans la continuité des principes du modèle taylorien-fordien.

1 L'ORGANISATION ACTUELLE DU TRAVAIL TEND À DÉPASSER L'OST

L'organisation du travail n'est pas figée, J. A. Schumpeter la considérait même comme l'une des innovations qui constituent « l'impulsion fondamentale qui met en œuvre et maintient en mouvement la machine capitaliste ».

A En reconnaissant l'existence du facteur humain...

- **Les dysfonctionnements de l'OST** se sont manifestés par une plus grande fréquence des grèves, par une augmentation des taux d'**absentéisme** et des taux de **turn-over**, par un accroissement des **rebuts**, par la présence du **coulage**, ainsi que par une **diminution de la qualité et parfois même de la productivité**. Ainsi ce qui selon Taylor devait être « the one best way », apparaît souvent comme une organisation du travail obsolète. L'erreur est d'avoir considéré le travail au même titre que le capital comme un facteur technique. L'OST a totalement occulté, à tort, la dimension humaine du travail, c'est pourquoi, elle est un fondement du post-taylorisme.

- La parcellisation des tâches, le travail répétitif, la pénibilité, l'ingratitude du travail à la chaîne et les cadences effrénées ont généré ou développé l'**aliénation de travailleurs soumis aux machines**. Au début des années 70, le décalage de l'OST par rapport aux normes d'une société qui a changé et dans laquelle les hommes sont devenus plus exigeants quant à la qualité de vie, est devenu insupportable aux travailleurs. Le post-taylorisme tend au contraire à impliquer les travailleurs.

B ... le post-taylorisme met fin aux dysfonctionnements propres au taylorisme

- Avec la mise en place de **groupes semi-autonomes** constitués par affinités, le travail en îlots s'est développé. Leurs membres organisent leur travail et gèrent même leurs congés. Dans la mesure où la seule obligation à laquelle ils doivent se conformer est un objectif de production à atteindre pour une date donnée, une contrainte de production tend à se substituer à une contrainte hiérarchique.
- La **gestion participative du personnel** a pour but d'impliquer les salariés dans le processus de décision, notamment par l'action des **cercles de qualité**, très en vogue au début des années 80. Ceux-ci réunissent durant les heures de travail un petit groupe de salariés volontaires, qui examinent les problèmes posés par l'organisation du travail et les méthodes de production. Ils peuvent proposer des solutions dont l'adoption conduit à améliorer la qualité, la productivité, mais aussi les conditions de travail. Les exécutants sont associés au processus de décision, car on estime que, présents sur le terrain, ils sont capables de proposer des mesures de bon sens qui ont toutes les chances d'être acceptées par tous.
- Une responsabilisation du personnel dans le processus de production se développe. Il en est ainsi de la **direction participative par objectifs (DPO)** définie conjointement par les salariés et leurs supérieurs, qui fixe chaque année les buts à atteindre. La communication interne ainsi encouragée est facteur de cohésion au sein de l'entreprise.

Fondées sur le partenariat, les formes post-tayloriennes d'organisation du travail tendent à améliorer les relations professionnelles dans l'entreprise, et donc à diminuer le nombre et l'intensité des conflits.

UN NOUVEAU RAPPORT SALARIAL

L'automatisation est le point de départ d'expériences nouvelles (rotation des postes, groupes semi-autonomes) qui s'appuient sur la recomposition des tâches et sur l'initiative des salariés. Dans le même temps, les impératifs en matière de cercles de qualité ou de flexibilité des lignes productives exigent que le travailleur soit considéré comme un acteur à part entière : non plus seulement une main ou un cœur, mais aussi une tête, pour paraphraser M. Crozier. Il est certain que de tels changements sont porteurs de gains de productivité pouvant conduire à une reprise de l'accumulation. Cependant, il est vain d'espérer une sortie de crise qui s'appuierait uniquement sur les mutations technologiques en cours. C'est l'ensemble du rapport salarial qui est appelé à se transformer.

G. Ferréol, P. Deubel, *Économie du travail*, collection Cursus, Armand Colin.

2 Pourtant les caractéristiques principales du taylorisme perdurent

L'importance du post-taylorisme est à relativiser car l'OST n'est pas caduque. L'après-taylorisme peut s'avérer être une variante nouvelle des principes tayloriens, l'expression « néotaylorisme » semblerait alors plus appropriée que « post-taylorisme ».

A Le taylorisme perdure...

- Le taylorisme puis le fordisme ont conduit à adopter des méthodes de production très rigides; **le travail et la production se sont standardisés**. Les exigences de la demande étaient telles qu'il est devenu indispensable de mettre en place des **ateliers flexibles**, ce que les nouvelles technologies (informatique et robotique) ont facilité. Les ateliers flexibles ont permis avec les mêmes équipements de s'adapter rapidement aux changements de production.

- Les exécutants sont toujours cantonnés à effectuer des gestes simples et répétitifs et ils demeurent sous-qualifiés, même lorsqu'ils sont devenus polyvalents.
- Grâce au progrès technologique, la compression des coûts a pu se poursuivre. L'élimination des stocks et la réduction des délais sont obtenues avec la méthode des **flux tendus** appelée aussi méthode du **juste-à-temps**. L'organisation du travail y est toujours taylorienne même si elle évolue. Ainsi, les salariés subissent globalement moins de contraintes et de contrôles (pointage ou pauses par exemple). Mais si elle change de forme, la discipline demeure puisqu'elle devient de plus en plus extérieure à l'entreprise, imposée par la demande des clients et leur exigence d'une qualité totale. Pour les ouvriers peu qualifiés, l'organisation du travail reste taylorienne, ils sont rarement impliqués dans le processus de décision et sont toujours soumis aux cadences qui se sont parfois accrues du fait de la **robotisation**. Le **toyotisme** symbolise les pratiques qualifiées tantôt de post-taylorisme, tantôt de néotaylorisme.

B ... même s'il bénéficie parfois de certaines améliorations

- Certaines mesures qualifiées de post-taylorisme, ont pu limiter le caractère répétitif du travail et la parcellisation des tâches, sans remettre fondamentalement en cause l'OST.
  - La **rotation des postes** institue une affectation du personnel d'exécution aux différents stades de la production. Elle peut rompre la monotonie des tâches, mais ne met pas en cause la déqualification des exécutants puisque leur polyvalence est le signe de leur absence de spécificité.
  - L'**élargissement des tâches** consiste à limiter la division horizontale du travail. L'exécutant se voit alors confié un ensemble de tâches recomposées, mais le cumul de plusieurs tâches d'exécution pénibles ne représente pas obligatoirement un dépassement du taylorisme.
- L'**enrichissement des tâches** limite la division verticale du travail et constitue certainement une mesure plus novatrice que les deux précédentes. Au-delà de l'exécution, les travailleurs effectuent des tâches de contrôle, de commande, d'entretien et de maintenance. La responsabilité des exécutants n'en est pas pour autant fondamentalement modifiée.

  L'organisation du travail a évolué mais le contenu des tâches est encore souvent conforme aux principes du taylorisme ; les exécutants ne maîtrisent pas le processus de production.

3 En réalité, post-taylorisme et néotaylorisme coexistent

Ce qui caractériserait les formes actuelles d'organisation du travail ne serait pas leur opposition ou non au taylorisme, mais leur degré variable d'adhésion ou d'hostilité aux principes tayloriens.

A Post-taylorisme ou néotaylorisme dépendent notamment du niveau de qualification et de la place dans la hiérarchie...

- Les **salariés qualifiés et ceux de l'encadrement bénéficient le plus de nouvelles formes d'organisation du travail post-tayloriennes**.

Ainsi la liberté d'initiative et l'autonomie ont globalement progressé dans l'ensemble de la population salariée, mais elles demeurent surtout le privilège des salariés qualifiés et à responsabilité élevée.

PRESSION TEMPORELLE ET MARGES DE MANŒUVRE DANS LE TRAVAIL SELON LA CATÉGORIE SOCIOPROFESSIONNELLE (EN %)

Catégorie socioprofessionnelle	Année	Pression temporelle sans marge de manœuvre	Pression temporelle et marges de manœuvre	Ni pression temporelle ni marge de manœuvre	Marges de manœuvre sans pression temporelle	Ensemble
Cadres	1991	7	16	21	56	100
	1993	8	21	19	52	100
dont Ingénieurs	*1991*	*7*	*21*	*19*	*53*	*100*
	1993	*9*	*28*	*13*	*50*	*100*
Professions intermédiaires	1991	15	17	28	40	100
	1993	16	22	25	37	100
dont Techniciens	*1991*	*18*	*25*	*22*	*35*	*100*
	1993	*24*	*30*	*20*	*26*	*100*
Agents de maîtrise	*1991*	*25*	*35*	*15*	*25*	*100*
	1993	*24*	*38*	*14*	*24*	*100*
Employés	1991	20	10	45	25	100
	1993	24	13	38	25	100
Ouvriers	1991	45	16	26	13	100
	1993	48	20	20	12	100

Note : les contraintes retenues pour dire qu'il y a « pression temporelle » sont les contraintes de services des machines et les contraintes de normes et délais. Les salariés considérés comme ne disposant pas de marge de manœuvre sont ceux qui déclarent, soit avoir des tâches prescrites, soit appliquer strictement les consignes, soit ne pas pouvoir prendre d'initiative en cas d'incident. Les autres sont considérés comme disposant de marges de manœuvre dans leur travail.
D'après Dares, enquête Conditions de travail, 1991 et enquête Techniques et organisation du travail, 1993 et cité dans *Données sociales 1996* (Insee).

- Le niveau moyen de qualification des salariés s'élève et le nombre d'ouvriers décroît, mais **les formes d'organisation du travail pour la population ouvrière dans son ensemble sont toujours tayloriennes ou néotayloriennes**. Ainsi la robotique a supprimé certains postes d'exécution particulièrement pénibles ou dangereux, sans que cela ne mette en cause le principe du travail à la chaîne qui concerne une part toujours minoritaire de la population ouvrière. La proportion d'ouvriers qualifiés et celle d'ouvriers non qualifiés travaillant à la chaîne sont respectivement de 4 % et de 13 % en 1984 puis de 5 % et 16 % en 1991.

B ... ainsi que de l'activité et de la taille de l'entreprise

- **La résistance au changement est généralement plus forte dans les PME**. Même si la communication interne y est facilitée par leur dimension réduite, ce sont les PME qui ignorent le plus souvent l'importance du facteur humain.
- Jusqu'à présent les activités tertiaires ont été moins touchées par le taylorisme qui reste encore un particularisme de l'industrie. La désindustrialisation et l'importance croissante du tertiaire dans l'activité économique ont pu faire croire que les entreprises avaient tendance à dépasser le taylorisme en adoptant massivement une organisation du travail post-taylorienne.
  Cependant sous l'effet de l'utilisation de nouveaux outils informatiques, **le tertiaire s'ouvre aujourd'hui au taylorisme**. C'est le cas de l'activité bancaire notamment, où une déqualification du travail semble se produire.

L'organisation du travail s'est diversifiée apparaissant sous de nouvelles formes qui ne rompent pas toujours avec les principes du taylorisme. La distinction essentielle qui différencie le néotaylorisme du post-taylorisme, est qu'il tend à restituer au moins partiellement la maîtrise du processus de production aux exécutants.

FICHE 3 / LA FLEXIBILITÉ DU TRAVAIL

→ Quels sont les enjeux de la flexibilisation ?

Durant les Trente glorieuses, les rigidités des salaires et de l'emploi se sont multipliées. Pour les libéraux, celles-ci entravent la détermination des niveaux d'emploi et de salaire par la loi de marché et sont un facteur de chômage. L'enjeu est alors de savoir à qui profite la flexibilisation de l'emploi et des salaires et si elle lutte contre le chômage.

1 LA FLEXIBILISATION DU TRAVAIL SERAIT UNE SOLUTION EFFICACE AU PROBLÈME DU CHÔMAGE

Selon la thèse libérale dominante, il est indispensable d'établir un nouveau rapport salarial permettant de flexibiliser l'emploi et les salaires.

A La flexibilisation mettrait fin aux rigidités responsables de la dégradation du marché du travail

- **Selon les libéraux, il faut mettre fin aux rigidités de l'emploi** qui empêchent les entreprises d'adapter à court terme leur niveau d'emploi aux impératifs de la conjoncture. Parce que leurs débouchés futurs sont incertains, les entreprises souhaitent pouvoir ajuster rapidement leur volume d'emplois et considèrent que le **contrat à durée indéterminée (CDI)** est un obstacle à cette flexibilité. En effet, les licenciements occasionnent des frais importants pour les entreprises et sont toujours susceptibles de déclencher des conflits. Finalement, d'après les chefs d'entreprises, les rigidités pénalisent la compétitivité, donc la production et l'emploi.
  - Les entreprises ont donc généralisé la **flexibilité quantitative externe** qui leur permet d'ajuster facilement le nombre de leurs salariés. Pour cela elles ont réclamé et obtenu un assouplissement des procédures de licenciement (en 1987 l'autorisation administrative de licenciement est supprimée lorsqu'elle touche moins de dix salariés) et elles ont bénéficié de l'accroissement du nombre d'emplois régis par des contrats à durée déterminée (CDD).
  - Elles ont également développé la **flexibilité par externalisation**. Les entreprises cherchent ainsi à externaliser une partie des emplois en recourant aux prestations d'intérimaires ou en faisant appel à la sous-traitance ; elles peuvent ainsi rationaliser l'emploi.
- Les entreprises soutenues par les économistes libéraux cherchent à **mettre fin aux rigidités des salaires,** qui pénalisent les coûts salariaux et nuisent à la compétitivité ainsi qu'à l'emploi. Certains économistes souhaitent généraliser la flexibilité des rémunérations en supprimant les barèmes conventionnels et le salaire minimum qui pénalisent, selon eux, l'emploi.
  - Ainsi **la loi du marché pourrait être respectée**, et la fixation du salaire serait la résultante de la confrontation de l'offre et de la demande de travail.

– L'**individualisation des rémunérations** permettrait de responsabiliser et de motiver les salariés afin d'en faire des partenaires de l'entreprise et d'améliorer ainsi la productivité, donc la compétitivité et l'emploi.

B Parce qu'elle assainit le marché du travail, la flexibilité serait facteur d'emploi

- Selon les économistes libéraux, la flexibilisation freine les suppressions d'emplois car **elle permet d'amortir les fluctuations conjoncturelles**. Les entreprises peuvent éviter en partie de recourir aux licenciements et sont même encouragées à embaucher puisqu'elles ont la certitude que les nouveaux emplois sont temporaires et que les rémunérations sont flexibles.

  La flexibilisation rend les prix plus compétitifs en réduisant les coûts, et elle peut améliorer les marges bénéficiaires des entreprises. L'amélioration de leur situation financière et leur plus grande compétitivité extérieure sont favorables à la reprise de l'activité et donc indirectement à celle de l'emploi.
- **Elle favorise, dans une certaine mesure, l'insertion professionnelle et sociale**.
  - Lorsque la conjoncture s'améliore, les formes particulières d'emploi (intérim, CDD, stages, temps partiel et apprentissage notamment) peuvent se transformer en emplois à durée indéterminée à temps plein.
  - Les emplois flexibles permettent, en insérant de jeunes actifs sans expérience ou des actifs peu ou pas qualifiés, de leur apporter une formation sur le terrain.
  - La situation socioprofessionnelle d'un actif occupé à un emploi flexible est meilleure que celle du chômeur. Il perçoit un salaire et échappe au chômage d'exclusion que connaissent les chômeurs de longue durée dont l'employabilité se réduit irrémédiablement.

Ainsi dans une période de récession, les pays qui ont enregistré les créations d'emplois les plus élevées sont ceux dans lesquels la flexibilité quantitative externe et la flexibilité des rémunérations ont été les plus fortes, ce qui accréditerait la thèse libérale. Grâce à une plus grande flexibilité notamment, les États-Unis sont parvenus à un taux de chômage de 5,1 % en 1997.

2 Mais son efficacité est à nuancer et elle a tendance à précariser l'emploi

La réalité semble contredire la thèse selon laquelle la flexibilisation est un facteur de lutte contre le chômage.

A La flexibilisation ne lutte pas toujours efficacement contre le chômage...

- Selon les détracteurs de la flexibilisation, **celle-ci profite surtout aux entreprises** qui peuvent ainsi diminuer leurs coûts de production. La flexibilité des salaires tend à réduire la rémunération du travail. De plus, la flexibilité de l'emploi les autorise à ajuster à court terme et sans frais leur niveau d'emploi, contribuant ainsi à maintenir leurs coûts de production. Leur taux de marge et leurs profits s'améliorent, mais cela n'assure pas obligatoirement un redressement de la situation de l'emploi.

  Les organisations patronales revendiquent une flexibilisation afin de mettre en place un mode libéral de gestion de l'emploi et des salaires. La lutte contre le chômage ne semble pas leur souci majeur et elle n'entre pas d'ailleurs dans leurs fonctions.

- **La flexibilisation peut aussi induire des effets contradictoires**. Si le salaire est un coût qu'il est nécessaire de contrôler strictement, c'est aussi un **revenu** qu'il convient de soutenir pour stimuler la demande, donc la production et l'emploi. Si pour les libéraux la flexibilisation est favorable à l'offre, elle risque selon les keynésiens d'être au contraire défavorable à la demande ; **l'effet final sur le PIB et l'emploi est donc incertain**.

FLEXIBILITÉ DE L'EMPLOI ET « BOUCLAGES » MACROÉCONOMIQUES

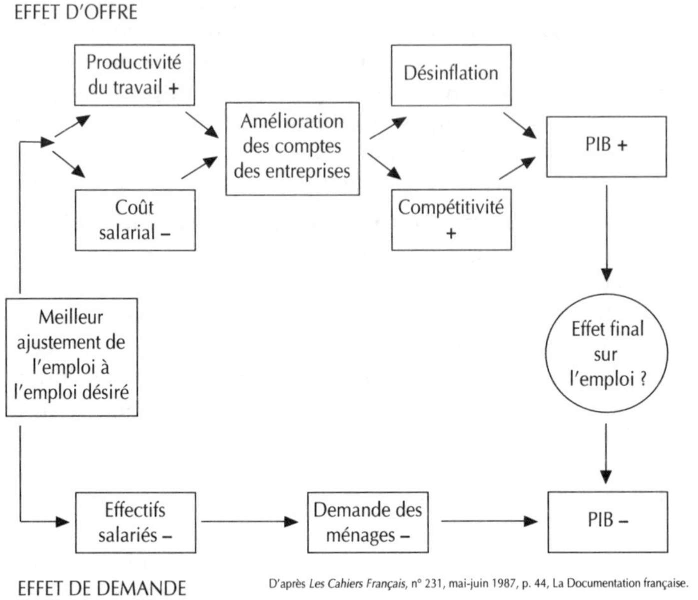

D'après *Les Cahiers Français*, n° 231, mai-juin 1987, p. 44, La Documentation française.

B ... et développe le dualisme du marché du travail

- Des emplois étant créés, on pourrait croire que le chômage diminue. Mais en fait, un **effet de substitution des emplois atypiques** (formes particulières d'emploi) aux **emplois typiques** (CDI à temps plein avec un employeur unique) s'opère. Ainsi la création nette d'emplois reste faible : en 1998 l'emploi total est supérieur de 3 % à ce qu'il était en 1983 ; les emplois précaires (intérim, CDD, apprentissage et contrats aidés dont stages) sont multipliés par trois et les emplois à temps partiels par 1,8 au cours de la même période.

  La théorie du dualisme de M.-J. Piore et P.-B. Doeringer formalise ce phénomène. Elle met en évidence deux marchés du travail, l'un appelé **marché primaire ou central** (emplois stables ou emplois typiques) l'autre appelé **marché secondaire ou périphérique** (emplois instables ou précaires).

- La flexibilisation contribue à développer un **chômage récurrent ou répétitif**. En effet, pour les travailleurs précaires, les périodes d'emploi alternent fréquemment avec des périodes de chômage, contribuant à rendre encore plus floue la limite entre emploi et chômage. **Les passerelles entre le marché primaire et le marché secondaire sont peu accessibles**, notamment pour les actifs peu qualifiés.

  Les salariés qui occupent des formes particulières d'emploi cumulent souvent des salaires généralement faibles, ils n'acquièrent pas d'ancienneté dans l'entreprise, et surtout ils subissent une grande insécurité professionnelle. C'est pourquoi ces formes particulières d'emploi ou formes atypiques sont parfois qualifiées d'emplois précaires (mais statistiquement, les emplois à temps partiels font partie des formes particulières d'emploi et ne sont pas comptabilisés comme emplois précaires) ; ainsi la flexibilisation provoque une **précarisation de l'emploi**.

- **La flexibilisation résulte aussi du traitement social du chômage**, avec par exemple la création en 1990 des **contrats emploi-solidarité** (CES) qui ont mis fin à l'existence des TUC. Ils sont destinés à favoriser l'insertion ou la réinsertion professionnelle des chômeurs. Les CES doivent par ailleurs répondre à des besoins collectifs non satisfaits, et être conclus par l'État, les collectivités locales ou des associations.

  Les CES, comme beaucoup d'autres formules du même type, débouchent plus souvent sur un autre emploi aidé ou sur un stage que sur un véritable emploi. De plus répondant à des besoins réels, on peut déplorer que ces CES ne donnent pas lieu à des créations d'emplois à part entière.

  La place du marché primaire régresse et celle du marché secondaire dans la population active salariée progresse : approximativement leurs parts respectives qui étaient de 85 % contre 15 % en 1983 s'établissent à 70 % contre 30 % en 1998.

3 L'intérêt de la flexibilisation dépend en fait de l'orientation qui lui est donnée

La flexibilité revêt des formes différentes qui ne seraient pas toutes défavorables aux salariés.

A Certains types de flexibilité ne précarisent pas l'emploi

- La **flexibilité quantitative interne** permet, sans diminuer le niveau d'emploi, de réduire le volume des heures travaillées, ce qui nécessite un allongement de la durée d'utilisation du capital pour ne pas mettre en péril sa rentabilité. Il reste alors à débattre de l'adoption ou non d'une **compensation salariale**, puisqu'il ne faut pas alourdir dangereusement les coûts salariaux ni freiner la demande.
- La **flexibilité fonctionnelle** est une flexibilité qualitative. Les entreprises peuvent conserver le même niveau d'emploi grâce à la mise en place d'**ateliers flexibles**. Ils leur permettent de tenir compte des fluctuations des commandes aussi bien en quantité qu'en diversité. Les entreprises peuvent ainsi s'adapter à très court terme sans que cela n'induise de coûts supplémentaires. Il est alors nécessaire que les biens d'équipement et la main-d'œuvre soient polyvalents.

B Certaines rigidités doivent demeurer

- La **flexibilisation doit être négociée** entre les pouvoirs publics, les organisations syndicales et les entreprises, elle doit aboutir à une réglementation nationale. La négociation permet de rendre compatibles la modernisation économique et le progrès social. La législation doit imposer les mêmes règles à toutes les entreprises afin d'éviter que la concurrence soit faussée.
- Ce n'est pas en supprimant toutes les rigidités que l'on résoudra le problème du chômage. Il est nécessaire de recourir à la flexibilité pour favoriser les restructurations et la reprise, mais il faut aussi **définir le seuil à partir duquel la flexibilité produit des effets pervers**.

Le chômage est un phénomène complexe dont la résolution ne peut se contenter d'un seul type de mesures. Si une certaine flexibilisation s'avère nécessaire, elle ne peut suffire à elle seule. Un redémarrage de la croissance économique ainsi qu'une réduction du temps de travail paraissent aujourd'hui indispensables.

FICHE 32 LE CHÔMAGE

→ Le chômage est-il volontaire et naturel ?

Le débat portant sur la présence éventuelle d'un chômage volontaire et naturel est toujours d'actualité, il puise sa source dans l'opposition traditionnelle et fondamentale entre l'analyse libérale et l'analyse keynésienne.

1 Selon la théorie économique, le chômage est une situation volontaire ou involontaire

Les économistes libéraux croient au mécanisme de la « main invisible » énoncé par A. Smith et sont convaincus que le marché devrait assurer le plein emploi. Opposée à la thèse libérale, la thèse keynésienne affirme que le chômage est involontaire car il ne résulte pas du choix des chômeurs.

A Les libéraux qui admettent l'existence d'un chômage volontaire...

- L'autorégulation du marché du travail devrait, selon les libéraux, assurer un emploi à chaque actif. **Si les conditions de la concurrence pure et parfaite étaient respectées, l'équilibre** sur les marchés, notamment **sur le marché du travail, serait assuré**. En dehors de la présence d'un chômage frictionnel d'un niveau réduit, toute dégradation durable sur le marché du travail serait impossible grâce au libre fonctionnement du marché. Par exemple, un excès d'offre de travail (de la part des salariés) par rapport à la demande de travail (émanant des entreprises) devrait provoquer une baisse du salaire permettant de rééquilibrer le marché du travail.

  Les libéraux pensent que les entreprises embauchent tant que le salaire est inférieur à la productivité marginale du travail ; le coût de chaque nouveau salarié embauché ne doit pas être supérieur à la valeur de l'accroissement de la production qu'il a pu induire. Ainsi la baisse de salaire provoquée par l'excès momentané de la demande d'emplois par rapport à l'offre donne logiquement lieu à de nouvelles embauches.

- À la faveur de la croissance économique des Trente Glorieuses, du développement de l'État-providence, et de la pression syndicale, la législation sociale s'est développée. Elle impose aux employeurs de **multiples rigidités** pénalisant leurs coûts (contrats à durée indéterminée, SMIC, conventions collectives par exemple).

  Au cours des Trente Glorieuses, l'accroissement rapide du PIB permettait aux employeurs de supporter ces rigidités, mais avec la crise son ralentissement a renforcé le poids de ces contraintes. Les entreprises ont souhaité une baisse du coût salarial mais elles n'ont pu obtenir qu'une faible progression des salaires.

  Ne pouvant diminuer les salaires, les employeurs ont dû procéder à des **ajustements par les quantités** : ils ont abaissé le niveau d'emploi pour égaliser la productivité marginale au niveau rigide du salaire. Ainsi **la responsabilité du chômage serait collective**, car les salariés refusent généralement des réductions de salaires qui pourraient, selon les libéraux, éviter des licenciements et même encourager les embauches.

- Par ailleurs, la mise en place d'un système d'indemnisation du chômage crée d'autres rigidités. Ainsi, **l'École du *Job search* considère que les allocations chômage sont en partie responsables du sous-emploi**. En effet, elles permettent aux actifs sans emploi de demeurer plus longtemps au chômage et de refuser les emplois qui ne correspondent pas parfaitement à leurs aspirations.

Pour les libéraux, le chômage pourrait donc résulter de stratégies individuelles profitant des structures rigides qui pervertissent le libéralisme. Selon eux, **les rigidités altèrent la rationalité des actifs qui sont parfois incités à ne pas travailler**.

LA CONCEPTION NÉOCLASSIQUE DU MARCHÉ DU TRAVAIL

« Lorsque le pourcentage du chômage est élevé, la concurrence entre les salariés en vue de se faire employer, entravée et retardée comme elle l'est par des frictions et des éléments de politique monopolistique, tend alors à leur faire accepter des salaires en monnaie moins élevés ; d'autre part, lorsque ce pourcentage est faible, la concurrence entre employeur en vue de se procurer une main-d'œuvre rare tend à relever lesdits salaires. Mais, lorsque les salaires en monnaie sont réduits, ceci entraîne en général une chute des salaires en monnaie par rapport aux prix, c'est-à-dire des taux réels de salaires ; ceci rend profitable pour les employeurs l'embauche de plus de main-d'œuvre ; et vice versa. Ainsi donc, quand la proportion de travailleurs embauchés par rapport à ceux disponibles baisse, un processus est mis en action qui tend à l'augmenter ; et, de même encore, vice versa. S'il n'y avait ni friction ni immobilité, mais concurrence parfaite entre salariés, ces ajustements correctifs feraient que, pratiquement, toute la main-d'œuvre disponible serait toujours employée. »

A. C. Pigou, The Theory of Unemployment.

B ... s'opposent aux keynésiens pour lesquels le chômage est involontaire

- Selon **Keynes**, il est possible qu'un **équilibre de sous-emploi** s'instaure durablement. Le chômage résulterait de l'**insuffisance de la demande effective**. En effet, les entreprises craignant une faiblesse de leurs débouchés limitent leur activité, embauchent insuffisamment ou licencient, ce qui crée du chômage.

Selon Keynes, le chômage s'impose donc aux actifs. Ils sont contraints de rechercher un emploi qu'ils trouvent difficilement, tant que les anticipations des entreprises demeurent pessimistes. La contraction de l'activité provoquant celle des revenus et donc celle de la demande effective, la crise s'auto-entretient et le sous-emploi s'amplifie.

LA CONCEPTION KEYNÉSIENNE

« En dehors du chômage "de frottement" et du chômage "volontaire", il n'y a place pour aucune autre sorte de chômage. Les postulats classiques n'admettent pas la possibilité d'une troisième catégorie, que nous définirons par la suite, le chômage "involontaire". » (...)

« Le volume de l'emploi, aussi bien dans les entreprises et industries individuelles que dans l'ensemble de l'industrie, est gouverné par le montant du "produit" que les entrepreneurs espèrent tirer du volume de production qui lui correspond. »

J. M. Keynes, Théorie générale de l'emploi, de l'intérêt et de la monnaie.

- **Contrairement à ce que prétendent les libéraux, les keynésiens affirment que l'État doit intervenir pour revenir au plein emploi**. L'État doit tout mettre en œuvre pour **augmenter les revenus** et notamment les salaires, puisqu'ils sont des déterminants de la demande, donc de la production et de l'emploi. Dans cette perspective, l'intervention de l'État-providence n'encourage pas, comme le croient les libéraux, l'oisiveté et le chômage volontaire. Au-delà de la justice sociale, **la protection sociale contribue au soutien de la demande effective**, donc à celui de l'activité et de l'emploi.

2 L'EXISTENCE D'UN CHOMAGE NATUREL FAIT ÉGALEMENT L'OBJET D'UN DÉBAT

La question est de savoir s'il existe un chômage naturel impossible à réduire (sauf à très court terme) comme les monétaristes l'affirment, ou s'il est possible de réduire le chômage (parfois au prix d'une inflation) comme l'admettent les keynésiens.

A D'après l'interprétation keynésienne de la courbe de Phillips, un arbitrage entre chômage et inflation est possible

- Alban William Phillips (1914-1975) étudie l'économie du Royaume-Uni entre 1861 et 1957 et met en évidence une relation inverse entre le taux de chômage et le taux de croissance des salaires nominaux. **La courbe de Phillips** permet de visualiser cette relation. L'analyse libérale l'explique par le fait qu'un niveau de salaire trop élevé accroît le taux de chômage. En effet, les entreprises sont contraintes de réduire le niveau d'emploi afin d'égaliser la productivité marginale du travail au niveau de salaire devenu excessif.
- Paul Samuelson et Robert Solow procèdent à une lecture keynésienne de la relation de Phillips et la transforment en **une relation entre inflation et chômage**. Ils expliquent que l'accroissement des coûts salariaux supérieur aux gains de productivité induit une inflation par les coûts. L'interprétation de cette courbe de Phillips met en évidence la possibilité d'adopter une **politique économique arbitrant entre chômage et inflation**. Ainsi une augmentation du niveau général des prix provoquerait une variation inverse du taux de chômage. Les entreprises, estimant que l'inflation est le signe que la demande s'est accrue, augmentent leur production, ce qui suscite des créations d'emplois et tend à réduire le taux de chômage.

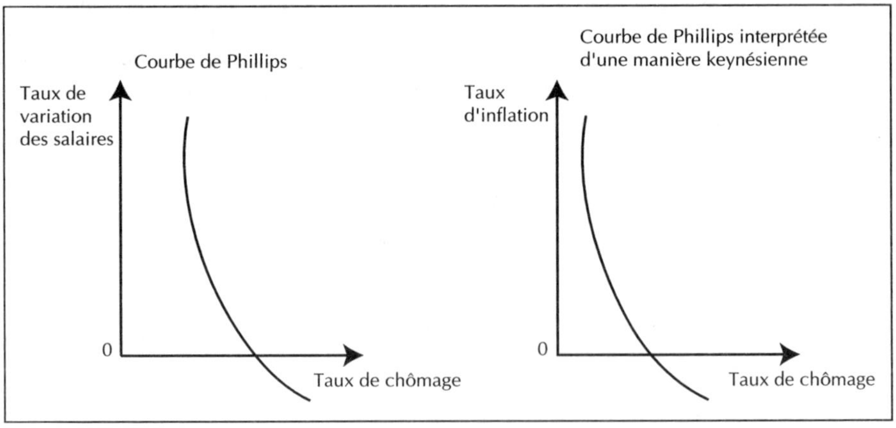

- Durant les années 60, les politiques économiques se sont fondées sur l'existence d'un arbitrage possible entre inflation et chômage. Il s'agissait alors de réduire l'inflation au détriment du chômage, ou de **lutter contre le chômage et d'accepter une plus grande inflation comme un mal nécessaire**. L'inflation rampante des années 60 semble alors avoir facilité le maintien du plein emploi.

B Selon le courant libéral monétariste, la courbe de Phillips est instable et il faut admettre l'existence d'un chômage naturel en dessous duquel il est dangereux de descendre

- Milton Friedman, chef de file de l'**École monétariste**, met en cause la lecture keynésienne de la relation de Phillips et en conséquence, **rejette le laxisme monétaire de l'État car il ne considère pas que cela puisse lutter contre le chômage**. Il postule que les agents économiques sont rationnels et que leurs décisions sont fonction de leurs **anticipations adaptatives. La courbe de Phillips n'est pertinente qu'à court terme**, tant que les salariés sont victimes d'une **illusion monétaire**. Pour un temps seulement, elle leur fait oublier qu'à cause de l'inflation, leur salaire réel peut être différent de leur salaire nominal. C'est pourquoi une augmentation nominale des salaires peut stimuler l'emploi à court terme en augmentant la demande. **Mais l'illusion monétaire n'existe qu'à court terme**. Les salariés finissent par anticiper l'inflation et revendiquent une augmentation de leur salaire, ce qui accélère l'augmentation des prix. Ainsi, le taux de chômage augmente à nouveau et le taux d'inflation s'accroît : **l'arbitrage entre chômage et inflation est donc impossible à long terme**. Une nouvelle courbe de Phillips apparaît en se déplaçant vers la droite, ce qui est caractéristique de la période de stagflation du début de la crise dans les années 70 et au début des années 80.
- Il existe un **chômage naturel** défini par M. Friedman mais aussi par le néokeynésien E. S. Phelps. Il s'agit du **chômage minimal en dessous duquel une économie ne peut descendre compte tenu des rigidités en place**. Lorsque ce taux de chômage naturel est atteint, **toute tentative de le réduire ne conduirait qu'à accélérer l'inflation**. C'est ce qui lui confère son appellation **NAIRU** (Non Accelerating Inflation Rate of Unemployement) c'est-à-dire le taux de chômage compatible avec une inflation stable. Ainsi, l'obstination des politiques keynésiennes à vouloir réduire le taux de chômage en dessous de son taux naturel ne fait qu'accélérer en permanence l'inflation ; la **courbe de Phillips peut apparaître verticale à long terme**. Pour les monétaristes, le NAIRU ne peut être abaissé qu'à la condition de supprimer les rigidités en flexibilisant le marché du travail et il est indispensable de lutter prioritairement contre l'inflation.

Le regain des thèses libérales au tournant des années 80 a remis en avant le débat portant sur l'existence d'un chômage volontaire. Il est alors devenu tentant de désigner les chômeurs comme bouc émissaire, ou de prétendre que le chômage est une fatalité. Les politiques économiques d'inspiration monétariste sont parvenues à maîtriser l'inflation à un niveau jamais atteint depuis la fin de la Seconde Guerre mondiale. Cependant, la situation de l'emploi se dégrade toujours. Dans la plupart des pays industrialisés le chômage de masse perdure alors que la flexibilité s'est développée, ce qui pourrait mettre en cause le concept de chômage naturel. Les États-Unis parviennent certes à réduire leur taux de chômage à 5,1 % en 1997, mais au prix d'une précarisation du marché du travail qui peut s'avérer dangereuse.

PARTIE V

SOCIÉTÉ DE CRISE
ET
SOCIÉTÉ EN CRISE

FICHE 33 CRISE ET NIVEAU DE VIE

→ Quelles sont les incidences de la crise sur le niveau de vie des ménages ?

La crise économique correspond à un ensemble de déséquilibres généralisés, parmi lesquels figurent le ralentissement du PIB et la croissance du chômage. Après la forte inflation des années 70, la désinflation du début des années 80 a conduit à une relative stabilité des prix. En revanche, la crise n'a pas globalement mis en cause le niveau de vie des ménages. Même à un rythme ralenti, ils ont vu leur consommation en volume croître continuellement. Ainsi les ménages français ont un niveau de vie supérieur à ce qu'il était à la fin des Trente glorieuses. Pourtant la croissance ralentie de la consommation semble être l'un des facteurs de la récession depuis le début des années 90. Le choix d'une politique économique dépend alors de la manière dont on considère la consommation et la demande ; constituent-elles un facteur d'inflation qu'il faut combattre, ou un facteur de croissance qu'il faut privilégier ?

1 La crise n'a pas induit de recul du niveau de vie

Contrairement à une opinion répandue, la crise n'a pas induit de grands bouleversements en matière de niveau de vie et de consommation. On note cependant certaines modifications en matière d'utilisation des revenus, et un recul du pouvoir d'achat de certains ménages.

Pouvoir d'achat du revenu* des ménages

* revenu disponible

Pourcentage de variation par rapport à la période précédente

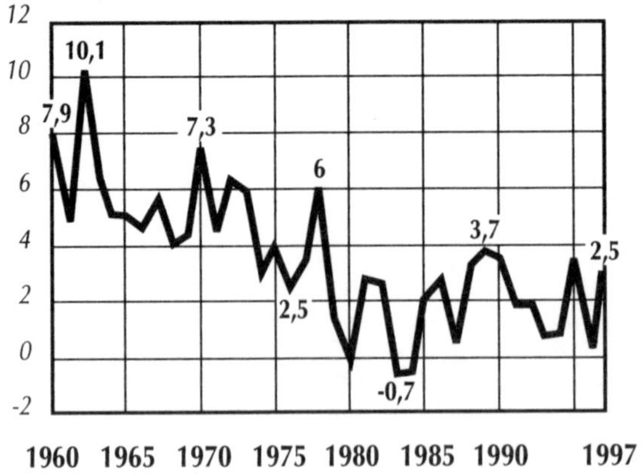

D'après l'Insee

1981 : 2,6
1982 : 2,5
1983 : -0,7
1984 : -0,6
1985 : 1,8
1986 : 2,6
1987 : 0,5
1988 : 3,4
1989 : 3,9
1990 : 3,7
1991 : 2,1
1992 : 1,9
1993 : 0,4
1994 : 0,8
1995 : 2,8
1996 : 0,2
1997 : 2,5 (est.)

A Seule la croissance de la consommation s'est réduite...

- L'augmentation du niveau de vie s'est ralentie en raison de la baisse de la croissance du revenu réel due au ralentissement de l'accroissement du PIB. Mais **la consommation n'a pas reculé car les revenus ont encore augmenté en valeur réelle**.

  Les taux d'équipement des ménages en biens durables ont augmenté continuellement après le déclenchement de la crise. Ainsi le taux d'équipement des ménages en magnétoscopes, qui n'était que de 3,7 % en 1981, est de 59 % sur la période 1995-1997.

- Comme pour toute augmentation du **budget des ménages**, l'accroissement du niveau de vie s'est accompagné, conformément aux principes de la **loi d'Engel**, d'**une modification structurelle de la consommation** : lorsque les revenus augmentent, le coefficient budgétaire (part d'une dépense dans le budget des ménages) des dépenses de première nécessité (alimentation par exemple) baisse, tandis qu'augmentent les coefficients budgétaires des dépenses de seconde nécessité (loisirs, santé, par exemple). Ainsi le coefficient budgétaire des dépenses alimentaires (y compris boissons et tabac) est passé de 26 % en 1970 à 17,9 % en 1997, les ménages consacrent donc une part plus faible de leur consommation à l'alimentation.

B ... mais la crise a modifié le comportement des ménages en matière d'utilisation des revenus...

- La croissance des revenus, même ralentie, devrait provoquer en théorie une baisse de la propension à consommer, mais c'est, au contraire, le taux d'épargne qui a fortement baissé à partir de 1979. Les ménages ont donc modifié le partage de leur revenu entre consommation et épargne, au détriment de cette dernière jusqu'à la fin des années 80. Par contre, le redressement du taux d'épargne des ménages depuis la fin des années 80 s'est opéré au détriment de la croissance de la consommation.

- **Les ménages ont eu un comportement de désépargne qui leur a permis de préserver la croissance de leur consommation jusqu'à la fin des années 80**. Ceci explique que la croissance de la consommation ait pu être supérieure à celle des revenus. Différents facteurs contribuent à cette modification de l'utilisation des revenus :
  - l'inflation forte jusqu'au début des années 80 n'encourageait pas l'épargne car elle réduisait les taux d'intérêts réels qui la rémunèrent; de plus elle réduisait le coût réel du crédit, et incitait les ménages à s'endetter pour consommer;
  - anticipant une augmentation des prix importante, les consommateurs avançaient leurs achats dans le temps, ce qui accentuait finalement les tensions inflationnistes causées par une croissance trop importante de la demande par rapport à l'offre.

C ... et l'existence de fortes disparités explique que le niveau de vie de certains ménages ait parfois baissé

- **L'accroissement global du niveau de vie masque l'existence de grandes inégalités** qui, après s'être réduites, se sont accentuées à partir de 1985.

  Ainsi concernant la situation des salariés, les écarts se sont creusés car **les hauts salaires augmentent plus rapidement que les bas salaires**.

  La répartition des revenus du capital est encore plus inégalitaire. Leur augmentation est supérieure à celle des revenus du travail, alors qu'ils profitent essentiellement aux ménages les plus aisés.

  L'augmentation du travail féminin a parfois compensé la réduction des revenus de certains ménages, et masqué certains effets du sous-emploi et du chômage.

- **Les disparités entre les ménages qui subissent la précarité et le chômage** (surtout celui de longue durée) **et ceux qui en sont protégés sont encore plus contrastées.** L'indemnisation des chômeurs ne bénéficie qu'à environ 60 % d'entre eux, et elle n'est pas suffisante pour éviter une forte réduction de leur niveau de vie. Lorsque des ménages subissent une réduction importante de leurs revenus, certains d'entre eux sont conduits à pratiquer une diminution drastique de leur consommation, en particulier dans certains postes (transports, habillement, alimentation et dépenses de culture, loisirs et éducation). La perte d'emploi entraîne pour un ménage une réduction moyenne de ses revenus de près de 30 %. Cela induit un resserrement de sa contrainte budgétaire qui se traduit par une diminution de ses dépenses de plus de 20 %.

La crise a eu des répercussions sur l'utilisation des revenus et le niveau de vie de certains ménages même si elle n'a pas mis en cause la croissance globale du niveau de vie. L'adoption de politiques libérales semble freiner considérablement la croissance des revenus et de la consommation.

2 Consommation et niveau de vie sont au cœur du débat sur le choix d'une politique économique

Les politiques restrictives des années 80 ont fait du ralentissement de la demande, et donc de la consommation, un instrument anticrise. La récession des années 90 semble leur donner tort, et conforte la thèse selon laquelle le soutien de la consommation a une vertu contra-cyclique.

A Les politiques libérales ont concouru au ralentissement de la consommation...

- **La politique libérale adoptée au début des années 80 s'est fixée comme priorité la lutte contre l'inflation**, afin d'assainir les marchés et d'assurer les bases d'une reprise. Elle a induit un ralentissement de la croissance des revenus et de la consommation.
- L'économie d'endettement ayant été jugée responsable de l'entretien de la spirale inflationniste, **la politique libérale a favorisé l'émergence progressive d'une économie de marchés financiers**. L'augmentation des taux d'intérêt a surenchéri le coût du crédit et a ainsi limité le mécanisme de création monétaire que les monétaristes jugent responsable de l'inflation.

  Pour favoriser le financement des entreprises sans recourir systématiquement à l'emprunt comme par le passé, **la politique libérale a favorisé la modification du partage de la valeur ajoutée**. Alors qu'il s'effectuait à raison d'un quart pour la rémunération du capital et de trois quarts pour la rémunération du travail, les parts respectives sont devenues approximativement un tiers contre deux tiers.
- Le redressement du taux de marge des entreprises (part du profit dans la valeur ajoutée) s'est effectué au détriment de la part du coût salarial dans la valeur ajoutée. Le taux d'investissement s'est ainsi amélioré au cours de la seconde moitié des années 80, mais il n'a pas suffi à revenir au cercle vertueux de la croissance comme l'affirmait la théorie libérale.

B ... jusqu'à favoriser une crise de la demande

- **Le comportement des consommateurs a pu favoriser la récession des années 90.** Certains prix à la consommation ayant baissé, ils ont anticipé parfois de nouvelles diminutions de prix et ont reporté leurs achats dans le temps. Ils ont fait ainsi pression sur la baisse de certains prix.

La rémunération de l'épargne étant devenue attractive grâce à l'augmentation des taux d'intérêt des années 80, **la consommation a été découragée au profit de l'épargne**. Ainsi le ralentissement de la consommation a pénalisé la croissance après une augmentation réelle.

- **La croissance de la consommation s'est ralentie**; après une augmentation réelle d'environ 3 % par an en moyenne entre 1985 et 1990, la consommation finale des ménages en volume ne progresse plus que d'environ 1,1 % par an en moyenne entre 1991 et 1997. Si l'augmentation des dépenses en logement, chauffage et éclairage est toujours forte, la consommation vestimentaire et celle de certains aliments reculent. La consommation alimentaire (y compris boissons et tabac) ne progresse que de 0,3 % en volume en 1997; son augmentation réelle moyenne était de 1,7 % entre 1985 et 1990, elle n'est plus que de 0,5 % entre 1991 et 1997.

VARIATION DE LA CONSOMMATION EN VOLUME
ET DU POUVOIR D'ACHAT DU REVENU DISPONIBLE BRUT (RDB)

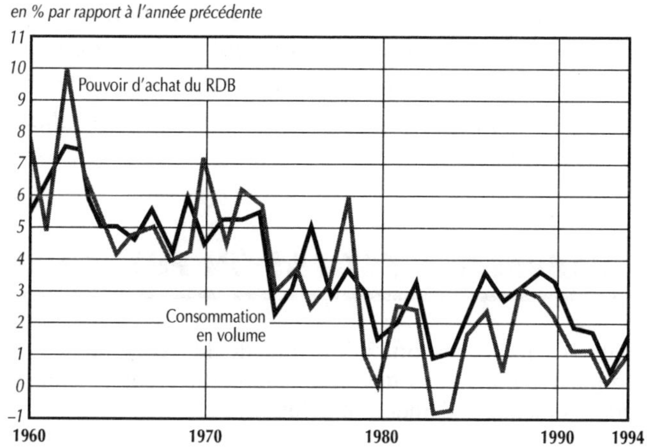

D'après l'Insee

C Un changement de politique est de plus en plus préconisé afin de favoriser le redémarrage de la consommation

- **La faiblesse de la consommation amène les entreprises à réduire leurs capacités de production**, bien que leur situation financière satisfaisante devrait leur permettre d'investir. **Cela peut déclencher une spirale récessive**, la diminution de l'emploi et la stagnation de la consommation les conduisant à réviser leurs prévisions à la baisse.
- La reprise de l'activité exige, notamment, le redémarrage de la consommation et de la demande. Les entreprises sont généralement dans une situation financière favorable, au point d'atteindre des taux d'autofinancement supérieurs à 100 % depuis 1992. Elles n'attendent plus qu'un signal de la demande pour reprendre leur activité. **Les économistes d'inspiration keynésienne considèrent que des augmentations de revenus devraient être à nouveau concédées.**

Hormis le cas des ménages touchés par le chômage et le sous-emploi, la consommation et le niveau de vie ont été préservés durant la crise. L'adoption d'une politique libérale a mis en cause la progression de la consommation. L'aggravation du chômage, alors que l'inflation est maîtrisée, peut nécessiter l'adoption d'une autre politique.

FICHE 34

PAUVRETÉ ET EXCLUSION

→ Vers une société à deux vitesses?

Si l'on considère que les pauvres en France, sont soit ceux qui perçoivent un minimum social ou une allocation chômage inférieure ou égale à 3000 francs par mois, soit ceux qui bénéficient d'un contrat emploi-solidarité ou d'un stage ; ils étaient environ 3 millions 800 mille en 1995. Si on admet que ces pauvres ont en charge d'autres personnes, leurs enfants par exemple et que le nombre des sans-domicile fixe n'est pas pris en compte, la pauvreté toucherait plus de quatre millions d'individus. Leur niveau de vie ne leur permet pas d'accéder à la norme sociale de consommation. Il est difficile d'évaluer avec précision et fiabilité le nombre de pauvres puisque le seuil de pauvreté retenu peut être différent selon les statistiques considérées, qu'une certaine proportion de pauvres échappe à toute comptabilisation, et que la population pauvre n'est pas homogène.

1 La pauvreté n'est pas un phénomène nouveau

Tous les ménages ont bénéficié de la croissance économique des Trente glorieuses, mais dans des proportions différentes selon les catégories sociales ; certains ménages demeurent défavorisés.

A Le paradoxe de la pauvreté pendant la période de croissance

- **Durant les Trente glorieuses, deux formes de pauvreté subsistent** :
  - la pauvreté qui touche certaines **personnes âgées** (en nombre décroissant) lorsqu'elles n'ont jamais ou pas suffisamment cotisé durant leur éventuelle activité ;
  - une **pauvreté chronique** qui se transmet d'une génération à l'autre. Il est fréquent qu'un individu né dans une famille pauvre cumule les handicaps tant socio-culturels qu'économiques, et reproduise ainsi la situation de pauvreté.
- Il existe une **pauvreté relative** qui ne disparaît pas avec la croissance.

  Elle diffère de la pauvreté absolue qui ne tient compte que de données objectives établies physiologiquement (par exemple, le nombre de calories par jour et par personne indispensables pour survivre), et est fondée sur l'existence d'une norme sociale de consommation.

  L'Union européenne retient ainsi comme seuil de pauvreté relative la moitié du revenu disponible moyen par unité de consommation, tandis que **l'INSEE considère comme pauvre tout ménage recevant moins de la moitié du revenu disponible médian par unité de consommation**.
- Le compromis fordiste durant les Trente glorieuses a permis à l'ensemble des couches sociales de bénéficier de l'expansion. L'adoption d'un **Salaire minimum interprofessionnel de croissance (SMIC)** en 1970 témoigne de la volonté de l'État-providence de fixer un salaire minimum. Tout comme le **SMIG**

(Salaire minimum interprofessionnel garanti), créé en 1950, le SMIC tient compte de l'inflation, mais aussi de la croissance économique et de l'évolution générale des revenus.

Au-delà de la reconnaissance du salaire minimum, un ensemble de dispositions légales (dont celles concernant la protection sociale) et la généralisation de conventions collectives ont permis, jusqu'à la crise, de faire reculer les limites relatives de la pauvreté.

B La pauvreté peut coexister avec le plein emploi

- Durant la croissance, la pauvreté coexiste avec le plein emploi. Elle se distingue ainsi de la nouvelle pauvreté apparue avec la crise, dont l'origine est le chômage et le sous-emploi. **Pendant les Trente glorieuses, les pauvres sont ceux qui n'accèdent pas à la norme fixée par la société de consommation**.
- Bien que formant la frange la plus démunie de la société, les pauvres ne sont pas durant les Trente glorieuses des exclus du monde du travail, ce sont des exclus de la croissance. Ainsi l'existence, après la Seconde Guerre mondiale, de sans-logis qui ont pourtant un emploi et des revenus, s'explique par une forte pénurie de logements, qui justifia la fondation en 1954 de l'association Emmaüs par l'abbé Pierre.

Dans un contexte de plein emploi les deux formes traditionnelles de pauvreté (héritée ou chronique) ont pu induire une exclusion de la croissance. La nouvelle pauvreté apparue avec la crise provient, quant à elle, de l'exclusion professionnelle.

2 L'EXLUSION RÉSULTE DE LA CRISE ÉCONOMIQUE ET SOCIALE

Lorsque l'insertion par le travail est mise en cause dans une société où seul le travail confère à l'individu sa légitimité sociale, une désintégration sociale risque de se produire.

A La nouvelle pauvreté induit une exclusion totale

- **La nouvelle pauvreté est le produit de la conjoncture**, car la crise a causé le sous-emploi et le chômage.
  Elle touche des actifs qui sont parfois qualifiés, qui ont perdu un emploi ou qui n'ont pas trouvé de premier emploi (notamment dans les régions les plus touchées par la crise).
  La nouvelle pauvreté est aussi le produit d'un système productiviste qui élimine ou rejette ceux dont il n'a pas besoin.
- **La nouvelle pauvreté conduit à un processus d'exclusion**. L'exclusion du monde du travail est un facteur de pauvreté et d'exclusion sociale. Une durée de chômage qui s'élève peut provoquer une rupture dans la vie familiale et sociale du chômeur (divorce par exemple), les revenus de son ménage deviennent insuffisants (notamment pour les chômeurs en fin de droit), ce qui le rend insolvable et peut lui faire perdre son logement, dernier rempart contre une exclusion qui risque de devenir irréversible (il devient sans domicile fixe, SDF).
  Souvent mal informés de leurs droits, les nouveaux pauvres ne connaissent pas les circuits de l'aide sociale auxquels ils ne sont pas habitués.
  La multiplication des emplois atypiques (CDD, intérim, apprentissage, contrats aidés dont stages et temps partiel) explique que de plus en plus fréquemment, l'emploi et la pauvreté soient compatibles.

- Serge Paugam met en évidence l'existence actuelle d'un processus de disqualification sociale en trois étapes : tout d'abord la fragilité, puis la dépendance vis-à-vis des travailleurs sociaux et enfin la rupture du lien social.

  La fragilité est la situation qui provient d'un déclassement professionnel et social, ceux qui en sont victimes ne souhaitent pas bénéficier d'une quelconque assistance, ils cherchent à améliorer leur statut. Les assistés sont les individus devenus dépendants des services d'action sociale et qui ont renoncé à occuper un emploi. La dernière étape de disqualification touche les marginaux que plus aucun lien social ne retient.

  La crise de l'emploi et la crise sociale fragilisent les individus qui basculent plus facilement dans la dépendance et la marginalité.

LA PAUVRETÉ EN FRANCE
(personnes touchant un minimum social ou une allocation chômage inférieure ou égale à 3 000 francs par mois, au 31 décembre 1995, en %)

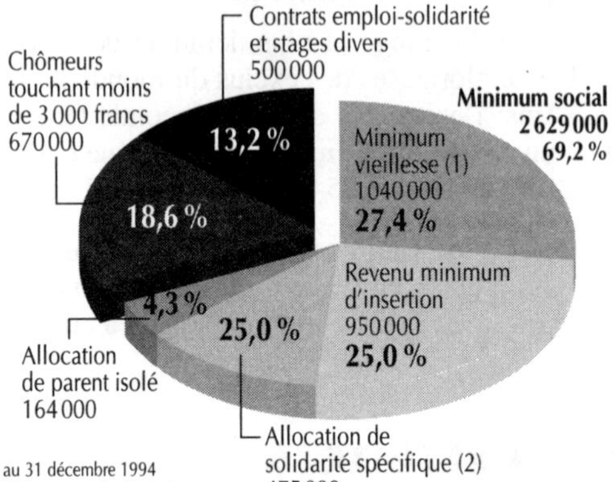

(1) au 31 décembre 1994
(2) Chômeurs en fin de droits

B L'exclusion fait apparaître une société duale

- **Le dualisme de la société se manifeste par une rupture entre les individus insérés professionnellement ainsi que socialement, et ceux qui subissent un chômage d'exclusion, puis rapidement une exclusion sociale.**

  Le chômage de longue durée (plus d'un an) est un chômage d'exclusion, car plus la durée du chômage s'allonge, plus l'employabilité est faible ; les employeurs préfèrent ne pas embaucher une main-d'œuvre dont la qualification finit par s'amoindrir, et qui a perdu les repères qu'imposent les contraintes du monde du travail (ponctualité et assiduité ou obéissance aux ordres par exemple).

- Dans une économie libérale, les besoins sociaux ont tendance à être subordonnés aux impératifs économiques de rentabilité. La recherche d'efficience du système productif peut finir par induire des coûts externes importants (chômage, pauvreté, exclusion).

  Les nouveaux pauvres ne peuvent guère compter sur une solidarité de voisinage ou familiale, et ne bénéficient que d'une protection sociale limitée, justifiant l'existence d'associations caritatives.

3 La lutte contre la pauvreté et l'exclusion demeure insuffisante

L'État-providence semble limiter l'ampleur de la pauvreté, mais son efficacité demeure insuffisante. De plus l'ultra-libéralisme affirme que la protection sociale est en partie responsable de la persistance de la pauvreté.

A De l'insuffisance de la protection sociale...

- Même si la part des dépenses de protection sociale dans le PIB français qui était de 25,4 % en 1980 est passé à 30,5 % en 1994, la pauvreté et l'exclusion n'ont pas été évitées. **Le système de protection conçu à une époque de plein emploi n'endigue pas la nouvelle pauvreté, il limite tout au plus sa progression**.
- La loi du 1er décembre 1988 a mis en place le **Revenu minimum d'insertion (RMI)** pour tenter de pallier les insuffisances de la protection sociale traditionnelle. Il s'agit d'une prestation différentielle destinée à compléter les prestations reçues, qui garantit un revenu minimum à toute personne de plus de 25 ans, dont les ressources sont inférieures à un certain montant (au 1er janvier 1998 : 2 429,42 F pour une personne seule, 50 % de cette somme pour la deuxième personne du ménage, 30 % pour chacune des personnes suivantes, et 40 % à partir d'un troisième enfant).

  En plus de son versement par les Caisses d'allocations familiales, le RMI ouvre droit à une éventuelle **allocation logement** et à la **couverture sociale**. Il peut ainsi participer à l'amélioration de l'état sanitaire d'une population dans une situation précaire (recrudescence de la tuberculose et de maladies infectieuses).
- En raison des carences du système de protection sociale, **les aides privées des organisations caritatives ont une importance capitale**. Les actions qu'elles mènent sur le terrain évitent notamment à certains pauvres et exclus de mourir de faim ou de froid, pourtant cette mortalité existe toujours. La charité publique ne peut, seule, faire face à la gravité de la pauvreté et de l'exclusion.

B ... à la responsabilité de la protection sociale

- Les libéraux ont tendance à estimer que seule la régulation par le marché est économiquement et socialement efficace. Le regain de libéralisme des années 80 a donc contribué à freiner le développement de la prise en charge du coût social de la crise. Ainsi **le libéralisme s'accommode mal d'une protection sociale qui met en péril les comptes sociaux et qui encouragerait l'oisiveté**; les pauvres seraient incités à abuser du système de protection sociale. La réduction de la protection sociale obligerait chacun à s'insérer ou à se réinsérer. Cela combattrait plus efficacement pauvreté et exclusion et faciliterait l'infléchissement du chômage.
- Il est parfois reproché aux aides sociales d'étiqueter leurs bénéficiaires comme pauvres ou exclus. Ils deviendraient alors les victimes d'une stigmatisation conformément à la théorie d'Erving Goffman.
- Un discours libéral sans concession occulte le fait que **la protection sociale a tout de même réduit la pauvreté absolue**. En outre les exclus du marché du travail subissent les effets de la crise et du chômage; ils n'en sont pas la cause. Le versement du RMI ne se poursuit au-delà des trois premiers mois que si le prestataire justifie d'une recherche d'insertion professionnelle (emploi ou stage), ce n'est pas pour autant qu'il parvient à s'insérer. Ainsi la lutte contre la pauvreté et l'exclusion nécessiterait la réussite d'une politique anticrise et le renforcement de la solidarité nationale, car seules les solidarités familiales et privées ne suffisent pas.

Pour faire face à la nouvelle pauvreté et à l'exclusion, deux politiques peuvent donc être envisagées :

– La première est soumise à une conception exclusivement libérale de l'économie et de la société. Les pauvres et les exclus sont considérés comme responsables de leur condition, l'État n'a pas à les assister. Cette thèse s'inscrit notamment dans la filiation de la loi de la population définie par T. R. Malthus au XIXe siècle.

– La seconde est fondée sur l'affirmation que l'autorégulation économique et sociale n'est pas convenablement assurée; l'État doit alors intervenir au nom de la solidarité nationale.

FICHE 35 LES JEUNES ET LA CRISE

→ Quelles sont les incidences de la crise sur les jeunes ?

L'analyse de la situation des jeunes dans les sociétés industrielles est particulièrement contrastée. Alors que la jeunesse est parée de toutes les vertus, les jeunes sont souvent présentés comme les premières victimes de la crise. Ils seraient dynamiques, porteurs d'idées nouvelles et pourtant un quart des actifs de moins de 25 ans est au chômage en France. Chacune de ces deux visions est à nuancer et il est intéressant de s'interroger sur la façon dont les jeunes ont réagi à la crise économique et au chômage.

1 Les jeunes actifs ont des difficultés pour trouver un emploi...

Depuis 1973, les jeunes ont des difficultés pour trouver un emploi et sont ainsi souvent contraints d'accepter des situations professionnelles précaires.

A L'emploi des jeunes diminue...

- Les jeunes sont de plus en plus exclus du monde du travail. Entre 1982 et 1990, l'emploi des jeunes a diminué de 19 % tandis que l'emploi total augmentait de 4 %. **Le nombre d'emplois stables à temps plein exercés par les jeunes a tout particulièrement diminué alors que celui des emplois précaires augmentait**.
- L'emploi des plus de 55 ans ayant également diminué, on s'aperçoit que la société française n'arrive à mettre pleinement au travail qu'une seule génération : celle des 25/55 ans. Le chômage des jeunes pourrait donc s'expliquer partiellement par la volonté des entreprises et des pouvoirs publics de préserver, autant que faire se peut, l'emploi des adultes en pratiquant **une politique sélective de recrutement**. Cela permettrait de créer ou de renforcer un esprit de corps à l'intérieur de l'entreprise et éviterait de prendre des risques en remplaçant des salariés intégrés par des nouveaux venus.

B ... et leur situation professionnelle est souvent précaire

- Incertaines de l'avenir et des compétences des jeunes qu'elles désirent embaucher, **les entreprises ont souvent accès à des formes d'emplois temporaires**. En 1995, 46 % des débutants avaient un emploi stable contre 58 % en 1991. Ces contrats temporaires sont parfois utilisés par les entreprises pour évaluer les capacités d'un salarié qu'elles souhaitent embaucher définitivement et peuvent donc déboucher sur des **contrats à durée indéterminée (CDI)**. Mais d'autres entreprises se sont constitués un volant d'emplois précaires qu'elles font varier en fonction de la conjoncture sans avoir l'intention d'embaucher les salariés en question.

- Les jeunes qui ne parviennent pas à s'insérer sur le marché du travail ou qui en ont été exclus n'ont pas d'autres choix que d'accepter un **emploi aidé** (Contrat Emploi-Solidarité, Contrat de qualification, etc.) qui concerne, avec l'**apprentissage**, plus d'un jeune au travail sur cinq. Au total, le nombre d'apprentis et de bénéficiaires d'emplois aidés a augmenté de 95 % entre 1985 et 1995. Une partie de ces jeunes bénéficie, ensuite, d'un emploi non aidé. L'autre partie (celle dont l'employabilité est la plus faible) reste prisonnière de ces dispositifs.

  Ainsi sur dix jeunes actifs, près de six occupent un emploi stable (parfois en attente d'un emploi plus satisfaisant), **les autres étant au chômage ou occupant un emploi précaire**.

2 ... ET S'ÉLOIGNENT DU MARCHÉ DU TRAVAIL...

Les jeunes ont retardé leur arrivée dans la vie active, ce qui a transformé leur entrée dans la vie adulte.

A La scolarité est devenue plus longue

- Le diplôme a longtemps été considéré comme la condition d'une bonne insertion sur le marché du travail car il constitue un rempart contre le chômage. En 1991, 87,8 % des nouveaux diplômés de l'Université ont trouvé un emploi en moins d'un an et 70,2 % en moins de six mois. Globalement, **le taux de chômage est inversement proportionnel au niveau du diplôme obtenu**.

  Les diplômes de l'enseignement supérieur sont également ceux qui protègent le mieux de la précarité de l'emploi. Ils garantissent à l'employeur que le niveau de savoir et de savoir-faire du jeune demandeur d'emploi est élevé. Enfin, ces jeunes diplômés peuvent, quand la situation sur le marché du travail le permet, être suffisamment exigeants pour refuser les propositions d'emplois précaires.

- Depuis longtemps, **la durée de la scolarité augmente et cette tendance s'est accentuée au milieu des années 80**. Sept jeunes sur dix accèdent aujourd'hui à la classe de terminale au lieu de quatre sur dix en 1987. L'augmentation de la population lycéenne provoque, avec un décalage de quelques années, celle de la population étudiante, puisque la poursuite d'études supérieures après le baccalauréat se développe.

  Les jeunes arrivent donc plus tardivement sur le marché du travail. Ainsi **l'âge médian de sortie du système scolaire** (âge auquel la moitié d'une génération a quitté l'école) **est passé de 17 à 18 ans entre 1982 et 1986**. La récession du début des années 90 a encore accentué ce phénomène, une partie des jeunes préférant accumuler les diplômes plutôt que d'arriver sur un marché du travail déprimé. L'âge moyen d'entrée dans la vie active est ainsi passé de 20 ans en 1989 à 21,7 ans en 1997.

B L'accès des jeunes au monde des adultes en a été transformé

- **Autrefois, le passage de l'adolescence au monde adulte s'effectuait relativement rapidement**. En deux ou trois ans, les jeunes terminaient leurs études, faisaient leur service militaire pour les garçons, trouvaient un emploi, quittaient leurs parents et se mariaient généralement avant l'âge de 25 ans. Les filles quant à elles avaient un parcours de deux à trois ans plus court que celui des garçons, car elles évitaient le service militaire et ne s'inséraient pas toujours professionnellement avant de fonder une famille.

- **L'allongement de la durée des études et le recul de l'âge du premier emploi stable ont bouleversé l'entrée dans le monde des adultes**. Ce que les sociologues nomment « la post-adolescence » ou la « jeunesse » s'est intercalée entre l'adolescence et l'âge adulte, ce qui a modifié le cycle de vie habituel. En l'absence de situation professionnelle stable, les jeunes continuent leurs études puis, surtout quand leurs diplômes sont insuffisants, ils alternent périodes de chômage et emplois précaires.

  L'arrivée tardive d'un emploi stable repousse d'autant l'âge auquel les jeunes accèdent à l'autonomie financière, forment un couple, et, un peu plus tard encore, ont des enfants. Pendant plusieurs années, ils prolongent la cohabitation avec leurs parents puis vont les quitter tardivement, parfois pour vivre seuls, parfois avec des amis ou plus souvent pour vivre en couple. La poursuite d'études supérieures leur permet d'étaler dans le temps cette « décohabitation », en revenant en fin de semaine ou pendant une partie des vacances. Cette « décohabitation » n'est d'ailleurs pas toujours définitive, puisque les jeunes ont la possibilité, quand la situation matérielle et financière de leurs parents le permet, de revenir habiter chez eux après un échec professionnel ou sentimental.

3 … CE QUI RÉDUIT D'AUTANT LEUR CHÔMAGE

La diminution du taux d'activité des jeunes a permis de limiter leur chômage.

A Les jeunes actifs sont fortement vulnérables au chômage

- **Le risque d'être au chômage pour les jeunes actif, est le double de celui de la population active prise dans son ensemble**. Un jeune actif de moins de 25 ans sur quatre était au chômage en France au début de 1994, alors que le taux de chômage tous âges confondus était de 12,2 %. Pourtant leur insertion dans le monde du travail s'était améliorée depuis le milieu des années 80. La reprise économique et des mesures spécifiques en faveur des jeunes avaient fait passer leur taux de chômage de 21,3 % en 1985 à 16,6 % en 1990. Mais la récession du début des années 90 a aggravé la situation sur le marché du travail et 750 000 jeunes sont inscrits début 1994 à l'ANPE.
- **Cette vulnérabilité particulière s'explique par le fait que les jeunes sont les derniers arrivés sur le marché du travail**. Les cessations d'activité et les créations d'emplois étant insuffisantes pour permettre l'intégration de tous les nouveaux venus, un certain nombre d'entre eux se retrouvent au moins temporairement au chômage. Mais l'explication démographique est insuffisante. En effet le nombre de jeunes âgés de 16 à 25 ans diminue en raison de la baisse de la natalité à partir de 1974, et les arrivées de jeunes sur le marché du travail sont en régression. La pression démographique, même si elle est plus forte qu'en Allemagne, est finalement insuffisante pour expliquer cette vulnérabilité particulière face au chômage.

B Mais rapporté à leur classe d'âge, le chômage des jeunes est relativement faible

- En raison de l'augmentation de la durée de la scolarisation, le taux d'activité des jeunes n'a cessé de diminuer depuis le début de la crise. En 1991, selon les données de l'OCDE, à peine plus d'un jeune sur trois était actif. Le contraste avec les États-Unis est frappant. Dans ce pays, de nombreuses créations d'emplois peu qualifiés et le coût élevé des études supérieures ont incité les jeunes à rentrer rapidement sur le marché du travail. Le revers de la médaille est que ces jeunes ont souvent occupé des emplois très mal rémunérés.

◗ Rapporté non plus au nombre d'actifs âgés de 15 à 24 ans qui est faible en France, mais à l'ensemble de cette classe d'âge, le chômage des jeunes est relativement peu élevé. **En 1991**, la France obtenait de meilleurs résultats dans ce domaine que les États-Unis et, ce qui est moins étonnant, que l'Italie ou l'Espagne. À cette date, **7,3 % des jeunes, actifs et inactifs confondus, étaient au chômage en France contre 8,6 % aux États-Unis. Mais ces deux résultats proches ont été obtenus de deux manières extrêmement différentes : les États-Unis en créant des emplois peu payés, la France en retardant l'arrivée des jeunes sur le marché du travail**.

LE CHÔMAGE DES JEUNES EN EUROPE (en %, EN 1995)

	Part de chômage des moins de 25 ans	Part des chômeurs de moins de 25 ans dans la population des 15-25 ans
Belgique	24,4	8,6
Danemark	10,1	7,4
Allemagne	8,8	4,6
Grèce	27,9	10,3
Espagne	42,5	17,7
France	27,3	9,7
Irlande	19,5	8,9
Italie	33,2	12,9
Luxembourg	7,1	
Pays-Bas	11,6	7,0
Autriche	5,6	3,4
Portugal	16,6	7,1
Finlande	38,2	19,8
Suède	19,4	9,3
Royaume-Uni	15,9	10,4
Europe à 15	21,5	9,5

D'après Eurostat, 4e trimestre 1997.

◗ Le chômage des jeunes a pourtant augmenté depuis le début des années 90. La croissance économique avait permis de ramener le nombre de jeunes au chômage en France à 625 000 en 1990, puis ce nombre s'est accru pour atteindre 727 000 en 1995, ce qui reste encore très inférieur aux 894 000 chômeurs de 1986. Cela montre à quel point **le chômage des jeunes est conjoncturel**. Dès que l'activité économique redémarre, les entreprises embauchent les salariés qualifiés, souvent des jeunes, dont elles ont besoin. À l'inverse, en période de récession, elles gèlent les embauches, se débarrassent de leurs travailleurs précaires, et le chômage des jeunes augmente à nouveau. **L'insuffisance de la croissance économique est donc l'explication principale du chômage des jeunes lorsqu'ils sont qualifiés**.

Les jeunes ont donc été largement exclus du marché du travail. Ils finissent la plupart du temps par occuper un emploi stable, mais cela se fait tardivement. Ceux qui ont suivi des études courtes sont souvent obligés d'alterner emplois précaires et chômage. Les autres peuvent espérer, grâce à des études plus poussées, accéder tout de suite à un emploi stable, mais rares sont ceux qui trouvent un emploi de bonne heure. Cela retarde d'autant l'âge auquel ces jeunes quittent leurs parents et fondent leur propre famille. La crise aura retardé encore un peu plus l'âge auquel on devient adulte.

FICHE 36

LA FAMILLE

→ La famille est-elle en crise ?

La famille traditionnelle constituée d'un couple marié et de ses enfants est un modèle que l'évolution des mœurs au cours des trente dernières années a contesté. L'augmentation du nombre des divorces puis la diminution de celui des mariages ont réduit la portée de ce modèle et certains y ont vu la fin de la famille. Depuis une dizaine d'années pourtant, les signes de solidarité des parents envers leurs enfants se sont multipliés et ces derniers, en contrepartie, plébiscitent le groupe familial. Si bien que l'on annonce aujourd'hui le retour de la famille. L'engouement pour la famille est évident, mais peut-on parler d'un retour ?

1 L'ÉVOLUTION DES MŒURS...

Depuis une trentaine d'années, l'augmentation du nombre des divorces et la baisse de celui des mariages ont transformé la famille.

A La diminution du mariage et l'augmentation du divorce...

- **Le nombre de mariages, en hausse de 1960 à 1973, a fortement diminué depuis** et s'est stabilisé après 1985 entre 250 000 et 300 000 par an, alors qu'il avait dépassé les 400 000 au début des années 70. **Moins nombreux, les mariages sont également plus tardifs** : l'âge moyen au premier mariage n'a cessé d'augmenter depuis vingt ans pour atteindre, en 1997, 29,7 ans chez les hommes et 27,7 ans chez les femmes.

MARIAGES/DIVORCES (EN MILLIERS)

Années	Mariages	Divorces
1960	319,9	30,2
1965	346,3	34,9
1970	393,7	40,0
1975	387,4	61,2
1980	334,4	81,1
1985	269,4	107,5
1990	287,1	105,8
1995	254,0	119,2
1996	279,0	120,3
1997	284,3	116,0

Pour 1997, résultats provisoires janvier 1999.
Source: état civil et division des enquêtes et études démographiques de l'Insee.

- **Le divorce s'est banalisé : plus de 100 000 divorces sont prononcés chaque année depuis 1985** (120 000 en 1996), alors que ce nombre était inférieur à

40 000 au début des années 60. Les mariages sont devenus plus fragiles et un nombre croissant d'entre eux aboutissent à un divorce, même si le phénomène reste très minoritaire. Ainsi 14 % des mariages célébrés en 1980 ont été dissous au cours des dix ans qui ont suivi et si les comportements ne se modifient pas, à terme, un mariage sur trois se terminera par un divorce.

B … sont les conséquences d'une évolution des mentalités

- **La monté de l'individualisme et de la revendication d'égalité sont les explications de fond de cette évolution des comportements.** L'individualisme se traduit par une exigence d'épanouissement individuel plus forte qui amène, à l'intérieur de la famille, à refuser les contraintes quand elles sont jugées excessives ou inégalement partagées. Les femmes, parce qu'elles considéraient que la place qui leur était réservée dans la division sexuelle du travail était peu valorisante, ont souvent été porteuses de cette revendication. En quelques dizaines d'années, l'idée d'une égalité entre les sexes s'est imposée et **les conditions masculines et féminines se sont rapprochées** sans que la division du travail entre les sexes ne disparaisse fondamentalement.
- Cette double revendication d'épanouissement individuel et d'égalité est à l'origine des **principales transformations de la famille depuis une trentaine d'années**. La **baisse de la fécondité** a permis aux femmes de sortir du rôle traditionnel qui leur était assigné. Le **travail des femmes** est d'abord une source de revenus qui permet au couple d'accéder à un niveau de consommation supérieur, mais il donne également aux femmes la possibilité d'un épanouissement personnel. La plus grande **autonomie financière** qui en découle a rendu possible l'accroissement du nombre des divorces qui sont le plus souvent demandés par les femmes. Le mariage est donc devenu fragile et ne semble plus suffire à assurer le bonheur. Aussi, une part croissante de la population ne le considère plus que comme une formalité administrative dont le couple peut se passer.

  L'évolution des mentalités est à l'origine des principales transformations de la famille depuis une trentaine d'années.

2 … A PROVOQUÉ UN ÉCLATEMENT DES FORMES FAMILIALES

Le modèle de la famille fondée sur le couple marié décline au profit d'autres formes familiales

A Le nombre de couples mariés diminue…

- Alors que la population française augmentait, le nombre de couples mariés s'est stabilisé au cours des vingt dernières années. De ce fait la part des couples mariés dans l'ensemble des couples a regressé : elle est passée de 89,3 % en 1990 à 83,6 % en 1998. Cela traduit une perte d'attrait pour ce modèle familial qui reste tout de même majoritaire : à 35 ans, 68 % des hommes sont mariés et 11 % vivent en couple non marié.
- Mais **les couples mariés ne constituent pas un modèle familial unique**. Les familles sont parfois constitués d'adultes, dont l'un au moins est divorcé, et d'enfants, généralement ceux de la mère. La forme familiale peut être encore plus complexe puisque certaines familles recomposées réunissent des enfants des deux mariages précédents. Même si les divorcés se remarient peu, l'augmentation de leur nombre suffit à provoquer celle du nombre des couples mariés comportant au moins un divorcé.

B ... au profit des autres formes familiales

- Bien que minoritaires, **les couples non mariés sont en nombre croissant**. Ils représentent 16,4 % de l'ensemble des couples en 1998. Ce n'est plus une pratique exclusive des plus jeunes mais elle reste fortement dépendante de l'âge : les deux tiers des couples dont l'homme a entre 20 et 24 ans et un peu moins d'un tiers de ceux dont l'homme a moins de 35 ans vivent en union libre. Elle s'est également répandue **dans l'ensemble des couches sociales salariées**, les professions indépendantes restant réticentes pour des raisons à la fois économiques et culturelles. La jeunesse relative des couples vivant en union libre explique que **plus d'un enfant sur trois naît hors mariage** sans que cela entraîne automatiquement de légitimation par le mariage. Cette banalisation de l'union libre et la désacralisation du mariage ont fortement réduit les différences qui opposaient auparavant couples mariés et non mariés.
- **Les familles monoparentales** (1 231 000 en 1996) regroupent l'un des parents, le plus souvent la mère, et un ou plusieurs enfants. Autrefois provoquées par le décès d'un des parents, ces familles **sont aujourd'hui la conséquence immédiate de l'augmentation du nombre de divorces**. Neuf enfants sur dix se retrouvent dans une famille monoparentale après le divorce de leurs parents, mais cette situation n'est parfois que temporaire avant la constitution d'une famille recomposée.

Bien qu'elle reste le modèle dominant, la vie en couple marié est une situation dont la fréquence diminue et les formes familiales sont aujourd'hui multiples.

3 Mais la famille, quelle que soit sa forme, reste un lieu de solidarité

La solidarité intergénérationnelle est surtout celle des parents envers leurs enfants avant leur entrée dans la vie adulte.

A L'aide des parents se prolonge tardivement...

- Les difficultés qu'éprouvent les jeunes pour trouver un emploi les incitent souvent à poursuivre des études de plus en plus longues. Pour les six jeunes sur dix qui accèdent au niveau du Bac, le supérieur est un passage quasi obligatoire avant d'entrer dans la vie active. L'allongement rapide de la scolarité au cours des années 80 a donc retardé l'arrivée des jeunes sur le marché du travail, ce qui a prolongé leur dépendance vis-à-vis de leurs parents. Ceux qui font des études courtes, essentiellement des enfants de milieux modestes, continuent d'habiter chez leurs parents dans un premier temps du fait des difficultés qu'ils rencontrent pour trouver un emploi stable. Arrivés rapidement sur le marché du travail, ces jeunes alternent souvent périodes de chômage et emplois précaires avant de s'insérer et de devenir autonomes.
- En attendant d'accéder à une situation stable et à une indépendance financière totale, **les jeunes bénéficient généralement des aides diverses de leurs parents et continuent d'habiter chez eux**. Ainsi près de deux tiers des jeunes âgés de 20 à 24 ans ont pour résidence principale celle de leurs parents en 1990, alors qu'ils n'étaient que 60 % dans ce cas en 1982. Pour ces jeunes, la famille constitue donc un lieu de relative sécurité affective et matérielle puisqu'une partie de leur consommation est prise en charge d'une manière ou d'une autre. Enfin leurs parents se mobilisent pour leur faciliter la recherche d'un emploi et, dans la mesure de leurs possibilités, font jouer leurs relations en ce sens.

Le mode de vie des jeunes de 20 à 24 ans en France (1982-1990)				
En %				
	Sexe masculin		Sexe féminin	
Mode de vie	1982	1990	1982	1990
Enfant d'une famille	60,2	65,2	38,2	47,1
Membre d'un couple ou parent seul	20,3	14,0	44,1	32,6
Seul	7,9	9,2	8,8	10,8
Hors famille dans un ménage	5,8	6,1	5,5	5,9
Hors ménage	5,9	5,5	3,4	3,6

D'après l'Insee, recensements de la population.

B ... puis les signes de solidarité s'estompent

- La solidarité familiale ne cesse pas à l'entrée des enfants dans la vie adulte. L'aide financière, quand elle est possible, facilite les investissements comme l'achat d'un logement, ou l'installation des professions indépendantes. La solidarité peut s'exercer quotidiennement lorsque les parents, surtout s'ils sont à la retraite, gardent leurs petits-enfants. Mais cette solidarité quotidienne est limitée : sur les 2,260 millions d'enfants de moins de trois ans, un peu plus de la moitié sont gardés par la mère, moins de 12 % par une autre personne de la famille (dont les grands-parents), les autres sont scolarisés, vont à la crèche ou sont confiés à une nourrice.
- **La solidarité des enfants envers leurs parents** qui vieillissent a également changé de forme. Elle **passe moins par l'accueil des personnes âgées au domicile** de leurs enfants. En moins de trente ans, la proportion de personnes âgées de 75 à 84 ans vivant avec leurs enfants est passée de 20 % à 8 %, **ce qui est le signe d'un plus grand cloisonnement entre les générations**. Il s'agit sans doute de la volonté de la génération des enfants d'être plus indépendants, mais c'est également la conséquence d'une meilleure santé et d'une plus grande autonomie des personnes âgées. Enfin la solidarité intergénérationnelle peut prendre d'autres formes que celle de la cohabitation, que ce soit les visites, la prise en charge financière, ou les aides matérielles (courses par exemple).

La solidarité des parents envers leurs enfants s'est incontestablement accrue, ces dernières années, à la suite des difficultés que les jeunes ont rencontrées pour trouver un emploi mais cela ne semble pas remettre en cause la tendance au cloisonnement des générations.

Une forme familiale, celle composée d'un couple marié et de ses propres enfants, est en crise. Une conception de la famille réduite à ce modèle a fait croire que cette institution était en crise. En fait elle peut prendre d'autres formes, couples non mariés, familles recomposées, familles monoparentales, et celles-ci progressent au détriment du modèle traditionnel. Cela modifie sans les mettre en cause les fonctions traditionnelles de la famille et la solidarité des parents envers leurs enfants s'est sans doute renforcée ces dernières années du fait de la dégradation de la situation de l'emploi des jeunes. Évoquer un retour à la famille n'est pourtant pas satisfaisant car cela masque l'éclatement des formes familiales et laisse supposer que l'on serait revenu au modèle initial, ce qui n'est pas le cas.

FICHE 37 LE VIEILLISSEMENT DE LA POPULATION

→ Quels sont les risques économiques et sociaux du vieillissement de la population ?

Comme celle des autres pays industrialisés, la population française vieillit : alors que 16 % de la population était âgée de plus de 60 ans en 1946, cette proportion est d'environ 20,4 % en 1998, et l'on prévoit que la part des plus de 60 ans sera de 26,8 % en 2020 .

Le vieillissement démographique paraît inéluctable dans la mesure où les futures personnes âgées sont déjà nées, et qu'aucun redressement de la fécondité ou de la natalité n'est prévu. Certains économistes et hommes politiques natalistes assimilent cette évolution à une catastrophe démographique, économique et sociale. Il semble pourtant que le problème du vieillissement n'est pas insurmontable et que certains effets positifs peuvent même être induits.

La vision apocalyptique du vieillissement de la population relève d'une peur dans l'inconscient collectif d'une société qui porte aux nues la valeur de la jeunesse.

1 Le vieillissement de la population s'inscrit dans une continuité

Le vieillissement démographique n'est pas nouveau ; il s'effectue depuis la fin du XVIIIe siècle en France, par le haut (baisse de la mortalité) et par le bas (baisse de la natalité) de la pyramide des âges.

A Le vieillissement de la population n'est pas un phénomène nouveau

- **Une transition démographique** entre un équilibre démographique de haut niveau (taux de mortalité et de natalité élevés, donc taux d'accroissement naturel faible) et un équilibre démographique de bas niveau (taux de mortalité et de natalité faibles, donc taux d'accroissement naturel à nouveau proche de 0 %) **s'est produite en France au XVIIIe siècle**. Durant cette transition, un taux d'accroissement naturel élevé a rajeuni la population. Cette transition se caractérise par la baisse du taux de mortalité puis par une diminution du taux de natalité. Les progrès en matière de santé et d'hygiène expliquent la régression de la mortalité. Le « sentiment de l'enfance » (expression de Ph. Ariès) apparaît et incite les familles à porter un plus grand intérêt à leurs enfants, ce qui diminue le taux de mortalité infantile.
- La **mise en place progressive d'un équilibre démographique de bas niveau au XIXe siècle** explique un retour à une faible croissance de la population, mais aussi

son vieillissement : 5,8 % de la population française est âgée de plus de 65 ans en 1780, cette part est de 6,3 % en 1820, de 8,2 % en 1900, et atteint 11,1 % en 1946. Si le baby boom d'après-guerre a effectivement rajeuni momentanément la population, le début du vieillissement de la population est bien antérieur.

B Un vieillissement par le haut mais aussi un vieillissement par le bas

Population par groupe d'âge (Âge moyen au 1er janvier)

Années	Moins de 20 ans (en %)	20 ans à 59 ans (en %)	60 ans et plus (en %)	Âge moyen, (en années)
1946	29,5	54,5	16,0	35,6
1970	33,2	48,8	18,0	34,8
1980	30,6	52,4	17,0	35,7
1990	27,8	53,2	19,0	36,9
1996	26,0	54,0	20,0	37,9
1997 p	25,9	53,8	20,3	38,1
1998 p	25,8	53,8	20,4	38,3

p : prévision

Projection* de population à l'horizon 2020 par groupe d'âge

Années	Moins de 20 ans (en %)	20 ans à 59 ans (en %)	60 ans et plus (en %)	Population totale (en milliers)
2000	25,9	53,6	20,5	59 412
2005	25,0	54,2	20,8	60 642
2010	24,2	53,0	22,8	61 721
2015	23,4	51,7	24,9	62 648
2020	22,7	50,5	26,8	63 453

*Hypothèse de fécondité : 1,8 enfant par femme.

D'après *TEF 1998/1999*, Insee.

- Le vieillissement de la population se manifeste par une modification de la structure par âge de la population.
  Elle s'illustre par l'augmentation de la part des plus de 60 ans ou des plus de 65 ans (vieillissement par le haut), mais aussi par la diminution de la part des moins de 20 ans (vieillissement par le bas).

- **Le vieillissement par le haut s'explique par le recul de la mortalité aux âges extrêmes et par l'accroissement de l'espérance de vie à la naissance** (respectivement à la fin des années 30 puis en 1997 : moins de 60 puis 74 ans pour les hommes, et environ 61,5 puis 82 ans pour les femmes). **Le vieillissement par le bas, quant à lui, est dû à la baisse des taux de fécondité et de natalité**. Le démographe Hervé Le Bras affirme que c'est le retard de fécondité constaté actuellement qui réduit l'indicateur conjoncturel de fécondité. Ainsi, les femmes donnant naissance à autant d'enfants, mais plus tard, la descendance finale peut être stable.

  Le vieillissement, mis en évidence par le rétrécissement de la base de la pyramide des âges et le gonflement de son sommet, n'est donc pas nouveau. Il n'en demeure pas moins que ce phénomène est souvent rendu responsable de nombreux dysfonctionnements.

2 Le vieillissement de la population suscite de réelles craintes

Le vieillissement est susceptible d'engendrer des déséquilibres.

A Le vieillissement est généralement associé à un manque de dynamisme...

- **Un manque de dynamisme démographique** tout d'abord, puisque si le taux d'accroissement naturel de la population française est encore positif (0,4 % en 1997), cette situation (à l'image de la situation allemande) pourrait ne pas perdurer. L'allongement de la durée moyenne de vie compense encore actuellement la baisse des naissances, mais à l'avenir le vieillissement de la population risque d'accentuer fortement la baisse du taux de natalité.
- **Un manque de dynamisme de la croissance** ensuite, qui résulterait d'un comportement particulier des personnes âgées. On remarque souvent que celles-ci ont une faible propension à consommer et un taux d'épargne élevé. Le vieillissement aurait donc un effet dépressif sur la demande et sur la croissance économique.
- **Un manque de dynamisme peut résulter d'un effet d'âge qui renforce le conservatisme** : une population qui vieillit risque d'être moins favorable au changement et à l'innovation. La mise en place d'une gérontocratie risque de freiner les mutations indispensables au progrès et au développement.

  Au-delà de ces différentes craintes, la rupture de l'équilibre démographique mondial est redoutée car le taux d'accroissement naturel en Afrique, par exemple, est de 2,6 % en 1997.

B ... auquel s'ajoute un risque financier pour la protection sociale

- **Dans la mesure où le rapport démographique** (rapport de la population active à la population inactive) diminue, **le financement des retraites est mis en péril**. L'insuffisance des cotisations versées par un nombre décroissant d'actifs rendra le financement d'un nombre croissant de retraites difficile (arrivée de la génération du baby boom à l'âge de la retraite). C'est pourquoi l'accroissement des taux de cotisation, l'allongement de la durée d'activité, l'adoption totale ou partielle d'un système de financement par capitalisation sont parfois envisagés.

Disparité* de recours au médecin

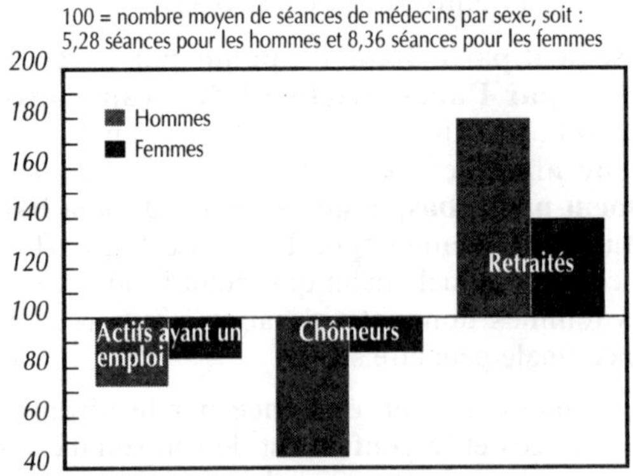

* Champ : assurés sociaux directs

- Dans la mesure où les dépenses de santé croissent de plus en plus rapidement avec l'âge, **un risque financier pèse aussi sur le budget des caisses maladie de la Sécurité sociale**. Le recul de la mortalité aux âges extrêmes ne peut être obtenu que grâce à un suivi médical onéreux, et la fin de vie nécessite inéluctablement des frais de prise en charge dans des structures hospitalières ou para-hospitalières et de soins palliatifs.

  Le vieillissement de la population inquiète car il semble être un facteur de déséquilibres économiques et sociaux.

3 Mais le vieillissement ne pose pas de problème insoluble

Le vieillissement ne constitue pas, contrairement à ce que laisse entendre le discours dominant, un problème insurmontable.

A Les effets pervers du vieillissement doivent être nuancés

- Le manque de dynamisme d'une population vieillissante est un postulat fondé, pour une grande part, sur la confusion entre les effets d'âge et les effets de génération. **Rien ne permet de penser que les comportements des personnes âgées futures seront identiques à ceux des personnes âgées passées ou présentes**. On peut imaginer, au contraire, que les générations nées dans une société de consommation et ayant adopté ses valeurs conserveront leur dynamisme, notamment dans leur consommation.
- **Les difficultés financières de la protection sociale pourraient être résolues** si une reprise de la croissance permettait de financer l'augmentation des dépenses sociales liées au vieillissement, et que le retour au plein emploi réduisait le coût du chômage.

B Le vieillissement peut même induire des effets positifs

- **Le vieillissement peut créer des emplois** en suscitant des besoins que les revenus croissants des personnes âgées peuvent transformer en demande solvable. Ainsi des emplois de proximité ne nécessitant pas de qualifications particulières peuvent être créés pour offrir différents services aux personnes âgées : garde, transport, repas à domicile ou ménage. L'industrie pharmaceutique, le système hospitalier, le tourisme peuvent bénéficier d'un surcroît d'activité et donc de créations d'emplois.
- **Dans l'avenir, la pénurie de main-d'œuvre probable peut être un facteur d'investissement**. Pour assurer la production nécessaire à la population, l'effort d'investissement peut générer des gains de productivité. L'économie et la société pourraient ainsi s'affranchir davantage des problèmes démographiques.

Si le vieillissement de la population pose certains problèmes, ils ne sont pas toujours réels et peuvent être surmontés, de plus certains effets positifs peuvent être induits. La vieillesse est un concept relatif; ainsi peut-on encore réellement parler de personnes âgées à 60 ans du simple fait qu'elles ont atteint l'âge légal de la retraite, tandis que leur espérance de vie est encore de près de 20 ans pour les hommes et de presque 25 ans pour les femmes? Le vieillissement social correspond de moins en moins au vieillissement physiologique.

FICHE 38

LE FINANCEMENT DES RETRAITES

→ Dans quelle mesure le système de financement des retraites est-il en crise ?

Parmi les préoccupations actuelles à propos des budgets sociaux, celle concernant le financement des retraites est un point brûlant. Si les difficultés de financement sont déjà importantes, elles devraient, en raison de problèmes démographiques, s'aggraver fortement dans l'avenir. De ce fait, une refonte radicale des systèmes de retraite est souvent considérée comme indispensable.

1 Le système de financement des retraites est mis en cause

Moins d'actifs et plus de retraités, le financement des retraites ne semble pas avoir d'autre issue que la réforme du système.

A Le vieillissement démographique...

- **En raison de la baisse de la fécondité, à partir du milieu des années 60, l'âge moyen de la population a commencé à s'élever**, c'est ce que l'on appelle le vieillissement démographique. Bien que la part relative des personnes âgées de plus de 60 ans ne soit pas encore importante (moins de 20 % de la population), celle-ci s'accroît de plus en plus et devrait dépasser 25 % vers 2020.

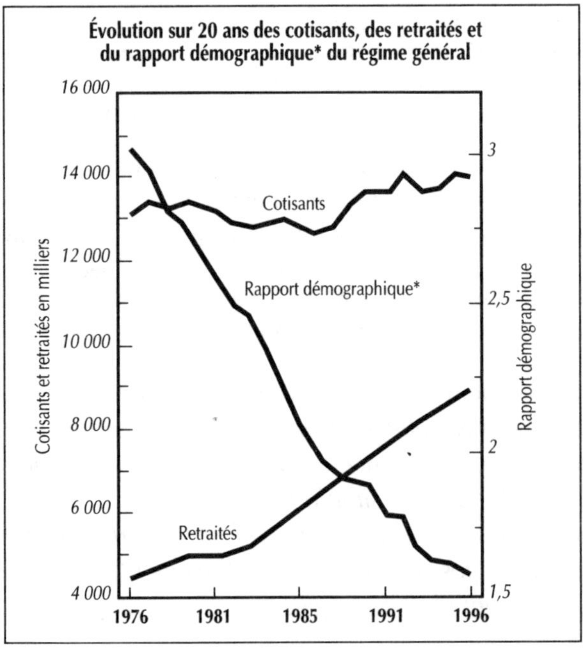

Ce vieillissement démographique risque de faire baisser encore plus le rapport démographique, c'est-à-dire le rapport entre la population en âge d'être active et la population de plus de 60 ans.

- **Le vieillissement démographique est accentué par la hausse de l'espérance de vie qui conduit à l'augmentation de la durée moyenne de la retraite**; ainsi un instituteur peut profiter d'une durée moyenne de retraite de presque 23 ans. Non seulement la population vieillit, mais en plus les personnes âgées profitent de plus en plus tôt de leur droit à la retraite. Alors que le taux d'activité des individus de plus de 65 ans était de 13,1 % en 1965, il est tombé à moins de 2 % en 1997.

  Plus de retraités et une durée de retraite plus longue risquent donc d'entraîner une crise des régimes de financement.

B ... semble mettre en cause le régime de financement des retraites

- **Le régime principal des retraites en France est le régime par répartition appelé aussi régime par redistribution.** Le principe de ce système est basé sur la solidarité : les actifs cotisent pour les retraités.

  Le système par répartition a bien fonctionné pendant les Trente glorieuses; d'une part le rapport démographique était favorable, et d'autre part l'activité croissante des femmes et l'immigration ont permis d'augmenter le nombre de cotisants. Mais **la dégradation du rapport démographique semble mettre en cause ce système** : le nombre de prestataires devient trop important par rapport au nombre de cotisants.

- Face à cette situation, **deux solutions** sont souvent proposées dans les nombreux plans gouvernementaux :
  - **une augmentation des cotisations** afin de maintenir le pouvoir d'achat des retraites;
  - **une augmentation du nombre d'années de cotisation** et donc un recul de l'âge moyen de la retraite.

  Ces solutions sont généralement jugées insuffisantes : si elles permettent de faire face à la situation actuelle, elles sont généralement considérées comme trop limitées pour surmonter les problèmes qui risquent de se poser dans le futur.

  Ainsi, **une troisième solution souvent préconisée est la substitution partielle ou totale d'un nouveau régime de retraite par capitalisation au régime par répartition.** Le système par capitalisation est un système dans lequel chaque actif cotise pour sa propre retraite; les cotisations représentent une forme d'épargne que des fonds de pension placent et font fructifier. Chaque actif cotisant pour sa propre retraite, ce système n'est pas dépendant des variations démographiques.

  Même s'il demeure marginal, le système par capitalisation est progressivement mis en place par le biais des **régimes complémentaires de retraite et des fonds de pensions**.

Du fait du vieillissement de la population, le régime de retraite par répartition ne semble plus adapté, et il paraît nécessaire de lui substituer un régime par capitalisation. Mais la réalité n'est pas aussi simple et cette conception doit être nuancée.

2 Mais le risque de manque d'actifs n'est pas un réel problème

La mise en cause du régime par répartition est fondée sur la thèse selon laquelle le nombre d'actifs sera, dans l'avenir, insuffisant par rapport au nombre de retraités. Il est paradoxal de soutenir une telle affirmation alors que le nombre d'actifs semble au contraire trop élevé par rapport aux besoins de l'économie. Le problème de financement des régimes par répartition tient en fait au nombre trop faible d'actifs cotisants.

A Le nombre d'actifs n'est pas trop faible

- **Le nombre d'actifs ne diminue pas** : il y a encore plus d'entrées sur le marché du travail que de sorties. L'effectif des actifs, loin de diminuer ou de stagner, continue à augmenter et augmentera encore très certainement jusqu'aux années suivant l'an 2000. Le risque d'un manque d'actifs pour cotiser n'est donc pas d'actualité.
- **Comment affirmer que le nombre d'actifs est insuffisant alors que le marché du travail en exclut plus de trois millions**. Le chômage concerne en 1998 plus de 12 % de la population active en France. Pour manquer effectivement d'actifs, il faudrait tout d'abord attendre l'arrêt de la hausse de leur nombre, puis la résorption du chômage, ce qui est peu probable, tout au moins à court ou moyen terme.

  Mais le problème peut-il se poser dans l'avenir ?

B Le risque que l'économie souffre, dans l'avenir, d'un manque d'actifs est faible

- **Il faudra de nombreuses années avant de manquer d'actifs**, mais si cette situation se présente, elle n'en sera pas pour autant catastrophique. **Une pénurie relative de main-d'œuvre est un stimulant important pour l'innovation et le progrès technique**. Ainsi le manque éventuel de main-d'œuvre pourrait être compensé par des hausses sensibles de productivité. Si la production par actif augmente, les cotisations retraite peuvent alors elles aussi s'accroître.
- **Il n'y a pas de risque démographique de manque de main-d'œuvre** ; si, malgré tout ce qui a été précédemment expliqué, la population active devient un jour insuffisante, il suffira alors (comme toujours, dans l'histoire, dans de telles situations) de faire appel à la main-d'œuvre étrangère grâce à l'immigration. Cet apport de main-d'œuvre comblera non seulement les besoins de l'économie en actifs mais augmentera en plus le nombre de cotisants.

  Le seul risque de déséquilibre démographique est celui que nous vivons actuellement : la surabondance d'actifs qui conduit au chômage.

Le risque du manque d'actifs est donc marginal ; ce qui importe pour la production et les cotisations n'est pas le nombre d'actifs (qui comprend les chômeurs) mais le niveau de l'emploi qui, lui, ne dépend pas de variables démographiques mais de variables économiques.

3 Les enjeux du débat sont aussi économiques et idéologiques

Si les problèmes liés au financement des retraites sont généralement présentés comme la résultante de déséquilibres démographiques, ils sont aussi d'origine économique et les solutions proposées sont surtout politiques et idéologiques.

A Les difficultés actuelles sont davantage économiques que démographiques

- **Les difficultés financières des caisses de retraite** sont réelles. Elles ne sont pas dues à une augmentation plus forte du nombre de retraités que celle du nombre d'actifs, mais à une augmentation plus forte du nombre de retraités que du nombre d'actifs occupés ; elles **résultent du chômage**.

  Ce dernier représente un manque à gagner de près de quatre millions de cotisants. On comprend alors que **ce qui fixe le nombre de cotisants n'est pas une variable essentiellement démographique, le nombre d'actifs, mais une variable économique, le niveau de l'emploi**.
- Certains économistes (les théoriciens de l'offre qui s'opposent aux théoriciens de la demande) considèrent que la crise est surtout due à un manque d'épargne. Or la retraite par capitalisation représente un moyen efficace pour augmenter le taux d'épargne des ménages. Alors que dans un système par répartition les cotisations retraite sont reversées directement aux retraités, dans un système par capitalisation elles sont collectées puis placées dans l'économie. Les campagnes médiatiques exposant les risques de la retraite par répartition ont donc aussi pour objectif d'encourager les ménages à opter pour des retraites complémentaires et ainsi augmenter le taux d'épargne de l'économie.

B Les enjeux du débat sont aussi idéologiques et politiques

- L'enjeu du débat sur le mode de financement des retraites est aussi politique et idéologique. **Le système de retraite par répartition s'appuie sur la conception d'une société et d'une économie solidaires**, il entre dans le cadre plus large de la redistribution qui a pour objectif de diminuer les inégalités. En mettant en cause la retraite par répartition, c'est le fonctionnement même de l'État-providence qui est mis en cause.

  Le système de retraite par capitalisation s'appuie sur une conception bien plus individualiste de la justice sociale, l'idée est que chaque individu arrivé à l'âge de la retraite peut profiter de ses propres efforts de cotisation. Derrière le débat répartition/capitalisation, il y a donc un débat beaucoup plus large **entre société solidaire avec une forte intervention de l'État, et société libérale où chacun est libre de disposer de ses gains**.
- Le débat porte sur la **répartition des richesses**. Si le nombre de retraités est censé poser un problème, le nombre d'enfants n'a jamais soulevé de tels débats, or les enfants sont inactifs comme les retraités. Les dépenses par enfant sont des dépenses volontaires de la part des ménages alors que les retraites proviennent de cotisations obligatoires, mais, en terme de répartition globale des fruits de la production, une hausse du nombre des retraités ne génère pas plus de dysfonctionnements qu'une hausse du taux de fécondité (pourtant espérée par les démographes et les hommes politiques). Le débat porte en réalité bel et bien sur la **socialisation des dépenses** ; il est en grande partie politique et idéologique.

Le débat sur le financement des retraites rejoint le débat économique de fond : une société peut-elle en période de crise et de déséquilibres poursuivre ses actions de solidarité ? Est-il nécessaire de conserver les acquis sociaux quitte à augmenter fortement les cotisations ou faut-il plus de flexibilité ? La réponse à ces questions est forcément politique ; on peut considérer qu'il n'existe pas d'impératifs économiques mais qu'il n'existe que des impératifs sociaux ou, au contraire, considérer que trop de solidarité nuit à l'efficacité économique et même à la justice sociale.

FICHE 39 LA PROTECTION SOCIALE

→ Dans quelle mesure le système de financement de la protection sociale est-il en crise ?

Le système français de protection sociale a longtemps été considéré comme l'un des meilleurs du monde. Il traverse pourtant une crise financière de grande ampleur qui risque de mettre en jeu une partie des acquis sociaux. Protection sociale de crise, car confrontée au chômage, à la précarité et à la montée de la pauvreté, elle est aussi une protection sociale en crise qui doit faire face à une croissance de ses dépenses plus forte que celle de ses recettes.

1 La protection sociale subit un effet de ciseaux

Le système français de Sécurité sociale a été mis en place en 1945 et la couverture sociale a été généralisée à tous les Français à partir de 1978. Depuis le début des années 80, le financement de la protection sociale (Sécurité sociale et Unedic) est en grande difficulté.

A Le déficit de la protection sociale...

- **La Sécurité sociale recouvre la branche maladie, la branche vieillesse et la branche famille**.

La Sécurité sociale souffre d'**un déficit récurrent depuis 1989**. C'est un 1993 que le déficit est le plus important puisqu'il s'élève à 86 milliards de francs. En 1997, le déficit de la Sécurité sociale est évalué à 51 milliards de francs.

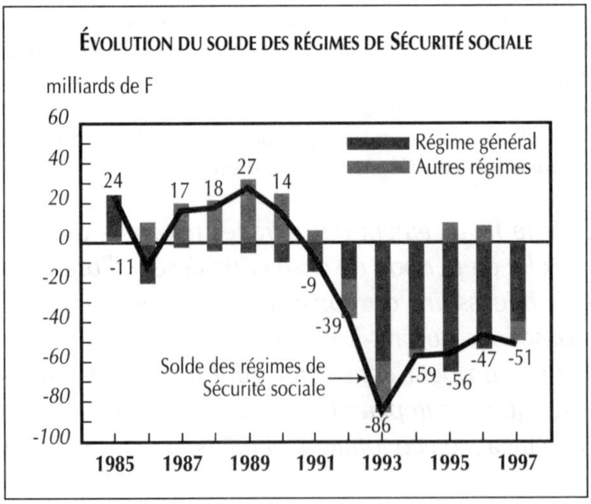

- **Le second aspect de la crise financière de la protection sociale concerne l'Unedic** (qui verse les allocations chômage). En 1992, le déficit s'élevait à 24 milliards de francs. Chaque chômeur supplémentaire provoque une dépense additionnelle moyenne de 60000 francs d'allocations. Grâce à des économies sur les indemnités chômage, ce budget se retrouve en excédent en 1997.

B ... est dû à la hausse importante des dépenses...

- Le système de protection sociale est victime de son succès. **De 17,66 % du PIB en 1970, les dépenses de protection sociale sont passées à 30,5 % en 1994**.
  - Cette croissance des prestations est tout d'abord due au processus de **généralisation** et d'**amélioration de la couverture des besoins**.
  - La hausse des prestations résulte aussi de la **croissance des dépenses de santé**. En effet les soins médicaux sont de plus en plus chers et la médecine est en phase de rendements décroissants : le rapport coût/résultat de la santé se détériore.
  - **La logique des acteurs n'est pas non plus innocente ; chacun a intérêt à la croissance des dépenses** : les médecins parce que leurs revenus dépendent du nombre de consultations, les malades qui exigent les soins les meilleurs et les collectivités locales qui espèrent des infrastructures hospitalières modernes et efficientes.
- **Le dérapage des dépenses résulte aussi d'évolutions structurelles et conjoncturelles touchant la population**.
  - **Le vieillissement de la population** alourdit les dépenses sociales ; les personnes âgées consomment beaucoup plus de soins que les jeunes. Mais surtout, le vieillissement de la population creuse le déficit des retraites ; leur financement représente désormais plus de la moitié des dépenses de la protection sociale.
  - **La croissance du nombre des demandeurs d'emploi** provoque de fortes augmentations des dépenses de l'assurance chômage : les dépenses pour l'emploi sont passées de 6,6 % des dépenses totales de la protection sociale en 1985 à 8,6 % en 1992.

La précarité et la pauvreté nées de la crise sont aussi des facteurs importants d'alourdissement des dépenses, **le RMI** en est un exemple éloquent.

C ... alors que les recettes ont tendance à stagner

- **La protection sociale est financée à près de 70 % par des cotisations** (patronales et salariales) assises sur les salaires. Ce mode de financement est très sensible à la conjoncture économique car dès que la croissance ralentit, l'emploi stagne ou diminue, ce qui a un effet dépressif important sur les recettes.
- **La crise économique ralentit fortement la croissance des cotisations**.
  - **3 millions de chômeurs représentent un manque à gagner de 150 milliards de francs** pour la Sécurité sociale. On comprend que la cause principale des difficultés financières de la protection sociale est le sous-emploi.
  - La **faible progression des salaires** depuis la crise représente par ailleurs un frein supplémentaire à la croissance des cotisations.

La protection sociale subit donc un effet de ciseaux. Alors qu'en raison de la crise les recettes ont tendance à plafonner, les dépenses suivent, elles, une progression qui semble irréversible. Face à cette situation, des mesures gouvernementales se sont multipliées et le système de protection sociale est de plus en plus souvent mis en cause.

2 La refonte du système de protection sociale est nécessaire

A Des mesures ponctuelles de redressement sont nécessaires mais ont une efficacité limitée

- **Du plan Veil de 1978 au plan Juppé de 1996, 12 plans se sont succédé** pour tenter de redresser les finances de la Sécurité sociale.

  Ces mesures visent surtout à diminuer les dépenses. Pour cela, **plusieurs moyens sont utilisés** :
  - **baisse des taux de remboursement** ;
  - **baisse du nombre de médicaments donnant lieu à des remboursements** ;
  - création en 1982 du **forfait hospitalier**, fortement réévalué depuis ;
  - **rationalisation**, surtout depuis 1988, **de l'offre de soins** : il s'agit de limiter les dépenses jugées peu utiles et ainsi, par exemple, de diminuer le nombre de lits d'hôpitaux ou de modérer, par une politique concertée, la progression du volume des actes médicaux.

  Tous ces efforts ont eu des effets limités, **ils ont pu freiner le dérapage financier**, mais ils ne sont pas parvenus à l'enrayer ; ainsi, malgré toutes ces mesures, la part des dépenses de protection sociale dans le PIB est passée de 20 % au début des années 70 à plus de 30 % à la fin des années 90.

- **Ces plans agissent aussi sur les recettes de la protection sociale**.
  - **Il visent à augmenter les recettes** en alourdissant les taux de cotisations à la charge des employés et des employeurs, en élargissant les cotisations à de nouvelles catégories (les retraités versent des cotisations d'assurance maladie depuis 1979), en augmentant les taxes (sur le tabac et les alcools par exemple), ou en créant de nouveaux impôts comme la CSG (contribution sociale généralisée) ou le RDS (remboursement de la dette sociale).
  - **L'objectif est aussi de rendre les recettes moins dépendantes de la conjoncture** économique et de faire en sorte qu'elles ne pèsent pas trop sur le coût de la main-d'œuvre, et donc sur la compétitivité des entreprises.

  Les recettes de la protection sociale ont donc tendance à être de plus en plus fiscalisées afin de ne plus dépendre uniquement des salaires. L'exemple le plus éloquent est la mise en place de la **CSG**.

  Quoique nécessaires, ces plans demeurent largement insuffisants.

B La théorie libérale préconise une mise en cause du système de protection sociale...

- Dans une logique libérale, la protection sociale a un coût bien supérieur à ce qu'elle peut apporter. **Elle serait l'une des causes de la crise**.

  Ainsi la hausse des cotisations sociales qui est la principale responsable de la montée des **prélèvements obligatoires** serait à la source de nombreux dysfonctionnements :
  - ils **nuisent à la liberté individuelle** d'affectation des revenus ;
  - ils **sont dissuasifs** car, selon A. Laffer, des prélèvements obligatoires trop élevés incitent les individus à moins produire ou à moins travailler et à frauder davantage ;
  - en alourdissant le coût de la main-d'œuvre, les cotisations sociales **découragent l'embauche**, elles seraient donc l'un des principaux responsables du chômage.

- Le système actuel de protection sociale serait donc fortement préjudiciable aux équilibres économiques :

– son effet redistributif favoriserait les catégories qui consomment le plus, au détriment de celles qui épargnent le plus. Cela nuirait à l'investissement qui est selon les libéraux le moteur principal de la croissance ;
– **les aides sociales sont accusées de déresponsabiliser les individus** et de les inciter à l'oisiveté ;
– **les déficits sociaux sont le signe d'une mauvaise gestion** et leur financement est inflationniste.

Certains libéraux espèrent donc un démantèlement de la Sécurité sociale et affirment qu'un système d'assurances privées pourrait remplacer de façon avantageuse le système actuel.

C ... mais il conserve des fonctions sociales et économiques essentielles

- **William Beveridge** a établi, dans son rapport de 1942, les premiers fondements d'un système moderne de protection sociale. Il pense que le but de la protection sociale est « de **libérer l'homme du besoin** » et que « ce doit être une fonction de l'État que de protéger ses citoyens contre le chômage de masse, aussi définitivement que c'est maintenant la fonction de l'État que de défendre les citoyens contre les attaques du dehors et contre les vols et la violence du dedans ».

  Rejeter la protection sociale publique reviendrait à mettre en cause la fonction de solidarité de l'État. Dans ce cas, l'État perdrait sa fonction de garant de l'intérêt général ; son désengagement du domaine social risquerait d'avoir de nombreux effets pervers, dont l'appauvrissement des plus démunis et l'affaiblissement de la cohésion sociale.

- La protection sociale n'assure pas uniquement une fonction sociale ; les keynésiens pensent qu'elle a aussi une fonction économique indispensable. Elle est l'un des outils de la redistribution.
  – En couvrant les ménages contre la réalisation d'un risque (maladie, chômage, vieillesse), **la redistribution horizontale a une fonction anticyclique** qui assure le soutien de la demande. Ainsi, les indemnités chômage freinent la chute de la demande qui aurait des effets dépressifs sur la production.
  – Le système de protection sociale participe aussi à la redistribution verticale car les cotisations dépendent davantage du niveau de revenu que les prestations. **En opérant un transfert de revenu des plus riches vers les plus démunis, la protection sociale soutient la demande** qui est, selon les keynésiens, le moteur principal de la croissance.

Les libéraux considèrent que la protection sociale est à la source de nombreux déséquilibres alors que les keynésiens croient qu'elle est le prix à payer (plus élevé, il est vrai, en période de crise) pour le maintien d'une certaine solidarité et pour le soutien de la demande des ménages.

À l'image des États-Unis, la protection sociale française risque dans l'avenir de se segmenter en trois niveaux :
– celui de la solidarité minimum envers les plus démunis ;
– celui de l'assurance sociale apportant une protection minimale aux salariés stables ;
– celui de l'assurance complémentaire (compagnies d'assurance ou mutuelles) qui garantit une protection supérieure à ceux qui en ont les moyens.
L'adoption d'un tel système assainirait les finances de la Sécurité sociale, mais elle détériorerait la protection sociale en mettant en cause la fonction de solidarité de l'État.

FICHE 40 L'EUROPE SOCIALE

→ À quoi sert l'Europe sociale ?

L'intégration économique et monétaire européenne s'est faite sans processus analogue dans le domaine social. La construction actuelle d'une Europe sociale vise à réduire ce déséquilibre mais cherche-telle à le combler ?

1 L'OUVERTURE DES ÉCONOMIES N'A PAS INDUIT D'HARMONISATION SOCIALE

A Les économies européennes se sont ouvertes...

- La construction européenne est née, notamment, de la **volonté politique de réconcilier définitivement les pays européens** en renforçant l'interdépendance de leurs économies. Le traité de Rome, signé en 1957, prévoyait l'**ouverture des économies**, mais le social était absent des préoccupations des fondateurs de l'Europe qui supposaient que le libre jeu de l'offre et de la demande finirait par harmoniser le niveau de développement social des différents pays.
- Après que la libre circulation des biens a été acquise, une nouvelle étape a été franchie avec l'application, au 1er janvier 1993, de l'**Acte unique européen** qui a fait de l'Europe « **un espace sans frontières dans lequel la libre circulation des marchandises, des personnes, des services et des capitaux est assurée** ». Cette ouverture des économies, favorable aux consommateurs, a stimulé la concurrence entre les entreprises et les a obligées à faire des efforts accrus en matière de compétitivité.

B ... alors que les systèmes sociaux sont restés nationaux

- Les entreprises évoluent dans des espaces sociaux nationaux qui restent fort distincts :
  - **Les systèmes de protection sociale sont plus développés dans les pays du Nord** de l'Europe que dans ceux du Sud.
  - **L'influence des syndicats chez les salariés est inégale** ; forte au Danemark, elle est particulièrement faible en France.
  - **La législation sociale diffère également d'un pays à l'autre**. Ainsi, en matière de salaire minimum, cinq pays dont la France ont un salaire minimum interprofessionnel dont le niveau est déterminé par le gouvernement après consultation des partenaires sociaux, cinq autres confient aux partenaires sociaux le soin d'en déterminer le montant et deux pays, le Royaume-Uni et l'Irlande, ne disposent pas de législation générale dans ce domaine.
- **Les pays dont le développement social est le moins avancé en tirent un avantage en terme de compétitivité**. En conséquence, les autres pays européens, dont la France, ont tendance à remettre en question leur niveau de développement social, afin de mieux résister à la concurrence des pays à faible coût salarial qu'ils soient européens ou non.

2 L'ambition de l'Europe sociale reste modeste

A Des normes sociales minimales sont mises en place

- L'**Acte unique** a permis aux États de prendre des dispositions en faveur de la santé et de la sécurité des salariés à la majorité qualifiée et non plus à l'unanimité. Très rapidement, 14 directives ont été acceptées et la législation française en matière de santé a pu être améliorée. La **Chartre des droits sociaux fondamentaux** signée en 1989 par onze États sur douze (le Royaume-Uni a refusé de signer) reconnaît les droits à la protection sociale, à la négociation, à l'égalité de traitement entre les hommes et les femmes, etc. mais n'impose aucune contrainte aux États signataires. Le **traité de Maastricht**, enfin, constitue une double avancée dans le domaine social. Il autorise d'une part les membres du conseil à prendre des décisions (à la majorité qualifiée et non plus à l'unanimité) dans le domaine de l'égalité entre les hommes et les femmes et dans celui des conditions de travail, et permet d'autre part aux partenaires sociaux de négocier un accord au niveau européen et de le proposer ensuite au conseil qui le transformera en loi.
- L'Europe sociale s'est construite, jusqu'à aujourd'hui, autour de l'idée selon laquelle l'économie relève de l'Europe et le social des États et des partenaires sociaux. Elle se traduit par la mise en place de **normes sociales minimales** peu contraignantes pour les entreprises afin de ne pas pénaliser leur compétitivité.

B Les keynésiens réclament la mise en place d'une régulation économique et sociale communautaire

- Dans un espace économiquement intégré, la compétition entre les nations risque de se faire au détriment du social. Les syndicats des pays les plus riches craignent que l'adoption de normes vraiment minimales ne soit l'occasion d'une remise en cause des « acquis sociaux » dont bénéficient les salariés. Ces syndicats, appuyés par les économistes keynésiens, souhaitent établir au niveau européen une **régulation économique et sociale** afin d'encadrer les forces du marché.
- Les principaux objectifs d'une telle régulation seraient d'une part d'éviter que la compétition économique ne se fasse au détriment du social et d'autre part de lutter contre le chômage. Cela suppose une **coordination des politiques économiques** et le développement d'un **dialogue social européen**.

Il existe un consensus pour affirmer que l'accroissement de la concurrence entre les entreprises européennes rend nécessaire le développement d'une Europe sociale. Deux projets sont en concurrence. Les libéraux qui souhaitent la remise en causes d'un certain nombre d'acquis sociaux dans les pays les plus riches veulent instituer des normes sociales minimales visant à empêcher une régression sociale incompatible avec des démocraties modernes. Les keynésiens sont favorables à l'institution d'une régulation sociale communautaire qui se substituerait partiellement aux régulations nationales rendues défaillantes par la construction européenne. L'Europe a, pour l'instant, retenu la première solution. Son efficacité sera mesurée à sa capacité à lutter contre le chômage et à faire face au prochain retournement de croissance économique.

PARTIE VI

L'ENVIRONNEMENT INTERNATIONAL

FICHE 41

LES ÉCHANGES INTERNATIONAUX

→ Les échanges internationaux obéissent-ils aux lois du marché ?

Le libre-échange se fonde sur le respect des lois du marché dans le cadre des échanges internationaux. Les discours des hommes politiques et des économistes font généralement l'éloge du libre-échange, et le GATT puis l'OMC s'évertuent depuis 1947 à le faire respecter. Quels sont les résultats de tous ces efforts ? Les échanges internationaux obéissent-ils actuellement aux lois du marché ?

1 La tendance au libre-échange est freinée par des tentations protectionnistes...

A La tendance au libre-échange...

- Après la Seconde Guerre mondiale, les différents pays industrialisés ont voulu **tirer les leçons de la contraction du commerce mondial de l'entre-deux-guerres**. Ils ont donc créé un nouveau cadre pour les échanges défini par le GATT, dont le premier volet a été signé en 1947 à La Havane (Accord général sur les tarifs douaniers et le commerce : AGETAC).
  - Le principe directeur de ces accords est le **libre-échange** qui développe le commerce mondial, ce qui a un **effet multiplicateur** sur la croissance.
  - Une condition au libre-échange est le **multilatéralisme**. Les échanges doivent s'effectuer entre entités nationales indépendantes, en respectant la règle d'atomicité du marché.
- Pour que cette nouvelle concurrence ne soit pas conflictuelle mais harmonieuse, le libre-échange a été appliqué progressivement (c'est l'objet des différents rounds ou **Négociations commerciales multilatérales : NCM**), et une **coopération internationale** a été mise en place par des institutions comme l'**OCDE** (pour les échanges Nord/Nord) ou la **CNUCED** (pour les échanges Nord/Sud).

B ... est freinée par des tentations protectionnistes

- Malgré le discours dominant favorable au libre-échange, les **pratiques protectionnistes** sont nombreuses, même si elles sont souvent déguisées :
  - recours à des **normes d'importation**, comme les normes d'hygiène ;
  - **mesures de rétorsion** à l'égard de concurrents soupçonnés de pratiques déloyales, comme le « super 301 » des États-Unis ;
  - **accords d'autolimitation** d'exportations imposés par certains pays, comme les accords multifibres ;
  - **tracasseries douanières aux frontières** (cas des magnétoscopes japonais arrêtés à Poitiers en 1982).
- La crise a ravivé les tendances protectionnistes car elle exacerbe la concurrence entre des nations qui veulent protéger leur emploi.

Malgré ce regain de protectionnisme, la théorie dominante considère que le libre-échange profite à la communauté internationale, ce qui encourage la **poursuite du processus de libéralisation des échanges**.

2 ... ET PAR LE DÉVELOPPEMENT DE NOUVELLES FORMES D'ÉCHANGE

A La régionalisation qui est un compromis entre le libre-échange et le protectionnisme crée de nouvelles règles d'échange

- Depuis le début des années 60, on constate une tendance à la régionalisation, au regroupement de certains pays. Des blocs plus ou moins intégrés se constituent, ce sont des **zones de libre-échange**, des **unions douanières**, des **zones monétaires** ou même des **unions économiques**. Les exemples de cette régionalisation sont nombreux : **Union européenne**, **ALENA** (Association de libre-échange nord-américain) qui regroupe les États-Unis, le Canada et le Mexique, **Pacte Andin** et **Mercosur** en Amérique du Sud, **MCCA** en Amérique centrale, **ASEAN** (Association des Nations du Sud-Est asiatique) en Asie...
- Bien que la régionalisation n'ait jamais conduit à une hausse des tarifs douaniers vis-à-vis de l'extérieur, elle permet de mettre en œuvre **un protectionnisme modéré** comme en témoigne la notion de « préférence communautaire ». Cette régionalisation conduit ainsi à une segmentation du commerce international :
  - le commerce intra-zone satisfait globalement aux normes du libre-échange ;
  - le commerce inter-zone est teinté de protectionnisme (sans l'être trop en raison des règles de l'OMC).

B Les échanges entre filiales d'une même FMN échappent au cadre traditionnel du commerce international

- La **multinationalisation des activités** de production crée un nouveau cadre commercial. Lorsque les **firmes multinationales (FMN)** implantent des filiales près des sources de matières premières, dans les pays où la main-d'œuvre est bon marché ou sur le marché qu'elles veulent conquérir, les échanges internationaux intra-entreprises se développent.

  Une partie croissante des échanges mondiaux (plus du tiers) s'effectue entre filiales d'une même multinationale. Dans ce cas, les échanges ne s'effectuent pas entre des entreprises indépendantes ou entre des nations mais à travers les nations ; on parle alors de **transnationalisation des échanges**.
- De nouvelles règles d'échange sont ainsi créées : les déterminants traditionnels du commerce comme la compétitivité ou les taux de change perdent leur importance en faveur de la préférence intra-firme. Ce marché qui échappe aux cadre général du commerce international est appelé « **marché captif** ».

Il n'existe donc pas un commerce international mais plusieurs types d'échanges qui se réalisent dans des cadres différents :
- *les échanges entre filiales d'une même firme multinationale échappent aux lois du marché ;*
- *les échanges entre différents blocs régionaux sont parfois, malgré l'OMC, plus ou moins teintés de protectionnisme ;*
- *les échanges au sein d'un bloc régional obéissent généralement aux lois du marché.*

FICHE 42 LIBRE-ÉCHANGE ET PROTECTIONNISME

→ Quels sont les enjeux actuels du choix entre libre-échange et protectionnisme ?

Le discours dominant des institutions internationales et des principaux gouvernements est favorable au libre-échange comme le démontrent la signature de l'Uruguay round en avril 1994 et la création de l'OMC (Organisation mondiale du commerce) qui remplace le GATT depuis 1995. Pourtant, à la faveur de la crise, les thèses et les pratiques protectionnistes se développent. Il est donc légitime de se demander si, en raison de la crise, le libre-échangisme doit être modéré.

1 LE DISCOURS DOMINANT EST FAVORABLE AU LIBRE-ÉCHANGE...

L'attitude dominante est confortée par la théorie économique qui est largement libre-échangiste et par les faits historiques qui semblent démontrer que le libre-échange est nécessaire à la croissance et au développement.

A Le libre-échangisme s'appuie sur la théorie économique dominante...

- **La liste des théoriciens favorables au libre-échange est longue** ; pour ne citer que ceux qui ont le plus marqué la théorie économique : **A. Smith et sa théorie des avantages absolus, D. Ricardo et sa théorie des avantages comparatifs, Hecksher-Ohlin-Samuelson et leur explication du commerce international par la dotation en facteurs de production**.

  Plus proche de nous, la théorie libérale dominante affirme qu'il faut respecter le libre fonctionnement du marché à l'intérieur comme avec l'extérieur ; le libre-échange serait donc une des conditions de l'efficacité optimale de l'économie.

- Ces théories s'appuient sur une série d'arguments dont les principaux sont :
  - **le libre-échange oblige les entreprises à accroître leur compétitivité** et donc à améliorer et à rationaliser le processus de production ;
  - **il favorise la consommation** et la baisse de certains prix car il permet d'importer de l'étranger ce qui y est meilleur marché ;
  - il favorise le développement car **il permet des transferts de technologie** ;
  - en augmentant la taille des marchés, **il permet aux entreprises de réaliser des économies d'échelle** ;
  - **il favorise les exportations** qui ont, comme toute demande, un effet multiplicateur sur la croissance.

ADAM SMITH
ET LES AVANTAGES ABSOLUS

« La maxime de tout chef de famille prudent est de ne jamais essayer de faire chez soi la chose qui lui coûtera moins à acheter qu'à faire. Le tailleur ne cherche pas à faire ses souliers, mais il les achète au cordonnier ; le cordonnier ne tâche pas de faire ses habits, mais il a recours au tailleur ; le fermier ne s'essaye point à faire ni les uns ni les autres mais il s'adresse à ces deux artisans et les fait travailler. Il n'y en a pas un d'eux tous qui ne voie qu'il y va de son intérêt d'employer son industrie tout entière dans le genre de travail dans lequel il a quelque avantage sur ses voisins, et d'acheter toutes les autres choses dont il peut avoir besoin, avec une partie du produit de cette industrie, ou, ce qui est la même chose, avec le prix d'une partie de ce produit.

Ce qui est prudence dans la conduite de chaque famille en particulier ne peut guère être folie dans celle d'un grand empire. Si un pays étranger peut nous fournir une marchandise à meilleur marché que nous ne sommes en état de l'établir nous-mêmes, il vaut bien mieux que nous la lui achetions avec quelque partie de notre propre industrie, employée dans le genre dans lequel nous avons quelque avantage. »

Adam Smith.

B ... et sur l'expérience historique

- **La période** de plus forte croissance économique que le monde ait connu est celle **des Trente glorieuses**. Elle **est aussi une période de libéralisation des échanges** et d'internationalisation des économies. Il semble qu'à cette époque un cercle vertueux se soit créé : la croissance des échanges favorisait la croissance de la production, qui elle-même favorisait la croissance des échanges...
- Au contraire, **l'expérience des années 30 démontre que le repli protectionniste est source d'aggravation de la crise**. Un cercle vicieux s'est enclenché : la crise économique a encouragé les pratiques protectionnistes qui ont contracté les échanges et ravivé la crise ; ce phénomène s'est traduit par une nouvelle contraction des échanges...

  Fort de ces expériences historiques et de ces démonstrations théoriques, le discours dominant affirme qu'il est nécessaire de libéraliser encore plus les échanges pour éviter que les économies s'enlisent dans la crise. Cette opinion doit toutefois être nuancée.

2 Mais le libre-échange semble provoquer actuellement certains déséquilibres...

La qualité essentielle du libre-échange est de permettre le développement des importations et des exportations. Mais, en période de crise, les importations sont parfois accusées de provoquer des licenciements, et la course à l'exportation est parfois suspectée d'exiger des sacrifices en termes de salaires et d'emplois afin de rationaliser la production.

A Il provoque une restructuration économique qui peut être destructrice d'emplois

- **F. List est l'un des rares économistes à préconiser un certain protectionnisme** ; auteur allemand de la première moitié du XIXe siècle, il considère qu'il est nécessaire de **protéger les industries naissantes** ; il ne faut les exposer à la concurrence internationale que lorsqu'elles ont atteint un certain degré de maturité.

Comme Kaldor l'a mis en évidence, dans les pays anciennement industrialisés, les industries menacées ne sont pas les industries nouvelles mais les industries vieillissantes qui ne sont plus suffisamment compétitives pour faire face à la concurrence internationale. Les industries menacées par le libre-échange sont généralement les industries fortement travaillistiques (elles utilisent proportionnellement plus de travail que de capital).

La restructuration économique imposée par le libre-échange risque de faire disparaître des pans entiers de l'industrie des pays industrialisés (sidérurgie, mines, chantiers navals et peut-être même automobile). Cette restructuration, nécessaire à en croire les libéraux, a des coûts économiques et sociaux considérables; Kaldor affirme donc qu'il faut l'accompagner par des mesures de protection.

- **L'industrie n'est pas la seule activité menacée**, les difficultés des agriculteurs ou des marins pêcheurs français démontrent que le libre-échange peut provoquer des dysfonctionnements importants. Les prix mondiaux des produits de la mer et de certains produits agricoles sont trop faibles pour assurer un revenu convenable aux producteurs. Les pouvoirs publics sont confrontés à un dilemme important : laisser disparaître certaines activités, ou recourir à des mesures protectionnistes.

B Il peut conduire à une dynamique incompatible avec la croissance

- En période de croissance mondiale, chaque pays peut augmenter ses exportations sans amputer les parts de marché des autres partenaires commerciaux. En revanche, en période de crise et de stagnation de l'activité, la hausse des exportations d'un pays provoque souvent la diminution de celles des économies concurrentes. **Jeu à somme positive en période de croissance, le commerce pourrait bien être un jeu à somme nulle en période de crise**.

  La crise exacerbe donc la concurrence internationale et oblige les entreprises à se livrer à une course à la compétitivité afin de gagner (ou de ne pas perdre) des parts de marché. Pour cela, elles ont tendance à diminuer au maximum leurs coûts de production et, pour y parvenir, elles imposent la rigueur salariale et recourent aux licenciements.

- **Le libre-échange et l'ouverture vers l'extérieur peuvent enclencher un cercle vicieux** : afin de gagner des parts de marché et de favoriser les exportations, les entreprises licencient et modèrent les salaires, ce qui pénalise la demande intérieure. Privées de ce débouché, elles font un effort supplémentaire à l'exportation et restreignent pour cela leurs coûts salariaux… De nombreux pays espèrent ainsi **vaincre la récession par l'accroissement des exportations**, mais cette stratégie **ne fait qu'exacerber la concurrence** et aggraver la situation des moins adaptés. Elle ne permet pas d'accroître la demande mondiale et elle ne constitue donc pas une solution à la crise mondiale.

En période de croissance, le libre-échange a un effet accélérateur de la croissance mais, en période de crise, il peut provoquer des effets pervers. Cela explique les nombreuses tentations protectionnistes.

3 … CE QUI EXPLIQUE LE RENOUVEAU DES THÈSES PROTECTIONNISTES

A Un renouveau caché des pratiques protectionnistes

- Même si le discours dominant est libre-échangiste et refuse donc toute mesure de limitation des importations ou de soutien aux exportations, de nombreuses pratiques plus ou moins protectionnistes sont apparues. L'exemple d'**Airbus** est éloquent. **Boeing** avait le monopole des avions gros porteurs ; aucune autre entreprise ne pouvait atteindre la taille critique lui permettant de rivaliser avec l'entreprise américaine. Le respect des principes libre-échangistes aurait pérennisé cette situation, mais un soutien financier important de la CEE, contraire aux règles du libre-échange, a permis au constructeur européen de concurrencer Boeing sur ce marché.

Le libre-échange conduit parfois à maintenir la force de certains et la faiblesse des autres. **Il n'est donc pas étonnant que les champions du libre-échange soient toujours les économies dominantes et les plus compétitives** (Grande-Bretagne au XIXe siècle et États-Unis après la Seconde Guerre mondiale).

- De nombreux gouvernements cherchent les moyens de protéger leurs économies sans pour autant être accusés de mettre en question le dogme libre-échangiste.
  - Ainsi, l'opportunité d'une « **clause sociale** » est de plus en plus débattue. Il s'agirait d'appliquer des mesures protectionnistes aux pays accusés de « **dumping social** ». Ces États sont fortement compétitifs grâce à l'exploitation de leur main-d'œuvre. L'hypocrisie va parfois jusqu'à affirmer que ces mesures ont pour objectif d'aider les populations du tiers monde. Cette mesure ne serait en réalité qu'un **protectionnisme déguisé** permettant de limiter les importations en provenance de l'ensemble des pays du Sud.
  - Les **États-Unis** menacent les pays jugés protectionnistes de leur appliquer le « **Super 301** », qui leur donne la possibilité légale de limiter très fortement les importations en provenance de leurs partenaires. Les États-Unis brandissent régulièrement cet article à l'encontre du Japon qui, quoique faiblement importateur, n'est pas particulièrement protectionniste.

B Un renouveau des arguments protectionnistes

- Une partie de l'opinion publique est opposée au libre-échange. Des hommes politiques de plus en plus nombreux lui font écho et proposent de protéger l'économie française. Le clivage politique français principal semble se modifier ; au débat Droite-Gauche se substitue peu à peu un débat entre les partisans du libéralisme qui soutiennent le libre-échange et militent pour une ouverture maximale de l'économie française et ceux qui optent pour un protectionnisme plus ou moins modéré.
- Ce dernier a aussi des partisans parmi les économistes ; **J.-M. Jeanneney propose un protectionnisme européen**. Selon lui, la théorie libre-échangiste « méconnaît cette réalité inéluctable que d'énormes inégalités existent entre richesses et puissances des entreprises et des États ». Sous l'alibi du respect des lois du marché, « **les forts sacrifient volontiers les faibles** ».

  Un vaste marché intérieur étant nécessaire à la croissance des entreprises, J.-M. Jeanneney ne préconise pas un protectionnisme national, mais **un nouveau protectionnisme à l'échelle européenne**.

  Maurice Allais (économiste français ayant reçu le Prix Nobel) affirme que le protectionnisme est le seul moyen d'éviter le chômage ou la baisse des salaires des moins qualifiés.

L'histoire économique nous apprend que le libre-échange stimule la croissance en période d'expansion et que la contraction du commerce accentue la dépression en période de crise. Pour autant, il ne semble pas que la solution à la crise actuelle passe obligatoirement par une nouvelle libéralisation des échanges. Un libre-échange parfait pourrait même provoquer autant d'effets pervers qu'un repli protectionniste.

FICHE 43 L'OMC

→ L'OMC est-elle en mesure de faire respecter le libre-échange ?

Les accords du GATT (General Agreement on Tariffs and Trade) signés en 1947 se fixaient l'objectif de développer le libre-échange. L'actualisation et l'élargissement du libre-échange ont ensuite régulièrement nécessité l'ouverture de Négociations commerciales multilatérales (NCM). C'est ainsi que le huitième cycle, plus connu sous le nom d'Uruguay round, s'est ouvert en 1986. Il devait être clos en 1990, mais, après plusieurs reports, il fut finalement achevé le 15 décembre 1993, puis fit l'objet d'un accord signé à Marrakech, par 121 pays, le 15 avril 1994. L'Organisation Mondiale du Commerce (OMC ou WTO c'est-à-dire World Trade Organization) s'est substituée aux accords du GATT le 1er janvier 1995, elle compte 132 pays membres en 1997.

1 L'Organisation mondiale du commerce (OMC) est une nécessité

Le commerce international régi par le GATT était dans une impasse. L'instauration de l'OMC devrait permettre d'arbitrer les divergences d'intérêts que les thèses libre-échangistes ne reconnaissent pas et qui sont pourtant constatées.

A Le commerce mondial est le terrain de rapports de force...

- **Les accords du GATT n'ont pas pris la mesure de la régionalisation du commerce et de négociations de plus en plus bilatérales** (entre l'Union européenne et les États-Unis), ou quadrilatérales (en y ajoutant le Japon et le Canada) que multilatérales. Les profonds différends ayant opposé les États-Unis et l'Union européenne sur les échanges agricoles ont illustré ce phénomène. L'idéal libre-échangiste est sans cesse contesté par les pratiques protectionnistes ou communautaires.
- La position officielle des États est que le **libre-échange est un jeu à somme positive**, mais ils sont encore souvent convaincus qu'il s'agit d'**un jeu à somme nulle** (s'il y a des gagnants, il y a des perdants). De nombreux désaccords font obstacle à la libéralisation de l'ensemble des échanges, surtout en matière de services et de propriété intellectuelle. L'Uruguay Round, dans le cadre des accords du GATT, n'a pas permis de les rédoudre entièrement.
- **Le commerce international ne profite pas suffisamment aux pays du Tiers monde** (ce qui avait justifié la création de la Conférence des Nations unies sur le commerce et le développement ou CNUCED en 1964). Leur poids économique faible et la tendance du commerce à se recentrer sur les pays du Nord (70 % du commerce mondial est assuré par les pays industrialisés) en font des partenaires de second ordre. Le commerce international est d'autant moins un jeu à somme positive que la récession mondiale sévit.

B ... que seule une organisation est susceptible d'arbitrer

- Le GATT n'a pas le statut d'organisation, c'est une convention qui ne dispose pas de mécanismes de règlement des conflits commerciaux. **L'Organisation mondiale du commerce mise en place en 1995 devrait, par son autorité, encadrer le commerce mondial**. Rien ne permet cependant d'affirmer que son autorité est suffisante.
- **L'OMC est susceptible d'interdire le dumping commercial** indirectement obtenu par les manipulations monétaires sur les taux de change, **et d'élaborer une clause sociale pour empêcher le dumping social**. Mais on est en droit de se demander si derrière le discours officiel selon lequel il faut instaurer une concurrence loyale, la préoccupation des pays dominants n'est pas plutôt de s'imposer sur le marché mondial face à leurs concurrents et adversaires.

2 L'OMC IMPOSE UN NOUVEAU SYSTÈME COMMERCIAL MULTILATÉRAL

Depuis la création de l'OMC, trois négociations commerciales multilatérales ont été menées à leur terme, dans les domaines que l'Uruguay round n'était pas parvenu à ouvrir au libre-échange. Cependant le chemin à parcourir pour libéraliser les échanges dans un sens multilatéral est encore long et la capacité de l'OMC pour y parvenir est incertaine.

A L'OMC a mené de nouvelles négociations commerciales à leur terme...

- Un premier accord en décembre 1996 a porté sur l'**ouverture du secteur des technologies et de l'information**. Une réduction des droits de douane pesant sur les produits des technologies de l'information a été décrétée dans la perspective de leur suppression en 2000.
- En février 1997, un deuxième accord sur **l'ouverture des télécommunications** a été conclu. Seuls 43 pays ont signé les accords issus de ces deux premières négociations, mais ils représentent 93 % du commerce mondial dans ce secteur.
- La troisième négociation est parvenue à un accord sur **la libéralisation des services financiers** en décembre 1997. Dans le contexte de globalisation financière, ce secteur est devenu stratégique ; 70 pays représentant 95 % de ce marché se sont engagés à libéraliser les activités des banques, des assurances, ainsi que celle du courtage.

B ... mais il n'est pas certain que l'OMC puisse faire face aux enjeux à venir

- Chaque étape de **la libéralisation du commerce nécessite de profondes modifications des législations nationales**, comme en témoigne par exemple la suppression en France de certains monopoles publics. Il est impossible de savoir jusqu'où les pays membres sont prêts à libéraliser leurs échanges, notamment pour les services. **L'OMC ne peut pas imposer la négociation et encore moins exiger des modifications des législations nationales. L'OMC** est un pouvoir supranational qui ne se substitue pas au pouvoir des États, elle **ne peut pas mettre en cause la souveraineté nationale**.

  Des problèmes de fond demeurent, par exemple, aucune réponse à la question de l'adoption d'une **clause sociale** ne semble possible pour l'instant. Le droit de mettre en œuvre des mesures protectionnistes à l'encontre des pays exploitant leur main-d'œuvre n'est toujours pas reconnu et réglementé. Les pays du Nord revendiquent l'adoption d'une clause sociale prétextant la pratique du **dumping social** par les PED, mais cela dissimule parfois des **intentions protectionnistes**. Les pays du Sud rejettent toute clause sociale au nom du respect du **principe de non ingérence**.

- Le caractère international de l'OMÇ est altéré par le fait que **certains pays n'en sont pas encore membres**. Une trentaine de pays dont la Chine, la Russie et l'Arabie Saoudite souhaitent pourtant adhérer à l'OMC. La Chine qui a quitté le GATT en 1949 ne fait toujours pas partie de l'OMC, la raison évoquée officiellement est que ce pays n'est pas parvenu à un accord avec l'OMC au sujet de la propriété intellectuelle.

- Dans le contexte de mondialisation, les investissements directs à l'étranger constituent un enjeu fondamental. Il échappe à l'OMC car son domaine d'action est circonscrit aux échanges commerciaux. L'absence d'instance régulatrice pour libéraliser les investisements directs à l'étranger explique qu'aucun **accord multilatéral sur l'investissement** (**AMI**) n'ait pu être adopté en 1998 après quatre années de travaux préparatoires; la négociation doit reprendre dès 1999. Les États-Unis ont essayé d'imposer en vain un projet d'AMI ouvrant les marchés asiatique et européen aux entreprises américaines. Il mettait en cause l'exception culturelle que l'Union européenne et surtout la France avaient obtenues dans le cadre du GATT pour protéger la production audiovisuelle notamment. L'Union européenne revendiquait un AMI permettant de lutter contre les pratiques des États-Unis qu'elle juge protectionnistes. Par ailleurs, il semble que le projet d'AMI n'ait pu être adopté en raison de l'inquiétude de la communauté internationale. En effet, il était prévu que la clause de la nation la plus favorisée ainsi que l'interdiction de préférence nationale, qui sont des règles propres aux échanges commerciaux, soient élargies aux investissements directs à l'étranger.

POUR L'OUVERTURE DES MARCHÉS…

[…] la participation des gouvernements à des négociations multilatérales sur les échanges et l'investissement représente en fait un exercice de souveraineté, et non un abandon de souveraineté, et […] le processus de négociation reflète donc la nécessité, pour les gouvernements des pays membres, de progresser d'une manière qui soit compatible avec leur cadre politique et constitutionnel national. En outre, les gouvernements jugent manifestement nécessaire de veiller à ce que les accords qu'ils concluent non seulement reconnaissent et protègent leur pouvoir de fixer les objectifs de réglementation ou de politique sociale au niveau national, mais empêchent aussi toute restriction involontaire de ce pouvoir, y compris dans le domaine du règlement des différends

Les avantages de la libéralisation des échanges et de l'investissement, OCDE, 1998.

3 L'Organe de règlement des différends (ORD) est chargé d'arbitrer les conflits commerciaux

L'OMC à la différence du GATT n'est pas une série d'accords entre différents pays, c'est une organisation qui **édifie un droit international du commerce**. Cela est particulièrement nécessaire pour mettre fin aux différends commerciaux qui opposent parfois les pays.

L'OMC a donc mis en place l'ORD qui est chargé de régler les conflits commerciaux.

A Une autorité internationale impartiale...

- Lorsqu'une plainte est déposée, les pays membres disposent de soixante jours pour **résoudre le différend à l'amiable.**

  Au terme de cette période, si les négociaitons ont échoué, un groupe spécial d'experts est créé, il s'agit d'une commission d'arbitrage indépendante chargée de statuer dans un délai habituel de six mois. L'ORD adopte le rapport que lui remet le groupe spécial, sauf s'il est rejeté à l'unanimité, ou s'il fait l'objet d'un appel.

  Dans ce dernier cas, l'OMC transmet le dossier à **l'organe d'appel** qui est permanent. Ses membres sont indépendants et représentatifs de la composition de l'OMC. L'organe d'appel confirme, modifie ou infirme les conclusions du groupe spécial dans un délai de 60 jours. L'ORD approuve ensuite la décision de l'organe d'appel.
- Entre 1995 et 1998, 22 plaintes sur les 122 déposées ont été résolues à l'amiable sans que leur étude par un groupe spécial n'ait été nécessaire. **Tous les pays sont juridiquement égaux au sein de l'OMC**, ce qui permet aux pays en développement (PED) de se retourner contre les pays industrialisés. Ainsi sur les 122 plaintes, 30 émanent des PED, soit autant que celles déposées par l'Union européenne. Cependant la moitié des 122 plaintes mettent en cause les PED, alors que 23 seulement mettent en accusation les États-Unis et que 17 sont dirigées contre l'Union européenne.

B ... ou un organe dont la neutralité et l'efficacité sont contestables

- Lorsque les différends ne sont pas réglés à l'amiable, l'ORD adopte les décisions des groupes spéciaux d'experts, ou celles de l'organe d'appel. Si malgré tout le litige subsiste parce que le pays déclaré coupable n'obtempère pas, **l'OMC peut autoriser l'État qui n'a pas obtenu satisfaction, à prendre des mesures de rétorsion**. Cela révèle les limites du pouvoir de **l'OMC** qui **ne dispose pas de moyens propres pour faire respecter le droit**, particulièrement à l'égard des grandes puissances économiques et politiques comme les États-Unis.
- L'OMC avance dans la voie du multilatéralisme mais **les pratiques bilatérales n'ont pas pour autant disparu**. L'un des premiers conflits dont a été saisi l'OMC en 1995, et qui portait sur l'ouverture du marché automobile japonais, en témoigne. En effet, ce différend s'est réglé de façon bilatérale, les États-Unis ayant obtenu, pour leur bénéfice exclusif, que le Japon leur ouvre son marché. L'OMC a pourtant approuvé cette solution, transgressant le principe selon lequel, un pays membre ne règle pas unilatéralement un litige et recourent à l'ORD.

  Les États-Unis qui ont refusé la céation d'une organisation internationale du commerce en 1947, n'ont accepté d'adhérer à l'OMC qu'à la condition de conserver les articles 301 et super 301 de leur droit commercial (Trade Act) qui leur permettent d'adopter des sanctions unilatérales contre les pays qu'ils accusent d'avoir des pratiques commerciales déloyales.
- **Les pays industriels attendent de l'OMC qu'elle exige l'ouverture des marchés des PED**. Ces derniers risquent donc de pâtir d'une institutionnalisation du libre-échange qui ne leur permettrait plus de protéger leurs industries naissantes comme les nouveaux pays industrialisés (NPI) avaient pu le faire précédemment.

Contrairement à ce que défendent les thèses libre-échangistes, le libre-échange et la concurrence internationale ne sont équitables que si des limites et des règles leur sont imposées. C'est pourquoi l'OMC a trois ambitions que ne pouvait avoir le GATT : imposer les négociations commerciales multilatérales pour que la libéralisation des échanges internationaux progresse, étendre le commerce international à de nouveaux domaines et disposer de mécanismes de règlement des différends qui opposent des pays membres.

FICHE 44

LES POLITIQUES ÉCONOMIQUES

→ Doit-on et peut-on coordonner les politiques économiques à l'échelle internationale ?

En raison de la mondialisation des économies, les activités économiques et financières s'affranchissent des frontières (délocalisations, flux de capitaux, etc.). Ce phénomène est responsable de la relative inefficacité des politiques économiques nationales. Aussi il est possible de se demander si la coordination des politiques économiques n'est pas la meilleure solution pour combattre la crise et stimuler la croissance. Le débat mené à ce sujet fait apparaître que si une coordination internationale des politiques économiques s'impose, elle doit s'accompagner de certaines garanties.

1 La perte d'autonomie des politiques économiques rend leur coordination nécessaire

Si l'absence de coordination ne peut pas être jugée responsable de la crise, il n'en est pas moins vrai qu'elle réduit l'efficacité des politiques économiques nationales. La crise est internationale, il convient donc d'adopter un traitement international.

A La mondialisation réduit l'efficacité des politiques économiques strictement nationales...

- **Il est impossible d'adopter une politique économique nationale autonome qui puisse aller à contre-courant des politiques économiques pratiquées à l'étranger.** Ainsi la politique de relance, destinée à stimuler la croissance et à créer des emplois, adoptée par le gouvernement français de P. Mauroy en 1981, a été abandonnée dès la fin 1982, en raison des effets pervers propres à la politique keynésienne (inflation notamment) mais aussi à cause du renforcement de la contrainte extérieure. En effet, des politiques restrictives d'inspiration libérale ayant été adoptées dans l'ensemble des autres pays développés dès le début des années 80, toute politique de franche relance en France ne pouvait que se solder par un échec. La relance de la demande nationale a provoqué une augmentation des importations (une partie des produits consommés par les ménages est importée), et la pression inflationniste a diminué la compétitivité ; cela a dégradé les comptes extérieurs et accru l'endettement. Cette brève relance a finalement profité aux producteurs des économies concurrentes, qui ont ainsi compensé en partie la contraction de leur demande nationale due aux politiques restrictives.
- L'une des conditions pour qu'une politique économique soit efficace est qu'elle soit adoptée conjointement par des pays de même niveau de développement. Le processus d'intégration européenne semble se fonder sur ce principe, lorsque par exemple l'Union européenne devient une Union économique et monétaire (UEM) en 1999.

- L'adoption généralisée de politiques monétaristes destinées à combattre l'inflation durant les années 80, puis la réunification allemande financée par les entrées de capitaux plutôt que par l'augmentation des impôts, ont eu pour effet d'augmenter les taux d'intérêt sur l'ensemble des marchés. Le niveau élevé de ces taux a pénalisé l'activité économique et la France, en particulier, a renoncé à les réduire unilatéralement afin de ne pas encourager la fuite des capitaux et la dépréciation de la monnaie. La réduction des taux d'intérêts au cours des années 90 est en grande partie le résultat de la coordination des politiques européennes, notamment française et allemande, et de décisions internationales comme celles du G7 (lors de différents sommets réunissant, depuis 1975, les sept pays les plus industrialisés).

B ... mais la coordination des politiques économiques peut limiter la souveraineté nationale

- **Le débat portant sur la nécessité de préserver, d'abandonner ou de moderniser la souveraineté nationale est fréquemment d'actualité**, notamment lors des campagnes électorales menées à l'occasion de l'élection du parlement européen. Les positions antagonistes de la classe politique ne correspondent pas au clivage Droite - Gauche habituel. Certains hommes politiques préconisent de **fédérer les économies européennes** en unifiant les politiques économiques. Le traité de l'Union économique et monétaire ou traité de Maastricht, ratifié par référendum en 1992, s'inscrit dans cette perspective.

  Certains hommes politiques sont opposés à ce fédéralisme monétaire et préfèraient que l'intégration européenne fasse émerger **une confédération garantissant la souveraineté de chaque État**.

- L'intégration européenne fait parfois craindre une perte d'autonomie des politiques économiques nationales ; mais **la coordination des politiques monétaires, en Europe ou dans le monde, est ancienne et a pu être profitable**.

  Ainsi le **SMI des accords de Bretton Woods** a permis d'instaurer entre 1944 et 1971 une stabilité monétaire fondée sur l'établissement de parités fixes qui réduisait l'autonomie des autorités monétaires nationales. La crise du SMI en 1971 puis l'adoption officielle des taux de change flottants depuis 1973 ont été des facteurs de déséquilibres.

  Dans le domaine du commerce international, **le GATT signé en 1947 a favorisé l'extension du libre-échange facteur de croissance, en imposant pourtant aux États des contraintes internationales. L'Organisation mondiale du commerce (OMC) s'est substitué au GATT le 1er janvier 1995**. Elle poursuit un objectif de libéralisation des échanges qui exige l'adoption d'une procédure de résolution des conflits commerciaux entre les différents pays membres. **L'organe de règlement des différends (ORD) indépendants des États** s'y emploie.

- **La disparition du SMI des accords de Bretton Woods a nécessité une coordination des politiques**.
  - L'adoption des taux de change flottants a permis des variations des cours des monnaies de forte amplitude, gênant le commerce international. Dans ce contexte se sont succédé les **accords du Plaza en 1985** afin de diminuer par la baisse concertée des taux d'intérêt, le cours surévalué du dollar, puis les **accords du Louvre en 1987** destinés à mettre un terme à la baisse du dollar qui devenait dangereuse.
  - L'Europe a cherché depuis longtemps à créer une zone de stabilité monétaire à l'abri des fluctuations internationales des taux de change. Elle eut pour cadre le **Serpent monétaire européen** institué en 1972, puis le **SME** en 1979, fondés sur l'établissement de parités fixes. La crise du SME d'août 1993 a renforcé la nécessité d'une coordination. L'adoption d'une **monnaie unique, l'Euro**, en janvier 1999, devrait rendre les pays européens plus solidaires face au reste du monde. **La Banque centrale européenne (BCE), qui est la première mani-**

festation d'un fédéralisme européen, doit assumer en partie la responsabilité de l'avenir commun des onze pays membres de l'Union. L'adoption d'une monnaie unique avec l'aide d'une coordination européenne devrait renforcer l'unification du marché européen, ce qui devrait accroître la concurrence et stimuler la croissance.

Les économies sont interdépendantes, elles ont donc besoin de politiques économiques coordonnées pour se réguler. Les expériences de coordination déjà menées dans le domaine monétaire ont montré qu'elle était indispensable.

2 Cependant, la coordination des politiques économiques n'est pas neutre

La nécessité d'une coordination s'impose, mais toute coordination n'est pourtant pas bénéfique pour toutes les économies ni dans n'importe quel contexte.

A La coordination des politiques économiques en Europe est fondée sur des principes monétaristes

- La coordination des politiques économiques menée par l'Union européenne se fonde sur l'idéologie monétariste dominante. Ainsi **le traité de Maastricht ratifié en 1992 stipulait que la politique monétaire devait assurer la fixation irrévocable des taux de change et maintenir la stabilité des prix**. Pour appartenir à la future Union économique et monétaire (UEM) et la maintenir, les économies européennes ont dû respecter des critères de convergences (en matière d'inflation, de déficit budgétaire, de dette publique, et de taux d'intérêt), qui sont autant de signes d'une gestion libérale de l'économie.
- **Les pays membres de l'UEM ne sont pas maîtres de leur politique économique** : la politique monétaire leur est imposée, leur politique budgétaire est fortement contrainte par la nécessité de ne pas être facteur d'inflation. Ainsi, pour assurer l'UEM, les économies européennes sont soumises à une politique monétaire stricte et risquent de devoir renoncer aux politiques de relance. Si à une politique monétaire unique dont l'objectif est la stabilité des prix, s'ajoutent des politiques budgétaires nationales restrictives, le risque de récession est grand.

B La coordination des politiques économiques n'est pas obligatoirement le produit d'une coopération

- La coordination des politiques européennes ou de celles du G7 n'est pas toujours le produit d'une réelle coopération. En effet, **la coordination des politiques économiques peut être l'occasion pour une économie dominante d'exercer un rapport de force** (États-Unis dans le monde ou Allemagne en Europe par exemple) et d'imposer sans concertation réelle la politique qui lui convient le mieux.
- On accuse parfois l'Union économique et monétaire de prendre des mesures sous l'influence de ses membres leaders comme l'Allemagne, même si cela est contraire à la nécessité de développement de certaines économies comme celles du Portugal.

  Les États-Unis menacent régulièrement d'adopter des mesures protectionnistes si le Japon ou l'Allemagne n'importent pas plus et n'exportent pas moins.

  En revanche, d'autres économies ne parviennent pas à faire entendre leur volonté, c'est le cas des pays en développement ; **la coordination des politiques économiques apparaît alors souvent comme l'expression de la volonté des économies dominantes**.

Ainsi la coordination des politiques économiques n'est pas neutre, ni par la théorie économique sur laquelle elle se fonde, ni par les intérêts politiques auxquels elle est souvent liée.

3 Il faudrait redéfinir les modalités de la coordination des politiques économiques

La coordination doit être suffisamment souple pour s'orienter selon la conjoncture, et préserver les intérêts fondamentaux de toutes les économies.

A Une coopération internationale permettant une coordination souple des politiques économiques est nécessaire...

- La coordination des politiques économiques doit être souple et ne doit pas s'attacher de manière intangible à une théorie économique, qu'elle soit libérale ou keynésienne. Ainsi, lorsqu'une récession est déplorée, il ne faut pas persévérer dans l'application de mesures monétaristes. De même il serait regrettable de prolonger une politique expansionniste, lorsqu'une trop forte inflation est constatée.
- Enfin, **il importe que la coordination des politiques économiques soit le produit d'une coopération fondée sur la solidarité internationale**. La compétition internationale exacerbée rend les économies concurrentes et opposées, alors que leur développement est en fait interdépendant. Ainsi le surendettement de certains pays du Tiers monde pose le problème de leur insolvabilité qui doit être une préoccupation internationale en vue d'un règlement concerté, car elle met en péril l'équilibre mondial.

B ... et doit se fixer comme objectif principal, pour le moment, la reprise économique

- Un projet d'initiative d'investissement européen est parfois évoqué. **La récession impose une action concertée de grande envergure** qui n'est à la portée d'aucun État. Il pourrait être question de lancer un grand emprunt européen qui permettrait de mener de grands travaux à l'échelle de la Communauté. Cela stimulerait la production donc la croissance et l'emploi. Toutefois, en raison de ses trop grandes exigences en matière d'inflation, **le traité de l'UEM semble faire obstacle à un tel projet**.
- **Les pays développés pourraient favoriser la reprise mondiale** qui permettrait d'enrayer la crise, par la diminution concertée et durable des taux d'intérêt et par l'annulation d'une part de la dette du Tiers monde.

  Par ailleurs, **la coordination ne doit plus être exclusivement pratiquée dans le domaine des changes ou de la finance**. D'autres domaines restent inexplorés, comme celui des législations sociales : une législation sociale avantageuse pour les salariés des pays développés pénalise parfois leur compétitivité extérieure, tandis que son absence dans les pays pauvres nuit à leur population.

Dans le contexte de mondialisation des économies, les régulations nationales sont insuffisantes ; une action contra-cyclique du ressort de la coordination des politiques économiques est donc nécessaire. Mais il faut qu'elle soit le produit d'une réelle coopération internationale et qu'elle soit souple et adaptable.

FICHE 45 LES DÉLOCALISATIONS

→ Faut-il redouter les délocalisations ?

La France est depuis longtemps un pays d'accueil des Investissements directs à l'étranger (IDE). Les entreprises étrangères venaient soit acheter des entreprises françaises, soit créer leurs propres unités de production ou de commercialisation. La crainte était alors que l'industrie française passe sous contrôle étranger. Mais, depuis le milieu des années 80, le pays est devenu exportateur net de capitaux. Si bien qu'aujourd'hui les délocalisations industrielles sont souvent accusées d'être responsables d'une partie du chômage. Il convient de replacer ces délocalisations industrielles dans le contexte plus vaste des IDE et de comprendre la logique de ces investissements.

1 LES DÉLOCALISATIONS INDUSTRIELLES DANS LE TIERS MONDE...

A Un mouvement de délocalisation du Nord au Sud

- **L'investissement dans les pays du tiers monde n'est pas un phénomène nouveau**. Il s'était déjà développé à la fin du XIXe siècle. Le rôle de **fournisseurs de matières premières** que l'Europe avait assigné à ses colonies y avait nécessité des exportations de capitaux. Cette logique n'a pas été fondamentalement changée par la décolonisation. Après la Seconde Guerre mondiale, et jusqu'à la fin des années 60, le tiers monde est d'abord un lieu de production de matières premières minérales ou agricoles. Les investissements des firmes pétrolières dans les pays du Moyen-Orient illustrent bien cette logique. À partir des années 70 et surtout 80, le phénomène s'accélère considérablement et surtout change de nature, car ces **délocalisations** dans le tiers monde se traduisent de plus en plus par des fermetures de sites et des suppressions d'emplois dans les pays anciennement industrialisés.
- **Ce sont maintenant essentiellement des entreprises de main-d'œuvre qui vont s'installer à l'étranger**. Le **textile** a été la première branche à se délocaliser dès la fin des années 60. Pour résister à la concurrence asiatique, les entreprises européennes se sont installées en Afrique du Nord dans un premier temps, en Asie ensuite. À partir de 1980, l'**électronique grand public** et l'**industrie du jouet** ont également pris le chemin de l'Asie. La libéralisation du commerce international va encore accentuer cette transformation de la DIT dans les années à venir. La décision du GATT de démanteler d'ici 2005 l'accord multifibre va dans ce sens. Par cet accord les pays développés avaient imposé des restrictions aux importations de textiles en provenance du tiers monde. Sa suppression va vraisemblablement accentuer le poids de ces pays : l'Asie (hors Japon) devrait représenter 35 % de la production mondiale de textile en l'an 2000 contre 8 % en 1973. Au contraire, la part de l'Europe qui était de 26,6 % en

1973 devrait tomber aux alentours de 17 %. La tendance est la même, en moins accentuée, pour l'électronique, le bois et le papier, ou l'automobile.

B La volonté d'abaisser le coût salarial

- **La volonté d'abaisser le coût salarial est la raison essentielle de ces délocalisations**. Si, en 1993, le coût salarial horaire d'un ouvrier était de 16,26 dollars dans l'industrie en France, il n'était que de 4,93 dollars en Corée, 1,8 dollar en Malaisie, et 0,44 dollar en Chine. Il ne faudrait surtout pas en déduire que l'ouvrier français coûte 37 fois plus cher que son homologue chinois, car les productivités du travail étant différentes, une heure de travail en Chine permet de produire beaucoup moins de richesse qu'une heure de travail en France. Enfin la qualité du travail est évidemment moindre.
- Alors que les bas salaires constituent l'atout des pays du Sud, **l'avantage relatif des pays développés réside dans la qualification de leur main-d'œuvre**. Là réside la chance des entreprises des pays développés. Pour les industries concurrencées par les entreprises du tiers monde, **l'alternative à la délocalisation consiste d'abord en une réduction des coûts grâce à une augmentation de la productivité. Elle consiste ensuite à fournir des produits innovants et de bonne qualité**. Le développement de la recherche et de la formation sont donc les conditions du maintien ou du développement d'une activité productrice dans ces secteurs soumis à la concurrence des pays du Sud. **L'exportation de produits à haute valeur ajoutée vers ceux d'entre eux qui sont en développement rapide permet d'ailleurs de compenser les importations**. Mais en termes d'emplois industriels, le compte n'y est pas. L'emploi manufacturier décline en Europe et aux États-Unis et augmente en Asie.

  Les délocalisations industrielles dans le tiers monde dénoncées par le rapport Arthuis en 1993, sont donc spectaculaires et coûteuses en emplois. Elles ne sont pourtant qu'une partie des Investissements directs à l'Étranger. Ceux-ci comprennent l'ensemble des créations d'entreprises à l'étranger, des prises de participation dans des entreprises étrangères, opérations (prêts et assurances) entre maison mère et filiales.

2 ... NE REPRÉSENTENT QU'UNE PARTIE DES INVESTISSEMENTS DIRECTS À L'ÉTRANGER (IDE)

Il faut d'abord relativiser la part de l'industrie dans les exportations de capitaux, puis s'interroger sur la destination de ces capitaux.

A L'internationalisation des services

- **Entre 1986 et 1990, les investissements manufacturiers n'ont représenté que 42 % des capitaux français investis à l'étranger. L'essentiel des IDE concerne donc les services, au premier rang desquels figurent les services financiers**. La déréglementation de ce secteur au cours des années 80 et les progrès techniques (informatique, télécommunication) ont favorisé son internationalisation. La hausse des cours des valeurs mobilières (actions, obligations) a incité les opérateurs à s'installer dans chacune des principales places financières. Enfin les banques ont suivi les firmes multinationales dans leur internationalisation. Tout cela a entraîné du moins jusqu'au krach de 1987 une course à l'implantation, à la prise de contrôle et finalement à la restructuration. Les pays dont la tradition financière était déjà affirmée (États-

Unis, Royaume-Uni) ont été les premiers à participer à ce mouvement. Mais la France n'a pas été en reste : elle a investi 125 milliards de francs à l'étranger entre 1986 et 1990 contre 20 entre 1981 et 1985.

- **Le développement des réseaux commerciaux a été moins rapide**. Exception faite des investissements japonais aux États-Unis ; les filiales japonaises y réalisent le tiers des ventes des produits étrangers et y écoulent 82 % des produits fabriqués sur leur sol. Cet effort commercial est une des explications de la pénétration japonaise aux États-Unis.

B Des investissements Nord-Nord

- **L'essentiel des investissements est réalisé entre pays développés**. En 1990 sur un stock d'investissements de 1 850 milliards de dollars dans l'ensemble du monde, 1 422 soit 77 % étaient le résultat de flux internes aux pays industriels. Les États-Unis étaient traditionnellement le premier exportateur mondial. Ils le restent mais leur déclin relatif est évident : leur part dans le stock mondial d'investissements a diminué de plus de moitié entre 1973 et 1990. Le Royaume-Uni, les Pays-Bas, la RFA, la France et surtout le Japon ont au contraire progressé au cours de cette période.

  Et les USA ont été, loin devant le Royaume-Uni, le premier pays d'accueil au monde. Entre 1985 et 1995, les États-Unis ont reçu pour 477,5 milliards de dollars d'investissement et le Royaume-Uni 199,6. Les USA investissent en Europe, l'Europe à l'intérieur de ses frontières et vers les États-Unis, et le Japon dans le monde entier.

- **Le tiers monde, quant à lui, a relativement peu attiré les entreprises des pays industriels**. En 1990, il n'a accueilli que 331 milliards de dollars. Pourtant **deux régions tirent leur épingle du jeu depuis une dizaine d'années : l'Amérique latine et l'Asie**.

  Dans le premier groupe de pays, l'Argentine, le Mexique et le Venezuela semblent les mieux placés pour attirer des capitaux américains, européens ou japonais. Les programmes de privatisation ne sont pas étrangers à ces mouvements de capitaux. Enfin l'accord de libre-échange entre les États-Unis, le Mexique et le Canada (ALENA) favorise l'implantation d'industries de main-d'œuvre au Mexique.

  En Asie, les « quatre dragons » ainsi que la Malaisie, l'Indonésie, la Chine et l'Inde sont, à des degrés divers, les principales destinations des capitaux. Mis à part Hong Kong et Singapour, ces pays ne sont pas ouverts aux investissements financiers si bien que l'essentiel des IDE qu'ils attirent est affecté à l'industrie. Le Japon est le premier investisseur, suivi des États-Unis ; l'Europe n'a fourni que 7 milliards de dollars sur les 50 dont ont bénéficié les 4 dragons, la Malaisie et la Thaïlande au cours des années 80. Contrairement à ce que laisseraient supposer certaines délocalisations spectaculaires, la France est peu présente dans cette partie du monde en pleine expansion.

  Assimiler les Investissements directs à l'étranger à des délocalisations industrielles dans les pays à bas salaires est donc réducteur. L'essentiel des mouvements de capitaux se fait entre pays développés et la finance en constitue la plus grande part. Reste maintenant à comprendre la logique de ces mouvements.

3 Des entreprises mondiales

L'explosion des IDE à partir de 1980 est liée à l'ouverture des économies. Cela a conduit certaines entreprises à passer d'une stratégie internationale à une stratégie mondiale.

A D'une stratégie internationale…

- **L'exportation des capitaux est la plupart du temps une alternative à l'exportation des marchandises**. Plusieurs facteurs peuvent faire préférer l'IDE à l'exportation de marchandises :
  – la production sur le lieu même de la consommation permet de réduire le coût du transport ;
  – l'adaptation aux habitudes nationales de consommation est facilitée ;
  – cela permet ensuite de contourner les barrières tarifaires et de se mettre à l'abri d'éventuelles poussées du protectionnisme ;
  – enfin pour des produits susceptibles de faire l'objet de commandes publiques, la fabrication dans le pays est souvent la condition pour pouvoir remporter un marché.
- **Ces facteurs avaient conduit les firmes à multiplier les implantations à l'étranger**. Jusqu'à la fin des années 60, les multinationales américaines ont souvent suivi une stratégie d'implantation aussi complète que possible dans chacun des grands marchés européens. Cela leur a facilité l'ouverture des marchés locaux. Mais, en même temps, la création d'unités de production trop nombreuses et trop petites les ont souvent empêchées de bénéficier à plein des économies d'échelle.

B … à une stratégie mondiale

- Les contraintes imposées aux entreprises ont évolué depuis une vingtaine d'années. Le coût des transports n'est souvent plus un obstacle à la circulation des marchandises. Les consommations se sont uniformisées dans les pays développés. La libre circulation des marchandises et des capitaux est en principe acquise. Les marchés publics s'ouvrent aux entreprises étrangères. L'implantation dans un nombre important de petits marchés nationaux n'a plus de raison d'être. De ce fait **les entreprises réduisent le nombre de leurs sites, concentrent leur production dans les établissements les plus rentables** et, pour les activités peu technologiques, vont s'installer dans les pays à bas salaires, ou recourent plus largement à la sous-traitance. Ainsi, **une stratégie de rationalisation de la production au niveau mondial remplace, peu à peu, l'ancienne stratégie d'implantation dans chaque grand pays**.
- **Cette mondialisation des entreprises est pourtant freinée par la constitution de grands blocs régionaux**. L'Union européenne d'un côté, l'ALENA de l'autre, sont parfois présentées comme des forteresses protégeant leurs entreprises de la concurrence étrangère. Cela explique les efforts japonais pour s'installer dans ces deux zones de libre-échange. L'implantation dans un pays, souvent le Royaume-Uni mais également la France, permet ensuite à ces entreprises de s'ouvrir le marché européen. Les différents pays de l'Union européenne sont donc en concurrence pour attirer puis pour retenir les firmes étrangères. Le départ de Hoover de Dijon pour Glasgow en 1993 en est l'illustration.

L'explosion des IDE, qui est une réponse des entreprises au mouvement de libéralisation des économies au cours des années 80, leur permet de rationaliser leur production. Les effets de cette mondialisation économique sont très inégaux. Certains pays du Sud y trouvent leur compte, mais ils sont peu nombreux. Dans les pays développés, le consommateur bénéficie de la baisse du prix des produits industriels. Les entreprises à haute valeur ajoutée ont trouvé de nouveaux débouchés dans ces pays à croissance rapide. Reste l'emploi industriel dont la migration Nord-Sud paraît irréversible.

FICHE 46 L'UNION EUROPÉENNE

→ L'intégration monétaire ne rend-elle pas indispensable les intégrations politique et sociale ?

La construction européenne suit deux logiques différentes : une logique de coopération respectant la souveraineté des États et une logique d'intégration qui s'accompagne d'un transfert de pouvoir des États vers une autorité supérieure. Dans le domaine monétaire, la mise en place d'une monnaie unique est l'aboutissement de cette logique d'intégration. Dans les domaines politique et sociaux la coopération reste la règle même si l'intégration progresse. Ce déséquilibre entre l'économique d'une part, le politique et le social de l'autre est-il viable ? Quel type de régulation économique et sociale autorise-t-il ? Nous étudierons les logiques de l'intégration européenne, les conséquences de cette intégration sur les performances de nos économies et, enfin, les perspectives de régulation macro-économique dans la zone euro.

1 UNE INTÉGRATION EUROPÉENNE À PLUSIEURS VITESSES

A Le développement de l'intégration monétaire

- Signé en 1957, le **traité de Rome** institue la Communauté économique européenne (CEE). Il met en place les institutions européennes et pose les principes de la Politique agricole commune (PAC) dont l'objectif est de moderniser les agricultures des États membres. Il ouvre la perspective d'une union douanière assurant la libre circulation interne des produits industriels et instaurant un tarif extérieur commun. Cet objectif est atteint en 1968 mais la libre circulation des hommes et des capitaux, pourtant envisagée dès 1957, est reportée à plus tard. L'achèvement de ce marché commun sera au centre d'un second traité – **L'Acte unique** – adopté en 1986 par les pays membres. Il prévoit la libre circulation des marchandises (biens et services), des hommes et des capitaux pour 1993. Cela suppose, au préalable, la reconnaissance mutuelle des normes techniques et des diplômes nationaux ainsi qu'un rapprochement des fiscalités afin que des obstacles non tarifaires ne s'opposent pas, de fait, aux échanges.
- Le **traité de Maastricht**, signé début 1992, institue une Union européenne (UE) dont les deux volets sont une **Union économique et monétaire** (UEM) et une **Union politique**. Dans le domaine économique et monétaire, le traité prévoit la mise en place d'une monnaie unique (qui sera l'euro) et d'une Banque centrale européenne (BCE) déterminant la politique monétaire de l'Union de façon indépendante des pouvoirs politiques. Afin de fonder une UEM solide, le traité oblige les pays candidats à respecter des critères de « bonne gestion » (essentiellement la stabilité des prix) et à rapprocher leurs performances économiques dans ce domaine. Finalement, le 1er janvier 1999, L'UEM est

formée de 11 des 15 pays de l'UE (le Royaume-Uni, le Danemark et la Suède ayant choisi de ne pas y participer ; la Grèce ne répondant pas à tous les critères de sélection).

- C'est bien **une logique d'intégration** qui guide cette construction économique et monétaire. Dans le domaine de la monnaie, les États membres ont confié à une **banque centrale indépendante le soin de déterminer la politique monétaire** qui s'impose à tous. Dans le domaine économique, ils ont renoncé à mener des politiques macro-économiques autonomes en acceptant les critères de convergence introduits par le traité de Maastricht. Ils ont réaffirmé ce choix en signant à Dublin en 1996 un pacte de stabilité prévoyant d'éventuelles sanctions financières à l'encontre d'un État dont le déficit budgétaire serait supérieur à 3 % du PIB.

B Les balbutiements de l'intégration politique

- **La reconnaissance de la citoyenneté européenne** reste, à ce jour, le signe le plus tangible d'un processus d'intégration dans le domaine politique. Le traité de Maastricht, en effet, reconnaît des droits civils et politiques (droits de vote aux élections européennes et municipales) aux ressortissants communautaires. Cela ouvre la voie à une démocratisation des institutions européennes, condition *sine qua non* de l'élargissement de leur pouvoir politique.
- Ailleurs, la **coopération s'organise difficilement**. Certes, le volet politique du traité de Maastricht introduit la politique étrangère, la sécurité commune et les interventions en matière de police et de justice dans le domaine de compétence de l'UE. Cependant, sur ces sujets, les États n'ont pas voulu renoncer à leurs prérogatives et aucun d'entre eux ne peut être contraint à adopter des décisions auxquelles il n'adhère pas.
- Cette **faiblesse de l'intégration politique interdit toute politique budgétaire européenne**. Il faudrait, pour mener une telle politique, qu'un gouvernement économique soit doté d'un budget conséquent alors que le budget actuel représente moins de 1,5 % du PIB européen. Cela suppose une capacité d'endettement, la possibilité de lever des impôts et donc un parlement responsable en la matière. Une Europe fédérale est donc la condition d'une politique budgétaire européenne. En l'absence d'intégration politique, les **États membres peuvent, au mieux, coordonner des politiques budgétaires** qui restent de leur compétence. Cette coordination est assurée par deux instances : le Conseil Ecofin composé des ministres de l'économie et des finances des quinze pays et le Conseil de l'euro qui est un organe consultatif et informel. Selon le traité de Maastricht, elle a pour objectif de rappeler à l'ordre un pays dont la politique budgétaire serait expansionniste. En matière de politique budgétaire, les pays européens se sont donc imposés des contraintes sans, pour autant, se donner les moyens d'une coordination active.

C La faiblesse de l'intégration sociale

- À la suite du traité de Maastricht, les conditions de travail, l'hygiène et la sécurité, la parité hommes / femmes... sont entrées dans le domaine de compétence de l'Europe. Sur ces thèmes, l'UE affiche sa volonté de mettre en place des normes sociales minimales qui s'imposeraient à l'ensemble des États membres. C'est un progrès mais les syndicats des pays les plus riches redoutent un alignement vers le bas de leurs « acquis sociaux ».
- D'autres secteurs de la politique sociale (droits de grève, de licenciement, liberté d'association) restent de la compétence des États. Il en va ainsi des **politiques de l'emploi** en raison de l'inexistence d'un marché du travail européen. Cependant,

cette différence de traitement entre la politique monétaire d'une part et la politique de l'emploi d'autre part risque d'affaiblir la lutte contre le chômage. C'est renoncer, en effet, à utiliser la politique monétaire pour stimuler la croissance et l'emploi. Dans ces conditions, la lutte contre le chômage ne peut passer que par des mesures nationales : déréglementation du marché du travail, retrait d'activité, temps partiels, baisse générale du temps de travail, création d'emplois publics. Un premier pas a été fait en matière de coopération dans ce domaine après que l'emploi ait été reconnu comme « une question d'intérêt commun » par le traité d'Amsterdam. Depuis, la Commission européenne adopte et propose aux différents États des « lignes directrices pour l'emploi » visant à améliorer le fonctionnement des différents marchés du travail en Europe.

- **La politique salariale est également exclue du domaine de compétence communautaire**. Le patronat qui souhaite rapprocher la négociation salariale de l'entreprise s'oppose à toute tentative de coordination et, à plus forte raison, d'intégration dans ce domaine. Pourtant, la mise en place de l'euro pourrait se traduire par la baisse des salaires des travailleurs peu ou pas qualifiés. En effet, en l'absence de toute dévaluation, la baisse du coût du travail est le moyen le plus simple pour améliorer la compétitivité des entreprises d'un pays. Les syndicalistes européens réclament donc une coordination des politiques salariales. Un salaire minimum européen est exclu eu égard aux grandes différences de productivité entre les économies nationales. Le principe d'une **augmentation nationale des salaires en fonction des gains de productivité** de chacune des économies présenterait l'avantage de neutraliser la compétition salariale sans pénaliser la compétitivité des entreprises.

2 La convergence des économies

A La similitude des politiques économiques

- La participation à l'UEM a été conditionnée au respect de **cinq critères de convergence** qui sont la stabilité du taux de change, une inflation et des taux d'intérêts proches de la moyenne, un déficit public inférieur à 3 % du PIB et une dette publique inférieure à 60 % du PIB. L'absence de critères concernant la croissance économique ou l'emploi pourrait surprendre mais s'explique par la volonté d'introduire une monnaie commune. N'ont été retenus que les déterminants directs ou indirects du taux de change, en premiers lieux, le taux d'inflation et le taux d'intérêt.

- Fixés en 1986 en période de croissance économique forte, ces critères ont semblé difficilement accessibles au début des années 90 alors que la récession alimentait les déficits budgétaires. Plusieurs pays ont alors profité des délais fixés par le traité pour dévaluer leur monnaie. Le Royaume-Uni pour qui l'emploi (précaire) passe avant la stabilité de la monnaie a refusé, dès le début, la discipline commune. Les pays de la « zone mark » ont mené une **politique monétaire restrictive imposée par l'Allemagne**, une politique de la monnaie forte et une politique de réduction des déficits budgétaires. Cela s'est traduit par une hausse générale de la TVA et une compression des investissements publics.

B Le rapprochement des performances macro-économique

- L'hétérogénéité des pays et, plus encore, des régions composant l'Europe s'est accrue au fil des nouvelles adhésions. En 1958, de la France, de l'Allemagne, de l'Italie et du Benelux, seule l'Italie du sud connaît un retard de développement sur ses partenaires. Puis l'Irlande (1973), la Grèce (1981), l'Espagne et le

Portugal (1986) sont venus **accroître les disparités économiques au sein de l'Union**. Enfin, la réunification allemande (1989) a introduit, a l'intérieur même d'un des pays les plus riches, des régions faiblement développées.

- Dans ces conditions, la convergence c'est-à-dire la satisfaction des critères de Maastricht n'allait pas de soi. C'est pourtant ce qu'il est advenu pour la quasi-totalité des pays de l'Union. En 1997, quatorze des quinze pays avaient une inflation inférieure 2,5 % ; dix étant en dessous de 2 % ; seule la Grèce étant hors critère. Cette même année, les taux d'intérêt à long terme étaient voisins de 6,2 % exception faite de la Grèce (9,9 %). Enfin, les déficits budgétaires représentaient en moyenne 2,4 % du PIB européen (le Luxembourg, le Danemark et l'Irlande ayant un excédent, la Grèce un déficit de 4 % du son PIB). Certes, 8 pays avaient une dette publique supérieure à 60 % de leur PIB (y compris l'Allemagne : 61,3 %) mais ce rapport avait diminué dans presque tous les cas au cours de la dernière année, l'Allemagne faisant exception. Ce phénomène de convergence n'est pas spécifique aux pays de la Zone euro. L'essentiel des pays développés a connu des **évolutions comparables** en raison de la similitude des politiques menées et des crises japonaises et asiatiques qui ont fait baisser les prix.

- La convergence s'est-elle faite contre le rattrapage c'est-à-dire la **réduction des écarts de développement entre pays ou régions européennes** ? Sur la base d'une évolution des PIB réels par habitants on observe, sur le long terme, un rapprochement des pays européens qui est généralement plus prononcé avant l'adhésion qu'après. Pour ce qui est des régions, la tendance est à la stabilité des inégalités. Encore aujourd'hui, la Grèce, le Portugal, le sud de l'Italie, une partie des nouveaux länder de l'Allemagne et l'ouest de l'Espagne (sauf région de Madrid) ont un PIB par habitant inférieur de plus de 30 % à la moyenne communautaire. À l'inverse, le Danemark, le Luxembourg, la région parisienne et le sud de l'Allemagne ont un niveau de vie supérieur de plus de 40 % à cette même moyenne. Cela prouve que le **travail et le capital ne sont pas parfaitement mobiles dans l'espace européen**. Le travail pour des raisons culturelles ; le capital car le choix d'une localisation dépend d'autres facteurs que le coût du travail (qualité de la main d'oeuvre, infrastructures publiques, présence d'autres entreprises, marché en expansion). Cette stabilité des inégalités peut également s'expliquer par les efforts consentis pour obtenir la convergence des économies. Cette dernière s'est traduite par un **ralentissement de la croissance économique qui a bloqué ce phénomène de rattrapage**. Seule l'Irlande dont la croissance économique s'est accélérée au cours des années 90 fait exception. Ailleurs, le respect des critères de Maastricht s'est souvent traduit par des pertes d'emplois et donc par un ralentissement de la croissance du niveau de vie.

3 La régulation macro-économique dans l'UEM

A En cas de choc asymétrique

- Un **choc asymétrique** est un choc affectant uniquement ou principalement un des pays de l'Union. La réunification de l'Allemagne en est un. La baisse de la demande d'un produit dans lequel un pays est fortement spécialisé constituerait également un choc asymétrique. Cela provoquerait un ralentissement de la croissance et une hausse du chômage dans le pays concerné sans affecter directement, et de façon comparable, ses partenaires.

- En principe, face à un choc asymétrique, **un pays peut choisir entre les deux solutions opposées que sont la mise en œuvre d'une politique de relance et le**

recours du marché. La flexibilité du taux de change qui permet d'améliorer la compétitivité prix et d'augmenter les exportations peut s'inscrire dans une politique de relance. Cela paraît bien adapté à un déplacement de la demande d'un pays vers l'autre qui provoquerait du chômage dans le premier et une surchauffe dans le second. Dans ce cas, une dévaluation de la monnaie du pays en récession permet d'accroître sa demande et de réduire celle du pays courant un risque inflationniste. Des politiques budgétaires symétriques peuvent renforcer cette action sur la demande. L'autre solution au problème posé par un choc asymétrique consiste à **laisser jouer les mécanismes de marché**. Sur un marché du travail concurrentiel, l'augmentation du chômage provoqué par la crise entraînerait une diminution du salaire réel et une augmentation de l'emploi. La flexibilité des salaires et des prix serait donc en mesure d'amortir un choc dont les effets ne pourraient pas être durables.

À ces deux solutions opposées, une union monétaire peut en ajouter une troisième : **la solidarité entre les États membres**. L'existence d'un budget fédéral conséquent rend possible la redistribution de revenus soit aux entreprises soit aux ménages subissant le choc. Aux États-Unis, l'allocation de revenus par l'État fédéral et la mobilité de la main-d'œuvre sont couramment utilisées afin de résorber des chocs affectant exclusivement un des États fédérés.

- **Chacun des pays membres de l'UEM semble en mesure de faire face à un choc asymétrique de faible ampleur**. Dans cette hypothèse, **l'augmentation du déficit budgétaire est le seul instrument dont dispose un État** pour relancer son économie puisque la politique du taux de change et la politique monétaire sont hors de sa portée. Il est, en effet, impensable que la BCE baisse les taux dans l'ensemble de la zone euro pour venir en aide à un seul pays. Le pacte de Dublin laisse une **marge de liberté** aux États dans ce domaine. Si la récession est supérieure à 0,75 % du PIB, un État peut être autorisé à accroître son déficit budgétaire au-delà des 3 % officiels. Si la récession est supérieure à 2 %, l'État est automatiquement dispensé de sanction en cas de déficit excessif. Or, **la stabilité des taux d'intérêt rend toute son efficacité à la politique budgétaire** puisque l'effet d'éviction est, en principe, supprimé. Un État qui aura préalablement réduit son déficit budgétaire pourra efficacement utiliser cet instrument pour répondre à un choc modéré.
- Une telle politique serait insuffisante en cas de **choc asymétrique de forte amplitude**. Le niveau du déficit budgétaire nécessaire pour relancer l'activité économique pourrait jeter le doute sur la solidité de l'UEM. Une augmentation durable du chômage dans ce pays ne pourrait pas être évitée. La mise en œuvre d'une solidarité entre les pays de l'Union pourrait être une solution à ce problème. Cependant, la faiblesse du budget européen rend impossible l'organisation d'un tel mécanisme. Reste donc l'ajustement par le marché. Or, les migrations internes à l'Union restent très limitées en raison de problèmes linguistiques, identitaires ou de la rigidité du marché immobilier. La **baisse des salaires** ou, à défaut, la **diminution de l'emploi** dans le pays concerné constitue donc le **principal mécanisme d'ajustement prévu au sein de l'UEM**. Cette conclusion est conforme à l'analyse de Mundel sur les « zones monétaires optimales ». Selon cet économiste, l'abandon de l'instrument du taux de change comme variable d'ajustement nécessite de rendre flexibles les salaires si l'on veut assurer le plein emploi.

B En cas de choc symétrique

- Si les chocs symétriques sont ceux qui soulèvent, en théorie, le plus de problèmes, les **chocs symétriques** qui affectent l'ensemble des pays européens sont les plus fréquents. C'est ainsi que l'ensemble des pays membres de l'UEM a été confronté, dès 1999, à un ralentissement de leur croissance économique en raison de la diminution de la demande en Asie.

- La solution à un tel choc passe par une stimulation de la demande et donc par un règlage des politiques budgétaire et monétaire. La politique mixte menée aux États-Unis pour sortir de la récession du début des années 90 peut servir de référence : La forte diminution des taux d'intérêt a enclenché un phénomène de croissance économique qui a permis, ensuite, à l'État fédéral de diminuer son déficit budgétaire. Le budget européen n'étant pas un instrument de régulation macro-économique, le problème en Europe est donc de **coordonner les politiques budgétaires nationales** et de les **associer à la politique monétaire** menée par la BCE. L'activation du conseil de l'euro et une lecture souple du pacte de stabilité pourrait s'y prêter. Dans ce domaine, pourtant, tout, ou presque, est à construire. Faute d'une telle coordination, un pays peut choisir de mener une politique de « dumping social » fondée sur la diminution de ses coûts salariaux. Cela lui permettrait de gagner en compétitivité, en investissements directs à l'étrangers (IDE) et en emploi ce que les autres perdraient. L'ajustement à un choc symétrique passerait alors, comme pour les chocs asymétriques, par les **mécanismes du marché** et, en particulier, par la flexibilité des salaires et des prix. Cependant, on peut craindre que la généralisation de ce type de politique à l'ensemble des pays de l'UEM débouche sur une baisse des salaires et que cela conduise à la déflation.

On note souvent, et à juste titre, que la BCE est construite sur le modèle de la Banque centrale allemande. On néglige généralement de préciser qu'en Allemagne, la Bundesbank a en face d'elle un État social démocrate et des partenaires sociaux puissants. De la confrontation de ces différents pouvoirs sont nés quelques-uns des compromis qui ont assuré, jusqu'à ces dernières années, la prospérité du pays. Il n'existe rien de tel en Europe où la BCE et seule face à des marchés dont elle subit l'influence. Dans ces conditions, la régulation économique et sociale laisse nécessairement une large part aux mécanismes de marché. L'alternative à cette forme de régulation consiste à construire un pôle politique et un pôle social qui serviront de contre-pouvoir à la BCE et autoriseront une régulation publique européenne.

FICHE 47 LA CRISE DE LA DETTE

→ Quels sont les conséquences de la crise de l'endettement des pays du tiers monde ?

Au cours des années 70, les pays en développement ont bénéficié d'une croissance économique forte qui a été stoppée par la crise de la dette au début de la décennie suivante. Le développement des pays les plus endettés a été interrompu au cours des années 80. Cette crise est, aujourd'hui, dépassée mais la façon dont elle a été traitée continue de peser sur la croissance de ces pays.

1 La politique restrictive américaine a déclenché la crise de la dette

A L'endettement des pays du tiers monde...

- Le **choc pétrolier** de 1973 a profondément transformé les flux financiers mondiaux en provoquant **un transfert de revenu entre les pays développés consommateurs de pétrole et les pays producteurs** souvent regroupés au sein de l'OPEP. **Ces pays à faible propension à consommer** ont dégagé une épargne brute importante, supérieure à leurs investissements. Ils **ont confié le solde de leur épargne au système bancaire des pays développés** qui, de son côté, a cherché à prêter les dollars ainsi obtenus. La faiblesse des investissements dans les pays développés ayant réduit leurs besoins d'emprunts, les banques se sont tournées vers les pays du tiers monde.
- Ces pays ont estimé que **l'endettement constituait une occasion exceptionnelle de sortir du sous-développement**. Leurs dirigeants et les banquiers partageaient l'idée que ce financement allait amorcer un cercle vertueux qui aboutirait à un remboursement de ces dettes grâce à une augmentation des investissements, de la production et des exportations. Cela s'est d'ailleurs vérifié pour les pays qui, comme la Corée, ont su à la fois limiter leur endettement et développer leurs exportations.

  Mais, **dès l'origine, l'utilisation d'une partie de la dette à des fins peu ou pas productives a limité l'efficacité de cette stratégie**. La rentabilité des investissements a été parfois mal appréciée et certaines usines n'ont jamais fonctionné de façon satisfaisante. De plus, les dépenses militaires, la consommation des élites ou des dépenses somptuaires ont eu souvent la priorité sur les investissements productifs. Enfin, une partie de la dette a été détournée par certains dirigeants qui l'ont parfois placée dans les pays développés.
- La myopie rétrospective des banquiers, qui ont accepté de financer des dépenses peu efficaces en terme de développement, doit être toutefois relativisée dans la mesure où certains de **ces prêts étaient la contrepartie de commandes adressées aux pays développés. Cela favorisait donc la reprise de l'activité économique dans les pays développés** qui pouvaient ainsi compenser le déficit

commercial enregistré avec ceux de l'OPEP, grâce aux exportations vers les pays du tiers monde.

B ... s'est avéré incompatible avec la politique monétariste menée à partir de 1979

- La volonté de lutter contre l'inflation a conduit les dirigeants de la Banque centrale américaine à mettre en œuvre une **politique monétariste à partir de 1979**. Cette politique monétaire restrictive s'est traduite par une hausse des taux d'intérêt et a provoqué une **récession économique en 1982**.
- **Les pays du tiers monde ont alors été victimes d'un effet de ciseaux**. D'une part, **leurs recettes commerciales diminuaient**. En effet la récession mondiale a contracté le volume de leurs exportations. De plus l'excès de l'offre de matières premières, pétrole, notamment, par rapport à la demande internationale devenue insuffisante, a causé une forte baisse des prix de leurs exportations. D'autre part, **le service de la dette** (ce qu'ils doivent payer annuellement) **augmentait du fait de la hausse des taux d'intérêt**.

  En août 1982, le Mexique, bientôt suivi par l'Argentine, le Brésil et le Pérou, déclare qu'il ne pouvait plus assurer le paiement du service de sa dette.

  L'endettement des pays du tiers monde n'était viable qu'en période de taux d'intérêt faibles. L'augmentation de ces taux, à partir de 1979, a déclenché la crise.

2 Les autorités monétaires ont désamorcé la crise

A Sauver en priorité le système financier...

- La faillite officielle du Mexique aurait obligé ses banquiers à intégrer les prêts non remboursés dans leurs pertes. La dette du tiers monde étant alors de 732 milliards de dollars, l'effet de contagion aurait provoqué la faillite des principales banques américaines, fortement impliquées en Amérique du Sud, ce qui aurait conduit à l'effondrement du système financier mondial.

  La volonté première des autorités américaines a donc été de permettre aux pays endettés de continuer à rembourser, sinon leur dette, du moins les intérêts. L'urgence de la situation a obligé le Fonds monétaire international (FMI) à accorder de nouveaux crédits afin de ne pas interrompre les remboursements. Les banques ont ensuite rééchelonné cette dette, l'allongement de la période de remboursement permettant d'en diminuer le service. Enfin, la Banque centrale américaine a réduit ses taux, desserrant ainsi la contrainte qui pesait sur ces pays.
- **La contrepartie de ces mesures a été l'adoption par les pays endettés de plans d'assainissement des économies préparés par le FMI**. Afin de leur permettre de dégager les excédents commerciaux nécessaires au remboursement de leur dette, ces plans leur imposaient, outre une **dévaluation**, une **contraction de la demande** et en particulier celle de la consommation. La **baisse des dépenses de l'État** était présentée comme indispensable afin non seulement de limiter la consommation, mais également d'éviter que le déficit budgétaire n'absorbe l'épargne intérieure et ne favorise l'inflation.

  Le développement excessif de l'État étant considéré comme la raison principale de l'échec de leur stratégie de développement, le FMI a imposé aux pays du tiers monde des réformes structurelles visant à libéraliser l'économie. L'**ouverture**

des économies sur l'extérieur, la **déréglementation**, la désindexation des salaires sur les prix, et la **privatisation** des entreprises publiques, ont changé en profondeur les économies de ces pays. La suppression du contrôle des changes a été décidée afin d'attirer les capitaux étrangers.

B ... puis gérer l'endettement

- Si **ces mesures d'urgence** ont permis d'éviter un effondrement du système financier, elles **se sont avérées inefficaces pour surmonter les difficultés des pays endettés**. De nombreux pays du tiers monde n'arrivant toujours pas à respecter leurs engagements, les pays développés ont modifié leur stratégie.

  En 1985, le plan Baker, du nom du secrétaire d'État au Trésor de l'époque, prévoyait une distribution de crédits supplémentaires aux pays endettés, mais les banques ont globalement refusé d'y participer. Elles ont préféré se débarrasser d'une partie de ces dettes en les revendant, à bas prix, à d'autres financiers ou en les échangeant contre des entreprises privatisées.

- **L'insuffisance de ces solutions a conduit certains à proposer un abandon des dettes**. Les pays du G7 ont été les premiers, en juin 1988, à faire un geste significatif en allégeant de 33 % la dette des pays les plus pauvres. Les banques commerciales, bien qu'elles aient la possibilité d'annuler une dette et de déduire cette somme de leur bénéfice imposable, étaient évidemment beaucoup plus réservées, même si certaines s'y sont finalement résolues.

  En 1989, le plan Brady, du nom du secrétaire d'État au Trésor des États-Unis, a organisé les réductions de dette, en accordant aux créanciers qui acceptaient cet effort la garantie du Trésor américain. En 1994, près de 80 % de la dette commerciale du tiers monde fait l'objet d'un accord dans le cadre de ce plan. Les banques ont supprimé une petite partie de la dette, ont accordé un rééchelonnement sur trente ans et ont accepté que, sur cette période, le débiteur ne paierait que les intérêts, le remboursement du capital étant renvoyé à l'échéance du prêt. En contrepartie, le Trésor se substituera au débiteur si celui-ci ne rembourse pas le capital.

  Non seulement la crise du système financier semble aujourd'hui écartée, mais en plus la contrainte que cette crise exerce s'est desserrée pour de nombreux pays du tiers monde.

3 Les plans d'assainissement ont bloqué le développement des pays qui les ont subis

A La décennie 80 a été perdue pour le développement des pays les plus endettés

- **Les pays touchés par la crise de la dette ont dû rééquilibrer leurs comptes extérieurs**, ce qui s'est fait pour l'essentiel par une contraction des importations. Celles de l'Amérique latine et de l'Afrique Noire ont diminué dès 1982, celles de l'Afrique du Nord à partir de 1986. Seule l'Amérique latine est parvenue, grâce au Mexique et au Brésil, à améliorer ses performances à l'exportation, ce qui lui a permis de dégager un surplus et de rembourser une partie de ses dettes.

- La **contraction des importations** a été obtenue en raison d'un ralentissement de la croissance de la consommation et d'une baisse des investissements. Ainsi, les investissements qui avaient augmenté de 7,7 % par an entre 1970 et 1980 en Amérique latine, ont diminué de 3,1 % au cours de la décennie suivante.

- **La baisse des investissements et la langueur de la consommation expliquent que la croissance économique se soit ralentie** dans les pays soumis aux plans d'ajustement du FMI. La croissance économique des pays latino-américains qui était de 5,8 % en moyenne au cours des années 70 est tombée à 1,3 % au cours de la décennie suivante. Du fait de l'augmentation de la population, le PIB/habitant s'est réduit aussi bien en Afrique qu'en Amérique latine. La décennie 80 a été perdue pour le développement.

B Les disparités ont augmenté

- **La crise de l'endettement a accru les disparités entre les pays du tiers monde**. Ceux du Sud-Est asiatique, dont l'endettement était limité par rapport à leurs capacités d'exportations, ont continué à se développer. Les pays d'Amérique latine ont connu un net ralentissement de leur croissance, mais la contrainte exercée par la dette sur le développement s'est aujourd'hui allégée pour nombre de ces pays. La croissance est parfois revenue, et les investisseurs leur retrouvent un certain intérêt. Pour les économistes libéraux, qu'ils soient de la Banque mondiale ou du FMI, cette éclaircie, qui reste pourtant à confirmer, est la conséquence des politiques d'ajustement qui ont été mises en place au cours des années 80. Reste un grand nombre de pays, surtout en Afrique, dont le développement est pratiquement inexistant, pour des raisons qui dépassent le seul problème de la dette.
- **Les politiques d'austérité ont accru les inégalités sociales à l'intérieur de chaque pays**. Un tiers des Latino-Américains et quatre Brésiliens sur dix vivent en dessous du seuil de pauvreté. Entre 1980 et 1989, la part des pauvres dans la population a été multipliée par 2 en Argentine, par 3 au Venezuela et a augmenté de 36 % au Mexique. Or, le recul de l'intervention de l'État dans l'économie et l'effacement de la redistribution des revenus rend peu probable l'inversion de ce phénomène.

Si la dette des pays en développement a continué d'augmenter en valeur absolue, elle a diminué en valeur relative depuis le milieu des années 80. Celle du Brésil est ainsi passé de 49 % de son PIB en 1985 à 25 % en 1994. Le retour des capitaux privés dans les pays en développement est le signe le plus tangible de cette amélioration. De 1990 à 1997, le flux en direction de ces pays est passé de moins de 50 milliards de $ à près de 300. Le retour de la croissance économique au début des années 90 a favorisé cet accroissement autant qu'il en a été la conséquence.

Pourtant, leur développement reste handicapé par la façon dont la crise a été gérée. En Amérique centrale et latine ou en Afrique, le vieillissement des infrastructures constitue un obstacle au développement. Les progrès dans la qualification de la main-d'œuvre ont été freinés par la montée de la pauvreté. L'extension des marchés intérieurs reste limitée par l'inégale répartition des richesses.

À court terme, leur croissance économique est fragilisée par la déréglementation des marchés financiers et la suppression du contrôle des changes. Formés essentiellement de prêts bancaires à moyen et long terme dans les années 70, les flux de capitaux dont bénéficient ces pays sont de plus en plus constitués de capitaux spéculatifs. De ce fait, leur croissance reste conditionnée à la confiance que leur accordent leurs débiteurs. La crise financière qui plonge les pays émergents dans la récession en 1998 montre que cette confiance est volatile.

FICHE 48

L'ÉCLATEMENT DU TIERS MONDE

→ Le tiers monde existe-t-il encore ?

En 1952, Alfred Sauvy utilisait pour la première fois le terme de tiers monde en référence au tiers état de l'ancien régime. Si, dans les années 50, les pays du Sud semblaient former un groupe relativement homogène, le tiers monde paraît aujourd'hui éclaté, parce que les pays qui le composent ont suivi différentes stratégies de développement et ont subi diversement la conjoncture internationale.

Du fait de cette diversification, la Conférence des Nations unies sur le commerce et le développement (CNUCED) différencie les Pays les moins avancés (PMA) des Pays nouvellement industrialisés (PNI) et des Pays exportateurs de pétrole (PEP). Cette classification n'est plus d'actualité car depuis le début des années 80 ces groupes de pays ont perdu leur homogénéité.

Même si certains pays qui le composent connaissent un développement rapide, le tiers monde dans son ensemble s'appauvrit.

1 Dans les années 60, le tiers monde a éclaté en trois groupes : les PNI, les PEP et les PMA

Le tiers monde était un ensemble relativement homogène jusqu'aux années 60 ; les pays du Sud étaient tous sous-industrialisés, et en grande partie colonisés. Cette situation a évolué rapidement dès le début des années 60.

A Certains pays se sont industrialisés et ont commencé à se développer

- **Dans les années 60**, certains pays du tiers monde ont mis en place **des stratégies d'industrialisation**, parmi lesquelles :
  - la **stratégie de substitution aux importations** qui a pour objectif de développer l'industrie en produisant ce qui, jusqu'alors, était importé ; elle fut adoptée par de nombreux pays d'Amérique latine ; cette **stratégie passe par la remontée de filières** qui consiste à produire dans un premier temps des biens simples situés à l'aval du processus de production (activité de montage par exemple), puis d'étendre progressivement la production à toute la filière ;
  - la **stratégie des industries industrialisantes** qui consiste à favoriser l'implantation d'industries lourdes (sidérurgie, chemin de fer...) afin que celles-ci aient des effets d'entraînement sur le reste de l'économie ; l'exemple de l'Algérie est caractéristique.
- **Certains pays ont préféré se spécialiser** en vue d'une intégration sur le marché international, mais **de nombreux autres** (Inde, certains pays d'Afrique et d'Amérique latine) **ont décidé de donner la priorité aux besoins locaux** et de s'industrialiser pour satisfaire leur marché intérieur.

Dans les années 70, le bilan de ces politiques d'industrialisation est globalement positif. Certains pays (en Amérique latine surtout, mais aussi en Afrique du Nord et en Asie) connaissent des taux de croissance importants et s'industrialisent rapidement. La CNUCED les qualifie de pays nouvellement industrialisés, et l'on considère généralement qu'ils sont sur la voie du développement (le Brésil est même considéré à l'époque comme un nouveau Japon).

B La dotation en ressources naturelles de certains pays leur a permis de se développer

- **Les pays producteurs de pétrole se sont développés grâce à la rente pétrolière.**

En 1960, l'OPEP (Organisation des pays exportateurs de pétrole) est créée ; à partir du début des années 70, elle s'assure la maîtrise des prix du pétrole et des revenus de la vente du brut. Les deux chocs pétroliers (1973 et 1979), par l'augmentation importante des tarifs pétroliers, ont fortement accru les recettes d'exportation des pays producteurs.

Cette rente pétrolière permit à de nombreux États de s'enrichir :

- les pays à forte population (Iran par exemple) utilisèrent une part importante des recettes pétrolières pour s'industrialiser rapidement ;
- les pays à faible population (ceux de la péninsule Arabique par exemple) devinrent parmi les plus riches États du monde et intervinrent de façon croissante sur les places financières mondiales pour recycler leurs pétrodollars.

- **Mais les ressources naturelles ne sont des facteurs de développement que si elles fournissent des recettes d'exportation importantes utilisées à l'industrialisation.**

Sinon les ressources naturelles ne mènent pas au développement. Même lorsque les terres sont fertiles, le choix exclusif d'une stratégie basée sur l'agriculture ne peut mener à la croissance ; la fixation des prix des produits agricoles échappant généralement aux pays producteurs, et la production de produits primaires ayant peu d'effets d'entraînement sur le reste de l'économie.

Le facteur principal d'explication de la différence des rythmes de croissance n'est pas la dotation en ressources naturelles (sauf dans certains cas marginaux), mais le degré d'industrialisation.

C Certains pays demeurent sous-développés

- La persistance du sous-développement peut en partie s'expliquer par :
  - **une insertion défavorable dans la division internationale du travail (DIT)** ; certains pays se sont fortement spécialisés dans des produits de base destinés à l'exportation et dont les cours sont très fluctuants (certaines économies sont dépendantes d'un seul produit comme le café) ;
  - **une faible insertion dans la DIT** ; certains pays ont opté pour un développement auto-centré qui ne permet pas de progrès rapide.

- L'absence de développement peut aussi être due à **des erreurs de stratégie** (privilégier un avantage actuel à une possibilité future d'industrialisation par exemple), à des gouvernements préférant les **dépenses somptuaires** au financement du développement, mais le plus souvent sa cause réside dans des **blocages qui s'opposent à la croissance** (causes démographiques et sociales, manque de capitaux et situation peu favorable pour attirer les capitaux étrangers, marché trop restreint…).

Ces pays sont appelés par la CNUCED les pays les moins avancés (PMA).

Durant les années 60 et 70, le tiers monde a éclaté en trois groupes, l'industrialisation du premier (**les PNI**) pouvait faire espérer une possibilité de développement pour l'ensemble des pays du Sud. Les années 80 vont fortement modifier cette situation : on assiste à l'éclatement interne de chacun de ces groupes ; de moins en moins de pays semblent sur la voie du développement, alors que le nombre de pays dans une situation économique alarmante augmente.

L'ÉCLATEMENT DU TIERS MONDE

Le revenu par habitant (par rapport à la moyenne des pays industriels)

	1960	1970	1980	1990
Pays industriels	1	1	1	1
Amérique latine	0,41	0,38	0,40	0,29
Afrique	0,17	0,14	0,14	0,11
Chine	0,14	0,12	0,13	0,20
NPI*	0,31	0,40	0,59	0,83
Ensemble de l'Asie	0,25	0,26	0,31	0,35
Ensemble du tiers monde	0,25	0,24	0,24	0,20

* Corée du Sud, Taïwan, Singapour, Hong-Kong.

2 Depuis les années 80, on assiste à l'éclatement de ces groupes et à la bipolarisation des PED

Le tiers monde tend à se bipolariser. Un nombre limité de PNI se développe rapidement et certains PEP demeurent très riches tandis que la majorité des pays du tiers monde a tendance à s'appauvrir.

A Les différentes insertions des PNI dans la division internationale du travail les scindent en deux groupes

- **L'industrialisation par le marché intérieur se heurte à des problèmes de financement qui provoquent une crise et parfois même un appauvrissement de certains PNI.**

En effet, toute stratégie d'industrialisation nécessite le recours à des capitaux étrangers et, pour rembourser les emprunts, il faut dégager des recettes d'exportation. Les pays qui se sont industrialisés par le marché intérieur se sont donc lourdement endettés. Une conjoncture internationale défavorable (hausse du dollar durant la première moitié des années 80, hausse des taux d'intérêt...) a aggravé la crise financière de ces pays. La solution pour diminuer leur endettement est la mise en place de politiques de rigueur (Plans d'ajustement structurel du FMI) qui limitent leurs importations et améliorent leur compétitivité, mais qui modèrent leur croissance et ont tendance à les appauvrir.

- **Les stratégies de développement extraverti et progressif des pays d'Asie du Sud-Est ont été des réussites et permettent des taux de croissance importants.**

Ces pays semblent se développer réellement et, malgré la crise de 1997, ils rattrapent progressivement les pays industrialisés ; la raison de leur réussite est la valorisation de leurs exportations qui leur permet de dégager les recettes nécessaires au remboursement des emprunts.

B Les PEP sont différemment touchés par le contre-choc pétrolier

- En 1984, les prix du pétrole s'effondrent. De ce fait, **les recettes pétrolières des PEP à forte population deviennent insuffisantes pour couvrir les importations induites par l'industrialisation**. Ces pays doivent alors surmonter des déficits extérieurs importants qui provoquent un accroissement de leur endettement.

  Ces pays se retrouvent, comme les PNI ayant opté pour la satisfaction de leur marché intérieur, dans l'obligation de mettre en place des politiques d'austérité, de freiner le processus d'industrialisation et ainsi de s'appauvrir (Venezuela par exemple).

- Du fait de l'importance relative de leur production de pétrole, **les PEP à faible population n'ont pas subi de détérioration notable de leur situation économique**, ils ont juste dû supporter une diminution de leur rôle financier international.

C La conjoncture mondiale et la nouvelle division internationale du travail contribuent à appauvrir la plupart des PMA

- **Une nouvelle division internationale du travail défavorable aux pays les plus pauvres se dessine**. Les PED perdent ainsi leur primauté dans la fourniture de produits primaires. Les pays développés, en raison de procédés de fabrication économisant les matières premières, et grâce à des hausses considérables de leurs rendements agricoles, importent de moins en moins de produits primaires alors qu'ils en exportent de plus en plus, concurrençant ainsi les pays les moins avancés.

  De plus, depuis le milieu des années 80, suite au contre-choc pétrolier, **la chute des prix d'un grand nombre de produits de base a fortement accentué la détérioration des termes de l'échange des pays les moins avancés** : les pays producteurs de matières premières et de produits agricoles ont ainsi vu s'effondrer leurs recettes d'exportation, et avec elles tout espoir de redressement.

- **Les PMA sont aussi les pays les plus touchés par la crise économique et financière mondiale**. Incapables de concurrencer les autres pays (PNI et pays développés), ils sont les premiers touchés par la crise et la restriction mondiale des débouchés. D'autre part, étant les pays les plus endettés, **ils ont le plus pâti de la montée des taux d'intérêt** durant les années 80, et n'ont pour la plupart aucun moyen de faire face à leur dette.

  Les PMA connaissent donc un réel appauvrissement qui explique en partie la volonté de certains d'entre eux de suivre le modèle des PNI d'Asie en devenant des « pays ateliers ».

Le tiers monde a éclaté. La classification en PNI, PEP et PMA n'est plus opératoire ; en raison de l'hétérogénéité croissante des PED, l'ONU préfère maintenant une classification plus neutre : pays en développement à haut revenu, à revenu moyen et à faible revenu.

L'arbre ne doit pas cacher la forêt, si certains PED connaissent un développement important et rapide, la plupart connaissent une réelle dégradation de leur situation économique et sociale.

FICHE 49 LES STRATÉGIES DE DÉVELOPPEMENT

→ Existe-t-il un modèle de développement ?

Confrontés au sous-développement et au mal-développement, de nombreux pays du tiers monde cherchent quelle stratégie ils peuvent adopter pour déclencher un processus de croissance et de développement. Ainsi certains peuvent être tentés de suivre un modèle de développement qui a déjà fait ses preuves en d'autres temps et d'autres lieux. Il est possible de dégager dans l'absolu quatre modèles de développement :

- *celui des pays développés à industrialisation précoce comme la France mais surtout la Grande-Bretagne ;*
- *celui des pays développés à industrialisation tardive comme le Japon ou la Russie d'avant la révolution. Ce type de développement est rarement considéré comme un modèle, pourtant de nombreux Pays en développement (PED) ont, intentionnellement ou non, suivi cette voie ;*
- *celui des pays socialistes qui n'est plus considéré actuellement comme un modèle fiable ;*
- *celui des Pays nouvellement industrialisés (PNI) des pays du Sud-Est asiatique comme les « quatre dragons ».*

1 LE MODÈLE DE CROISSANCE DES PAYS DÉVELOPPÉS À INDUSTRIALISATION PRÉCOCE SEMBLE INADAPTÉ AUX PED

La Grande-Bretagne et la France sont les premiers grands pays à s'être développés ; à ce titre ils peuvent servir de modèle aux PED.

A Le modèle de croissance quasi endogène des pays à industrialisation précoce, ...

- La France, mais surtout la Grande-Bretagne, sont des **pays à industrialisation précoce** puisque leur révolution industrielle a débuté à la fin du XVIIIe siècle en Grande-Bretagne et au début du XIXe siècle en France.

  L'originalité du développement de ces pays est d'avoir été quasiment endogène ; ils se sont développés d'une façon relativement autonome, leurs relations extérieures n'ont tenu, au début de leur croissance, qu'un rôle marginal.

- Leur **croissance** fut **progressive** et nécessita des conditions préalables analysées par l'économiste américain **W.W. Rostow** dans ***Les étapes de la croissance économique*** :
  - la transition démographique permet d'augmenter considérablement la demande et de dégager des disponibilités de main-d'œuvre ;
  - les **mentalités** changent car selon Rostow « de nouveaux types d'hommes animés de l'esprit d'entreprise apparaissent » ;

- le **commerce** et un **embryon d'industrie** (appelé proto-industrialisation) commencent à se développer ;
- mais le préalable jugé généralement comme le plus important est la **révolution agricole**…

- **La révolution agricole est souvent considérée comme un préalable nécessaire à la révolution industrielle**. Même si son rôle est aujourd'hui nuancé par de nombreux historiens, il est indéniable qu'elle ait eu un effet d'entraînement non négligeable sur le reste de l'économie :
  - l'agriculture a permis de **dégager des profits importants** dont certains ont été investis dans l'industrie ;
  - elle a permis de **nourrir une population croissante**, dont la population industrielle ;
  - la mécanisation agricole et l'utilisation d'engrais ont fourni des **débouchés aux industries métallurgiques et chimiques** ;
  - la production agricole croissante a fourni des **matières premières aux industries agro-alimentaires** mais aussi et surtout **à l'industrie textile** ;
  - l'augmentation de la productivité agricole a permis de **libérer une main-d'œuvre** importante qui a pu, en partie, être embauchée par l'industrie.

B … en raison de conditions différentes, …

- Appliquer ce modèle de développement aux PED signifierait mettre progressivement en place les différents préalables au développement. Mais il semble très difficile de faire changer les mentalités en quelques années ou de développer une proto-industrialisation qui servirait de tremplin à l'industrie future. **La façon de suivre le plus fidèlement ce modèle serait de valoriser en priorité l'agriculture** afin qu'elle ait les mêmes effets d'entraînement sur le reste de l'économie que ceux dont ont bénéficié les pays industrialisés à la fin du XVIIIe siècle et au début du XIXe siècle.

- Alors que dans les pays actuellement développés, l'agriculture s'était modernisée d'elle-même sans intervention de l'État, dans les PED ce développement ne se produit généralement pas. **Les États doivent donc mettre en place des stratégies de développement agricole** :
  - la **réforme agraire** qui est une redistribution des terres et qui, outre la réduction des inégalités, devrait améliorer les rendements ;
  - la **révolution verte** (ou révolution agricole) qui consiste à moderniser l'agriculture pour en augmenter la productivité (mécanisation, irrigation, utilisation d'engrais, sélection de bétail et de variétés à haut rendement…).

- **Mais ces stratégies de développement agricole sont difficiles à mettre en place** :
  - la réforme agraire se heurte souvent au pouvoir des grands propriétaires fonciers ;
  - la Révolution verte nécessite beaucoup de capitaux ;
  - réforme agraire et révolution verte sont souvent incompatibles car cette dernière ne peut s'exercer que dans le cadre de la grande propriété alors que la réforme agraire morcelle la propriété.

  Mais même lorsque le développement agricole est une réussite, il ne suffit généralement pas à mettre en place un cercle vertueux de croissance car l'économie des PED est souvent désarticulée et dominée.

C … paraît inapplicable aux PED

- Les PED ne peuvent généralement suivre chacune des étapes de la croissance et produire progressivement des biens de plus en plus élaborés. **En raison de la colonisation, ils sont déjà intégrés dans la Division internationale du travail**

et spécialisés dans des produits qui ne constituent pas une source importante de croissance :

– des produits primaires ayant peu d'effets d'entraînement ;

– des produits subissant une détérioration des termes de l'échange parfois source de croissance appauvrissante, c'est-à-dire des produits dont les baisses des prix sont telles qu'il est nécessaire d'en produire et d'en exporter toujours plus pour freiner la diminution des recettes d'exportation.

L'exemple de la Côte-d'Ivoire est à cet égard éloquent ; alors que le développement agricole y était une réussite et permettait de développer progressivement l'ensemble de l'économie ivoirienne, la chute du cours mondial des matières premières dans les années 80 a stoppé net le développement de ce pays et l'a plongé dans une crise grave.

- L'agriculture dans les pays actuellement développés n'était pas désarticulée ni même duale. **L'agriculture des PED connaît une désarticulation** entre une agriculture d'exportation relativement moderne et une agriculture vivrière souvent archaïque.

Cette désarticulation constitue un frein à un développement agricole harmonieux.

Le secteur de l'agriculture qui se développe le plus est celui des **cultures d'exportation**, mais son essor n'a que peu d'effets d'entraînement sur les **cultures vivrières** et s'opère même souvent à leur détriment, puisque les meilleures terres sont généralement utilisées pour les cultures d'exportation.

Le développement des cultures d'exportation n'est pas, non plus, obligatoirement un facteur de croissance pour le reste de l'économie :

– alors que, dans les pays aujourd'hui développés, les profits dégagés par l'agriculture ont été, en partie, placés dans l'industrie, dans les PED ils sont souvent expatriés afin d'être placés dans les pays riches ;

– alors que, dans les pays aujourd'hui développés, la mécanisation agricole et l'utilisation d'engrais ont fourni des débouchés aux industries nationales, dans les PED ils en fournissent surtout aux pays riches ;

– plutôt que de nourrir une population croissante, l'augmentation de la production agricole dans les PED sert avant tout à satisfaire les besoins des pays riches.

La France et surtout la Grande-Bretagne ont connu un développement quasi endogène et progressif avec, comme préalable, un développement agricole. Or ce type de croissance ne semble pas pouvoir servir de modèle aux pays du tiers monde. On peut donc se demander si ces pays devraient mettre en place des stratégies de substitution comme l'ont fait avant eux les pays développés à industrialisation tardive comme la Russie ou le Japon.

2 Le modèle des pays développés à industrialisation tardive crée des dysfonctionnements

Afin de rattraper leur retard sur les pays à industrialisation précoce, certains pays ont mis en place à la fin du XIXe siècle des stratégies de substitution. Il est légitime de se demander si cette expérience peut servir de modèle aux PED.

A La mise en place de stratégies de substitution, ...

- A. Gershenkron explique que **les pays développés à industrialisation tardive**, ne disposant pas des facteurs qui avaient permis le décollage des premiers pays à s'industrialiser, **ont mis en place des stratégies de substitution** :

- **l'État** se substitue à l'initiative privée qui est insuffisante en raison de mentalités peu propices au développement ;
- **les capitaux bancaires** se substituent à l'autofinancement ;
- **l'épargne étrangère** se substitue à l'épargne nationale ;
- **les technologies importées** se substituent aux technologies nationales.

- Plus le retard accumulé est important, plus le développement industriel est rapide car :
  - la technologie adoptée est plus performante, elle permet un raccourci technologique important et intègre les **dernières innovations** ;
  - les entreprises des pays retardataires sont fortement concentrées et réalisent ainsi des **économies d'échelle**.

  L'action de l'État fut importante en Allemagne, mais les deux pays qui s'approchèrent le plus de ce modèle furent la **Russie** et le **Japon**. Ainsi, alors que ses structures économiques et sociales étaient encore féodales en 1868, le Japon a pu, grâce à l'adoption de ces stratégies de substitution, rattraper assez rapidement les autres pays industrialisés.

B ... en raison du retard de développement des PED, ...

- Le retard de développement des PED sur les pays développés est bien plus important que ne l'était, au XIXe siècle, le retard des pays à industrialisation tardive sur les pays à industrialisation précoce. Il ne suffit plus de combler un retard de développement de quelques décennies, **les PED doivent parfois rattraper, pour certains secteurs, plus d'un siècle de développement, mais aussi corriger les déséquilibres et la désarticulation nés de la colonisation**.
- **Ce rattrapage nécessite donc des transferts de capitaux et des raccourcis technologiques** bien supérieurs à ce qu'ils furent au XIXe siècle. Ainsi ces pays doivent faire appel massivement aux technologies et aux capitaux étrangers ; il est nécessaire que leur économie et leur population soient prêtes à absorber et à digérer dans un laps de temps assez court des mutations profondes. Le retournement idéologique de l'Iran, à la suite du règne du Chah, nous montre les blocages que peut provoquer une transformation sociale trop rapide.

C ... crée des dysfonctionnements

- Ce type de modèle de développement conduit à des **dysfonctionnements** économiques :
  - L'appel massif aux capitaux étrangers crée des **crises financières** difficilement surmontables ; ainsi certains PED ayant largement fait appel aux emprunts extérieurs pour financer leur croissance se retrouvent surendettés.
  - **Les raccourcis technologiques** ne peuvent profiter à tous les secteurs de l'économie et **renforcent la désarticulation**.
- La croissance des pays développés au XIXe siècle était essentiellement fondée sur leur marché intérieur. De nombreux PED ont voulu eux aussi privilégier la vente de leur production à leur population dont les besoins sont immenses, plutôt que de l'exporter. Mais le problème est que **les modèles de croissance fondés essentiellement sur le marché intérieur s'essoufflent rapidement** car ils ne permettent pas de dégager les capitaux nécessaires au remboursement des emprunts. Seule l'exportation permet en effet d'obtenir les devises indispensables au paiement des dettes contractées auprès des investisseurs étrangers publics ou privés.

  Le type de développement des pays développés à industrialisation tardive ne semble pas pouvoir servir de modèle de développement aux PED. Leur situation étant spécifique, ils ont besoin de modèles de développement qui leur soient propres ; ainsi pour rembourser leurs emprunts, il peut paraître nécessaire de valoriser les exportations.

3 D'OÙ L'ADOPTION PAR CERTAINS PNI DE STRATÉGIES SPÉCIFIQUES

Les PED qui semblent être sur la voie de la croissance et du développement sont les Pays nouvellement industrialisés du Sud-Est asiatique qui ont décidé d'extravertir leur économie en valorisant les exportations. Cette stratégie peut-elle servir de modèle de développement pour l'ensemble des autres pays du tiers monde ?

A Ces stratégies sont caractérisées par un développement progressif et extraverti

- **Les stratégies de développement des « quatre dragons »** (Corée, Taïwan, Hong Kong, Singapour) leur ont permis de connaître une forte croissance économique. Leur exemple est suivi par d'autres pays comme la Thaïlande ou les Philippines.

  Leur industrialisation s'est réalisée dans un premier temps par l'**implantation de firmes multinationales**, ils ont ensuite développé leurs entreprises nationales grâce à des emprunts proposés par les pays riches et à une **épargne croissante** assurée par la présence des firmes multinationales.

  Ils se sont développés grâce à des remontées de filière : ils ont commencé par réaliser des **produits industriels à faible intensité technologique** (textile…) puis des produits de l'**industrie lourde** (sidérurgie…) et enfin des biens incorporant davantage de **technologies** (informatique…).
- **Le développement de ces pays est extraverti**, il est fondé sur le marché extérieur. Ils ont abandonné les stratégies de substitution aux importations menées dans les années 60 pour opter pour l'industrialisation par la promotion des exportations. Il ne s'agit plus de répondre en priorité aux besoins de la population, mais d'exporter essentiellement vers les pays développés, et de recevoir en retour les devises nécessaires au remboursement des emprunts. **La conquête du marché intérieur n'intervient que plus tardivement**.

B Elles sont favorisées par une main-d'œuvre bon marché et un État interventionniste

- **L'abondance de la main-d'œuvre et son faible coût ont motivé l'implantation de firmes multinationales et rendu leurs exportations compétitives**. La culture confucéenne, le respect de la hiérarchie et l'esprit de groupe ont aussi joué un grand rôle dans le processus d'industrialisation.
- **Les États des pays d'Asie du Sud-Est sont généralement interventionnistes** (sauf l'État de Hong-Kong qui dans la tradition britannique était plutôt libéral) ; afin de favoriser la croissance et les exportations, ils utilisent de nombreux moyens :

  – planification (surtout en Corée) ;
  – dévaluations ;
  – création de zones franches pour attirer les capitaux…

C Mais elles ne constituent pas non plus un modèle applicable à l'ensemble des PED

- Ces stratégies sont différentes des modèles passés de croissance des pays développés :

- **le marché extérieur**, et non le marché intérieur, **est le moteur de la croissance** ;
- **ces pays refusent la division internationale du travail traditionnelle** (les pays développés se spécialisent dans les produits manufacturés alors que les PED se spécialisent dans les produits primaires) et s'intègrent dans le commerce mondial en exportant des produits industriels ;
- **les États interviennent massivement** (planification, dévaluations...) comme ce fut le cas des pays à industrialisation tardive, mais pas dans celui des pays à industrialisation précoce.

▸ Ces stratégies ne peuvent être appliquées à l'ensemble des PED :
- **elles nécessitent des conditions préalables** qui ne sont pas réunies dans tous les pays : forte cohésion sociale, esprit de groupe, faible résistance au changement... ;
- **elles sont fondées sur la demande mondiale qui est forcément limitée** ; les PNI exportent une grande partie de leurs produits vers les pays développés dont la demande ne pourrait pas absorber la production industrielle d'un grand nombre de PED ;
- leur extraversion fragilise l'économie comme en témoigne la crise financière asiatique de 1997.

Il n'existe pas un modèle unique de développement car chaque pays a des caractéristiques qui lui sont propres. Du fait de sa diversité, le tiers monde a besoin de stratégies spécifiques à chaque pays ou groupe de pays.

FICHE 50 LA TRANSITION À L'EST

→ Quelles sont les difficultés du passage des anciens pays socialistes à une économie de marché ?

À la suite de l'accession au pouvoir de M. Gorbatchev en URSS, les pays socialistes ont, dès 1985, songé à adopter un socialisme de marché qui s'est avéré impossible à mettre en œuvre. À partir de l'automne 1989, marqué par le symbole de la chute du mur de Berlin, les régimes socialistes ont été renversés dans le but d'adopter le modèle libéral. Mais les résultats du passage à l'économie de marché ne sont toujours pas à la hauteur de ce qui avait été espéré.

1 LE PASSAGE À L'ÉCONOMIE DE MARCHÉ S'EST IMPOSÉ

Il s'agit de substituer au plus vite et sans condition une régulation par le marché à une régulation par la planification qui a accumulé les dysfonctionnements.

A Afin de remédier aux dysfonctionnements de l'organisation économique socialiste...

- L'économie socialiste qui pouvait apparaître comme un modèle de développement possible jusque dans les années 50 n'a plus enregistré de résultats économiques satisfaisants à partir du début des années 60.

  Une **main-d'œuvre importante** et l'**abondance des biens de production**, en raison de la priorité donnée à l'industrie lourde, ont assuré pendant un certain temps une **croissance extensive** forte. Cette croissance s'étant essoufflée, il aurait fallu mettre en place une croissance intensive fondée sur l'augmentation de la productivité. En dépit de différentes tentatives, cela ne s'est pas produit ; la croissance s'est donc considérablement ralentie jusqu'à devenir fortement négative à la fin des années 80.
- **La régulation par une planification centralisée et impérative n'a pas été capable de gérer efficacement l'économie**. Des décisions économiques prises de manière bureaucratique à un niveau central, n'ont pas permis de tenir compte des besoins réels. **L'allocation des ressources n'était pas optimale**, elles étaient gaspillées dans certaines entreprises tandis qu'elles faisaient défaut ailleurs. **La rentablilité des entreprises était souvent très faible** car elles étaient jugées sur la quantité plutôt que sur la qualité et parce que les prix administrés ne reflétaient pas leurs performances. Bien qu'il ait progressé, le niveau de vie est resté inférieur à celui des pays industriels capitalistes.

B ... un passage immédiat et inconditionnel à l'économie de marché a souvent été pratiqué

- Certains gouvernements (en Pologne par exemple) ont considéré que la loi de marché devait d'autant mieux **assainir les structures de l'économie** que son adoption était immédiate :

– **en privatisant les entreprises** et donc en restituant le pouvoir économique à l'initiative privée afin d'assurer la rentabilisation optimale des capitaux;

– **en libérant les prix** de façon à restaurer la concurrence et la « vérité des prix ».

L'orientation de l'économie par les mécanismes de marché devait accroître la production dans les branches qui jusqu'à présent ne produisaient pas suffisamment (production de biens de consommation notamment) pour **faire cesser la pénurie**, et **éviter un dérapage inflationniste**.

- Les partisans de la « **thérapie de choc** » affirmaient que la libération des marchés devait se substituer au plus vite à la planification et assurer ainsi une régulation efficace. En vertu de la rationalité des comportements des acteurs économiques, et de leur agrégation optimale par le marché, **un équilibre walrasien devait être atteint**. La croissance économique et le plein emploi devaient être obtenus tout en préservant la stabilité des prix.

J.-A. Schumpeter affirmait que seule la « destruction créatrice » permet de procéder à l'innovation, « impulsion fondamentale qui met et maintient en mouvement la machine capitaliste ». On peut admettre par extension que l'abolition totale de toute régulation par la planification est la condition *sine qua non* pour mettre en place l'économie de marché.

2 Mais l'adoption soudaine d'un libéralisme sans concession a parfois été facteur de déséquilibres

La stratégie de l'adoption inconditionnelle et immédiate d'une économie de marché, appelée « thérapie de choc », qui a souvent été choisie, est contestable dans la mesure où le marché n'existe pas naturellement. Abolir toute planification a fait disparaître une régulation sans que s'y substitue automatiquement une autre.

A Le passage à l'économie de marché n'a pas toujours été en mesure d'imposer une régulation efficace

- Avec la libéralisation des prix, une inflation forte est apparue, parfois même une hyperinflation. **Les États n'ont pas toujours pris les mesures d'accompagnement nécessaires**; ils n'ont pas maintenu les rigidités qui, en matière de prix notamment, auraient pu assurer une transition en douceur et plus efficace. Au contraire, des politiques d'inspiration libérale ont souvent été pratiquées, alors qu'elles étaient parfois inadaptées au cas de pays sortis récemment du socialisme.

La protection sociale absente ou insuffisante n'est pas en mesure de prendre en charge le chômage que les restructurations ainsi que les exigences de productivité n'ont pas manqué de produire.

- Les troubles, l'instabilité et les incertitudes qui ont marqué la dizaine d'années qui s'est écoulée depuis l'abandon de la planification centralisée et impérative, touchent les économies, mais aussi les sociétés et les systèmes politiques des pays de l'Est. **Les institutions politiques dans la plupart de ces pays sont fragiles et parfois corrompues, l'insatisfaction et le mécontentement marquent des sociétés qui se délitent**.

B Des performances inégales relativisent le succès ou l'échec du passage à l'économie de marché

- Il est impossible d'affirmer que **la transition économique des pays de l'Est** a échoué ou qu'elle a réussi, car **leurs résultats sont très inégaux**. La Pologne, la Hongrie ou la Slovénie semblent réussir leur passage au capitalisme. La situation de la Tchéquie ou celle des pays baltes est encore incertaine, mais il semble qu'ils soient en voie de réussir leur transition. Par contre, la Bulgarie, la Russie, la Roumanie et l'Ukraine accumulent les contre-performances, ce qui met en péril leur avenir ainsi que la stabilité géopolitique dans cette partie du monde.

	Taux de croissance annuel moyen du PIB entre 1994 et 1996	Taux de chômage en 1997	Taux d'inflation en 1996
Pologne	5,9	12,4	19,9
Hongrie	1,8	10,6	22,7
Slovénie	3,6	7,3	8,8
Tchéquie	4,2	3,5	8,8
Estonie	6,0	6,0	15,0
Lettonie	1,3	7,0	13,0
Lituanie	2,8	6,0	13,0
Ukraine	– 13,8	0,6	375,0*
Bulgarie	– 0,3	12,5	311,0
Roumanie	5,0	8,5	57,0
Russie	– 7,3	8,2	190,0*

*: En 1995.
Source : OCDE.

- Ces pays n'ont pas tous été capables d'enclencher un processus de croissance, tout en contrôlant l'inflation et en limitant le chômage.

  Ils ont **besoin du savoir-faire d'entreprises capitalistes et de capitaux étrangers**, mais seuls les plus performants et donc les plus sûrs attireront les investisseurs et les décideurs étrangers.

  Dans ce contexte de crise et de contrôle insuffisant de l'État dans certains pays de l'Est, **l'économie parallèle se développe**. La corruption et les mafias profitent de la libéralisation économique pour mener des **activités illégales ou illicites**.

  Le passage à l'économie de marché devait être le garant de la démocratisation. La crise que connaissent certains pays de l'Est fait planer les plus grandes incertitudes sur leur avenir politique.

3 Ainsi, il peut être paradoxalement nécessaire de renforcer le contrôle de l'État

Après plusieurs décennies de pouvoir totalitaire, les pays d'Europe de l'Est ont eu tendance à rejeter globalement l'État, alors que son intervention et son contrôle sont essentiels pour mener à bien le processus de transition. Lui seul peut créer le cadre juridique, les institutions ainsi que l'environnement économique propices à l'instauration d'un capitalisme efficient.

A Une l'économie de marché sous le contrôle économique de l'État...

- L'économie de marché demeure un concept abstrait, **l'État doit définir et imposer un cadre institutionnel au marché** dans des pays n'ayant pas de tradition et de culture libérale. L'État doit pouvoir y remédier en orientant les décisions lorsque l'initiative privée n'est pas en mesure de le faire, faute de moyens financiers suffisants ou de compétences, et parce que le secteur privé n'a pas le souci de l'intérêt général à long terme.

– D'une part, **l'État doit jouer un rôle défensif** pour éviter le chaos économique que peut provoquer le capitalisme sauvage. Il doit ainsi protéger temporairement les branches qui ne sont pas encore aptes à supporter les mécanismes de marché, veiller à la satisfaction des besoins nationaux les plus urgents, contrôler les prix dont l'instabilité met en cause le pouvoir d'achat, et freiner les destructions d'emplois.
– D'autre part, **l'État doit aussi jouer un rôle offensif pour adopter l'économie de marché sans la subir**. Il devrait ainsi programmer les investissements permettant les mutations indispensables de l'appareil productif et assurant à terme une insertion saine dans la division internationale du travail.

- **Certains pays de l'Est ont été illusionnés par le mythe du marché** et de sa réussite. Certes **l'adoption du capitalisme** exige une libération et une déréglementation, mais cela **ne signifie pas qu'aucune règle ne soit nécessaire**. Ainsi, par exemple, l'État doit faire respecter la concurrence et le droit de propriété, ce qui est d'ailleurs une garantie requise par les investisseurs étrangers.

  La réussite du passage à l'économie de marché est plus grande dans les pays où l'État en a gardé le contrôle dans la transparence et a institué la démocratie. Dans ces pays, les populations ont accepté plus facilement les sacrifices que les réformes structurelles leur ont imposés.

B ... ainsi que sous le contrôle politique de l'État

- La société des pays de l'Est a rejeté l'omniprésence de l'État assimilée à la planification centralisée et impérative ainsi qu'à l'absence de liberté d'expression. En fait, le respect de la liberté d'expression exigé par les droits de l'homme ne nécessite pas **l'entière liberté d'entreprendre**, car elle **peut conduire à un capitalisme sauvage**.
- **Les populations revendiquent donc de plus en plus souvent l'exercice d'un nouveau contrôle par l'État**. Le passage à l'économie de marché a souvent déçu, ce qui explique que certains anciens dirigeants communistes devenus sociaux-démocrates reviennent au pouvoir lors d'élections.

L'économie mondiale tend à perdre ses repères et ses certitudes. Après le passages des anciens pays socialistes à l'économie de marché et le désengagement des États à l'Ouest, on assiste à un retour relatif de la légitimité de l'intervention publique. L'Union européenne envisage d'engager des négociations durant les prochaines années en vue de son élargissement à des pays d'Europe centrale comme la Pologne, la Hongrie, la Tchéquie, la Slovénie et l'Estonie.

L'adhésion de ces pays à l'Union européenne exige préalablement que leur économie soit plus solide, pour supporter les contraintes que cela induit sans mettre en péril leur développement.

Achevé d'imprimer sur les presses de Jouve, Paris
N° d'impression : 280841N
Dépôt légal : Avril 2000